홀로 하는 공부라서
외롭지 않게 사람in이 동행합니다.

외국어, 내가 지금 제대로 하고 있는지, 정말 이대로만 하면 되는지 늘 의심이 듭니다.
의심이 든다는 건 외로운 거지요. 그런 외로운 독자들에게 힘이 되는 책을 내고 있습니다.

외국어가 나의 언어가 되는 그때까지, 이해의 언어와 훈련의 언어로
각 단계별 임계점에 이르는 방법을 제시하여,
언어 학습의 시작점과 끝점을 확실히 제시하는 정직하고 분명한 책을 만듭니다.

영어발음은
이런 것이다

영어발음은 이런 것이다

지은이 케빈 강 (강진호)
초판 1쇄 발행 2019년 10월 10일
초판 2쇄 발행 2021년 12월 31일

발행인 박효상 **편집장** 김현 **기획 · 편집** 김설아, 하나래
마케팅 이태호, 이전희 **관리** 김태옥
본문 · 표지디자인 고희선 **일러스트** 석민규, 이태희
콘텐츠 제작 지원 조문경, 강태현, 강건우, 강지현, 최영하, 이용민, 김경자
비디오 제작 지원 문성률, 윤나리 (VTV24 스튜디오)
오디오 제작 지원 석근혜, 박은선, 이주철, 신동석 (믹스캠프 스튜디오)

종이 월드페이퍼 **인쇄 · 제본** 예림인쇄 · 바인딩

출판등록 제10-1835호 **발행처** 사람in **주소** 04034 서울시 마포구 양화로 11길 14-10 (서교동) 3F
전화 02) 338-3555(代) **팩스** 02) 338-3545 **E-mail** saramin@netsgo.com
Website www.saramin.com

책값은 뒤표지에 있습니다.
파본은 바꾸어 드립니다.

ISBN
978-89-6049-811-2
978-89-6049-810-5 14740 (세트)

우아한 지적만보, 기민한 실사구시 사람in

영어발음은 이런 것이다

대한민국 최고 전문가의 발음 향상 노하우
효과가 바로 드러나는 발음 공부

BEFORE & AFTER

케빈 강 지음

사람in

원어민의 소리를 따라 하기만 하는 공부는 분명 한계가 있습니다

저는 일리노이주립대학에서 언어병리학을 공부했습니다. 처음에는 라디오 프로듀서를 하려고 미국 유학길에 올랐지만 라디오와 연관된 수업들을 듣다 보니 언어병리학에 관심이 생겨 전공을 바꾸게 되었죠. 그 중 하나가 '영어 음성학' 수업이었는데, 이 수업을 들으면서 왜 한국인의 소리와 미국인의 소리에 차이가 생기는지 알게 되었고 이때부터 '영어 발음' 분야에 매료되었습니다.

유학을 떠나기 전, 저는 영어라고는 "Thank you."와 "Sorry." 정도밖에 써 본 적 없는 영어 문외한이었습니다. 20대 초반에는 아마추어 록 밴드의 베이스 기타 연주자로 음악에 심취하여 공부는 뒷전이었고, 군 전역 후에는 리코딩 엔지니어로 음악 녹음 일을 했으니, 영어와는 담을 쌓고 산 셈이죠. 저는 그저 어릴 때부터 음악과 같은 소리를 좋아했고, 소리를 만들어내는 것에 즐거움을 느끼는 평범한 사람이었습니다.

이렇게 아무런 준비 없이 무작정 떠난 제 미국 유학 생활은 초기에는 고난의 연속이었습니다. 상대방이 무슨 말을 하는지도 잘 모르겠고 내 영어 발음을 잘 못 알아들으니 대화가 진행이 되지 않아서 자신감도 점점 떨어졌고, 영어 울렁증으로 고생하기도 했죠. 대학 수업을 처음 들을 때는 수업 내용을 알아듣기가 어려워 수업 전체를 녹음해서 이해할 때까지 듣고 또 들으며 놓치는 부분이 없도록 무던히도 애를 썼습니다. 그 덕분인지 첫 학기가 지나갈 무렵에는 미국 생활과 문화에 익숙해지고 많이 쓰는 회화 표현과 어휘에 능숙해지면서 영어 공부에 자신감을 가질 수 있게 되었지요.

그런데 이런 자신감의 시작은 바로 영어 '소리'에 대한 이해로부터 시작되었어요. 그동안 살면서 축적된 다양한 소리 관련 경험 덕분에 소리에 대한 감각이 예민했고, 그래서 원어민의 소리를 들을 때도 곧잘 비슷하게 따라 할 수 있었습니다. 그래서 미묘한 발음 차이도 곧잘 구분하곤 했고요. 하지만 원어민의 소리를 듣고 따라 하기만 하던 발음 공부는 분명 한계가 있었습니다. 원어민마다 조금씩 다른 어투로 말을 하다 보니 어떤 것이 일반적인 것인지 이해하기 어려웠고, 또 원어민 소리를 들을 때는 원어민과 거의 유사하게 말할 수 있었지만 제 스스로 영어 표현을 만들어서 말하려고 할 때는 한국식 발음 습관대로 말하게 되어 원어민이 못 알아들을 때가 많았죠. 소리를 모방하는 영어 발음 공부에 한계를 느낄 즈음 '영어 음성학' 수업을 접하게 된 겁니다. 이 수업을 들으며 저는 하이디 하버스(Heidi M. Harbers) 박사님에게 6개월 간 일대일로 발음 교정을 받았습니다. 하버스 박사님은 이 책의 감수자이자 제 인생의 가장 큰 스승님이시죠. 스승님으로부터 지도를 받으며, 저는 발음을 완벽하게 교정 받았을 뿐만 아니라 스승님의 30년 영어 발음 교정 노하우도 전수받을 수 있었습니다. 하버스 교수님과는 〈한국인들의 영어 발음의 문제점 및 해결책〉이라는 연구 논문을 두 편 발표하였고, 전공도 언어치료학으로 바꾸게 되었습니다. 그런 저의 방법이 성과가 있었는지 졸업할 때에는 최우수 성적을 받을 수 있었습니다.

이때부터 저는 제가 알고 있는 소리에 대한 물리적인 지식에 미국에서 임상적으로 검증된 언어치료 기법을 더하여 한국인들에게 맞는 특화된 영어 발음 교정법을 개발하자는 뜻을 품게 되었습니다. 그 꿈을 이루고자 대학 졸업 후 미국 멤피스 대학원(University of Memphis) 언어치료학 박사 과정에서 한국인의 영어 발음 교정을 전공으로 공부하였습니다. 같은 대학원에서 언어치료사로 일하면서 외국인 이민자, 유학생뿐만 아니라 미국 본토 원어민들의 영어 발음을 교정하면서 수년간 연구하였던 발음 교정법이 실제 치료에서 효과적으로 적용되는지 눈으로 확인하였습니다. 또 10년간 강남의 유명 어학원에서 영어 발음/스피킹 전문강사로 강의를 진행하면서 저만의 특화된 발음 교정법을 통해서 수많은 학습자들로부터 발음 교정에 대한 효과를 검증 받기도 했습니다. 이에 따라 저만의 특화된 발음 교정법을 특허로 출원해

등록을 받았고 이를 활용한 다양한 앱 서비스도 개발하게 되었습니다.

이 책은 영어 발음기호와 발음 방법만을 알려주는 그런 영어 발음책이 아닙니다. 단순한 소리 설명에서 벗어나 한국어처럼 발음하게 되면 어떠한 오류가 생기게 되는지 재미있는 만화를 통해 정리해 놓았고, 정확한 혀 위치를 다양한 이미지를 통해 쉽게 이해할 수 있도록 보충해 놓았습니다. 또 QR코드로 연결된 다양한 학습 동영상과 오디오 파일을 통해서 여러분의 발음을 원어민과 비교하며 연습할 수 있도록 준비했습니다.
이 책은 영어 발음 전문가로서 쌓은 15년간의 제 지식과 노하우가 모두 담긴 비법서입니다. 미국 현지 언어치료사로서 임상적으로 검증하고 영어 발음 전문강사로 일하면서 그동안 2만여 명의 수강생들에게 검증 받은 효과적인 발음 리스닝 학습법! 지금부터 시작하겠습니다.

Learning English pronunciation can be challenging for speakers of any language. Kevin brings fifteen years of expertise in research, development and teaching to his book. It will help learners of English pronunciation to understand the complexities of the English sound system on several levels. Most texts of English pronunciation describe how the sounds are produced, but Kevin's book goes further by showing the student how the sounds are shaped by the tongue for more effective and efficient learning.

This book is organized with their learner in mind. Each chapter gives the student multiple opportunities in increasing difficulty to practice the sounds in the contexts of words and sentences.

As Kevin's former professors and now colleagues, it has been a pleasure travelling on this journey with him as it has culminated in this outstanding work to help students improve their pronunciation and listening skills.

영어가 모국어가 아닌 사람들이 영어 발음을 체계적으로 배우는 것은 매우 어려운 일일 겁니다. 이 책은 케빈이 15년 동안 영어 발음 전문가로서 개발하고 연구하였던 노력의 결과물입니다. 이 책은 독자들이 영어의 복잡한 소리 체계를 쉽게 이해하도록 단계별로 설명하고 있습니다. 대부분의 영어 발음 관련 서적들이 발음 자체에 대한 설명에 치중하고 있습니다. 하지만 케빈의 이 책은 소리가 생성되는 원리부터 각 발음별로 혀 및 조음기관들의 움직임까지 자세하게 설명함으로써 독자들이 보다 더 효과적으로 학습할 수 있게 정리했습니다.

이 책은 전적으로 학습자의 입장을 반영하여 구성했습니다. 각 단원에서는 '음소-단어-문장' 순으로 쉬운 주제부터 어려운 단계로 학습할 수 있게 정리했습니다.

케빈의 전 교수이자 지금은 공동 연구자로서, 그가 가지고 있는 뛰어난 실력과 노력의 결과물로 독자들의 영어 발음과 청취 능력을 개선하는 데 함께할 수 있어 저희에게도 매우 큰 기쁨입니다.

Heidi Harbers 박사
영어 음성학 실습서(A Phonetics Workbook for Student) 저자
일리노이 주립대학교 언어장애 및 언어과학 전공 교수

Jean Sawyer 박사
일리노이 주립대학교 언어장애 및 언어과학 전공 교수

이 점이 색다릅니다

미국인에게는 AAT(American Accent Training), 한국인에게는 〈영어발음은 이런 것이다〉

영어로 근사하게 써 있는 발음책, 좋죠. 하지만 우리 한국인에게는 맞지 않습니다. 한국어와 영어는 음을 만드는 조음 방법이 다르기 때문이죠. 그래서 한국인에게는 한국인의 조음 특징을 잘 아는 사람이 쓴 발음책이 필요합니다. 케빈 강 선생님은 한국인이 영어 발음을 공부할 때 어려운 점이 무엇인지 누구보다 잘 알고 있습니다. 왜냐하면 선생님도 많은 어려움을 겪고 발음 전문가가 됐기 때문이죠. 그래서 한국인 특유의 조음 방법에 유의하면서 어떤 식으로 해야 가장 원어민처럼 정확하게 발음할 수 있는지를 알기에 이 책은 우리 한국인에게 딱입니다.

술술 읽히는 발음책!

기존의 발음책은 어땠나요? 뜻도 모르는 어려운 한자어를 남발해 한 장 넘기기도 버겁지 않으셨나요? 그런 발음책은 잊어 주세요. 한국인이라면 누구나 할 법한 발음 관련 실수를 친숙한 일러스트레이션으로 표현해서 발음책 진입 장벽을 낮췄고요, 바로 따라 할 수 있는 쉬운 설명은 다른 발음책과 비교할 수 없는 장점입니다.

자꾸 듣다 보니 좋아지는 청취 실력!

발음과 떨어질 수 없는 것이 바로 청취죠. 설명대로 자꾸 따라 읽고 정확한 발음을 듣고, 비슷한 발음을 비교해 듣는 훈련을 하는 동안 예전에는 뭉개져서 비슷하게 들리던 음들이 또렷하게 자신의 존재를 알리고 있다는 걸 느끼게 됩니다. 이러니 청취까지 덩달아 좋아집니다!

레퍼런스북의 장점에 실용성을 더함

아직도 발음 공부할 때 모음만 죽 모아서 하고, 자음만 죽 모아서 하세요? 이제 학습의 방향도 효율을 따지세요. 조금만 하면 외국물 좀 먹은 것처럼 있어 보이는 효과를 내는 것부터 먼저 하고, 비슷비슷한 음이라서 들어도 도통 모르는 것을 학습해서 청취력을 높인 다음, 원어민처럼 보이게 하는 리듬 관련 음을 배운다면 발음에 관해서는 어디 가서도 뒤지지 않을 겁니다. 영어는 자신감이고, 그 자신감의 시작은 발음이니까요.

알아두고 공부하세요

1 이 책은 단어책이 아닙니다!

이 책에는 참 많은 수의 단어가 나오지만 몇 가지 경우를 제외하고는 단어 옆에 뜻을 달지 않았습니다. 뜻을 달면 발음보다 의미 자체에 집착하게 되는 경우를 많이 보았기 때문입니다. 대신, 궁금한 단어가 있으면 책 맨 뒤의 Glossary 부분에서 찾아보세요. 정확한 발음기호와 뜻을 알 수 있습니다.

2 발음 연습을 위한 문장이지 회화 문장이 아닙니다!

해당 발음을 문장 단위에서 연습시키는 '문장 연습' 코너. 여기에 나오는 문장들은 오로지 발음 연습을 위한 것으로 해석을 보면 말도 안 되는 경우가 많습니다. '이게 말이 되네 안 되네' 따지지 말아 주세요. 이렇게 문장을 통해 발음 연습을 할 때 입 근육이 부드러워지고, 귀가 발음에 예민해진다는 것에 더 중점을 둬 주세요.

3 문장 연습 오디오 파일에 특히 신경을 썼습니다!

문장은 연음과 문장 강세, 리듬 등이 복합적으로 어우러진 것으로, 원어민처럼 정확하고 자연스럽게 말하려면 문장 단위로 연습을 해야 합니다. 이를 위해 정확한 발음을 구사하는 원어민이 녹음에 참여했고요, 문장 연습에 나오는 문장은 각각 slow version과 natural version으로 읽어 줍니다. 처음에는 정확한 발음으로 따라 읽고, 두 번째는 유창성을 염두에 두고 따라 읽어 보세요. 여러분의 발음과 청취 실력이 몰라보게 좋아질 것입니다.

4 무조건 오디오 파일부터 듣는 건 지양해 주세요!

알고 듣는 것과 모르는 채 무턱대고 듣는 것은 큰 차이가 있습니다. 발음의 경우 더 그렇지요. 이래서 배경지식, 미리 아는 것이 중요합니다. 반드시 책을 통해 정확하게 발음하는 법을 익히고 나서 오디오 파일을 들어주세요.

이렇게 구성되어 있어요

이 책은 왜 발음을 공부해야 하는가에 대한 당위성을 제시한 Warm-Up, 조금만 하면 있어 보이게 만드는 음을 집중적으로 공부하는 PART 1, 제대로 해 놓으면 혼동 없이 들을 수 있게 하는 음을 공부하는 PART 2, 원어민처럼 리듬을 타게 하는 음들을 공부하는 PART 3, 그리고 발음에 관해 상위 5%에 들게 하는 음들을 공부하는 파트로 구성되어 있습니다. 처음 부분부터 공부해도 좋고, 가장 공부하고 싶은 부분부터 먼저 해도 좋지만, 이왕이면 앞에서부터 차근차근 공부하기를 추천합니다. 특히 Warm-up 부분은 꼭 읽고 시작하시기를 권합니다. 그 부분을 읽고 나면 무턱대고 하는 발음 공부가 아니라 제대로 목표를 세우고 하는 발음 공부가 얼마나 소중한 것인지 알게 될 것입니다.

[r] [l] 발음 때문에

발음 때문에

한국인들이 제대로 발음하지 못해서 발생하는 에피소드를 일러스트레이션으로 친숙하게 표현했어요. 남 얘기 같지만 바로 여러분의 얘기일 수 있습니다. 어려울 것 같던 발음책이 조금 만만해졌죠?

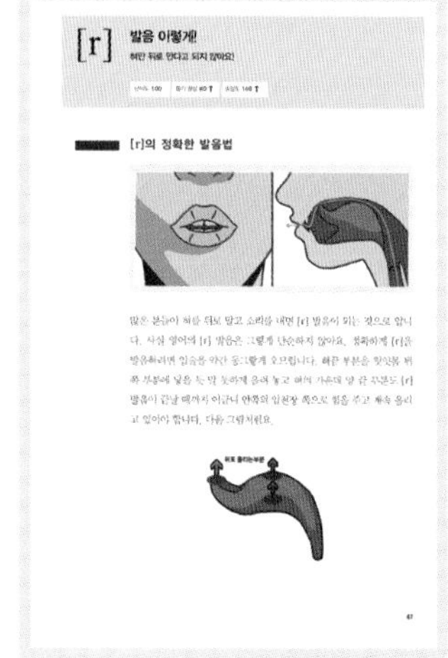
[r] 발음 이렇게!

[r]의 정확한 발음법

입술과 혀의 위치

그림을 통해 정확하게 발음하는 법을 이해하기 쉽게 알려줍니다. 자꾸 해보세요. 그럼, 신기하게도 영어 발음을 할 때마다 신경 쓰고 말하게 됩니다.

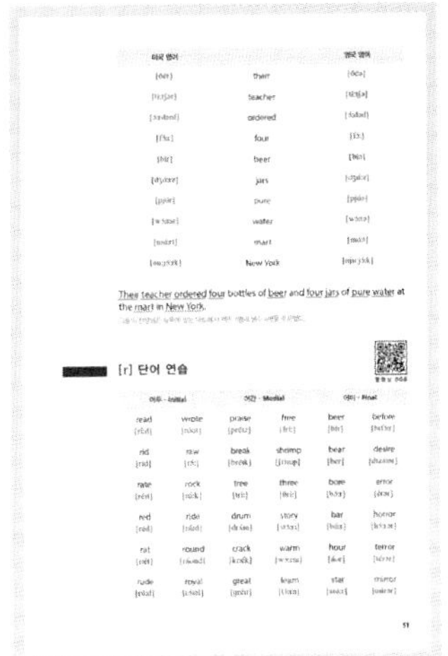

미국 영어		영국 영어
[illegible]	their	[illegible]
[illegible]	teacher	[illegible]
[illegible]	ordered	[illegible]
[illegible]	four	[illegible]
[illegible]	beer	[illegible]
[illegible]	jars	[illegible]
[illegible]	pure	[illegible]
[illegible]	water	[illegible]
[illegible]	mart	[illegible]
[illegible]	New York	[illegible]

Their teacher ordered four bottles of beer and four jars of pure water at the mart in New York.

[r] 단어 연습

어두 - Initial		어중 - Medial		어미 - Final	
read	wrote	praise	free	beer	before
rid	raw	break	shrimp	bear	desire
rate	rock	tree	three	bore	error
red	ride	drum	story	bar	horror
rat	round	crack	warm	hour	terror
rude	royal	great	learn	star	mirror

11

단어 연습

해당 음이 들어 있는 단어를 듣고 학습합니다. 동영상에 나온 외국인의 입 모양도 보고 듣고 따라 해보세요.

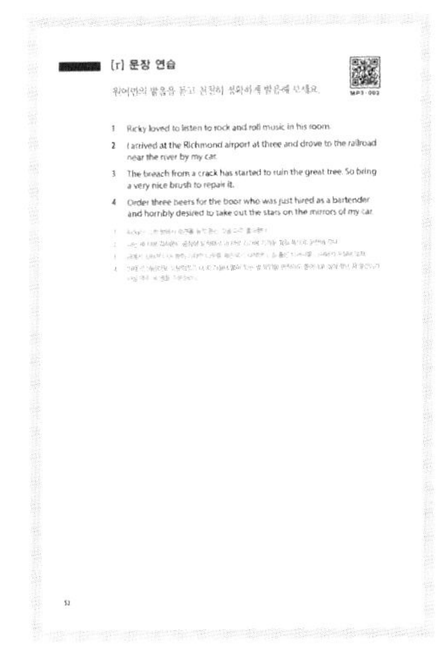

[r] 문장 연습

MP3-003

1 Ricky loved to listen to rock and roll music in his room.
2 I arrived at the Richmond airport at three and drove to the railroad near the river by my car.
3 The breach from a crack has started to ruin the great tree. So bring a very nice brush to repair it.
4 Order three beers for the boor who was just hired as a bartender and horribly desired to take out the stars on the mirrors of my car.

문장 연습

해당 음을 단어 수준을 벗어나 문장 단위에서 훈련합니다. 저자가 해당 음을 최대한 많이 연습할 수 있도록 정교하게 만든 문장이므로 반드시 여러 번 읽고 듣는 과정을 반복해 주세요.

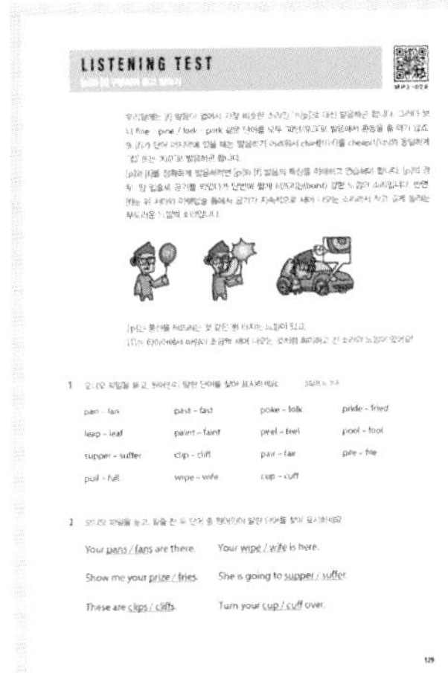

LISTENING TEST

1

pan - fan	past - fast	poke - folk	pride - fried
leap - leaf	paint - faint	peel - feel	pool - fool
supper - suffer	clip - cliff	pair - fair	pile - file
pull - full	wipe - wife	cup - cuff	

2

Your pans / fans are there. Your wipe / wife is here.

Show me your prize / fries. She is going to supper / suffer.

These are clips / cliffs. Turn your cup / cuff over.

129

LISTENING TEST

서로 헷갈리는 두 음을 학습한 후 듣기 평가를 통해 구별할 수 있는지 확인합니다. 자꾸 듣다 보면 어느 순간 들립니다. 정답과 맞춰 보면서 틀린 부분이 어디인지 확인하고 미진한 부분은 더 연습해 주세요.

Contents
차례

WARM-UP 몸풀기 파트

PART 1 발음, 조금만 하면 있어 보인다

PART 2-1 조금만 해 놓으면 혼동 없이 듣는다(자음편)

PART 2-2 조금만 해 놓으면 혼동 없이 듣는다(모음편)

PART 3 리듬을 타면 원어민처럼 보인다

발음 상위 5%에 들기 위해 반드시 알아야 할 음들

Warm-up

몸풀기 파트

“영어야, 문법 잘 알고 문장만 또박또박 잘 만들어 내면 되는 거 아닌가요?” 라고 말씀하시는 분들이 많습니다. 뭐 아주 틀린 얘기는 아니지만, 영어 자신감의 시작은 발음인 것, 알고 계시나요? 이런 영어 발음을 왜, 그리고 어떻게 공부해야 하는지 차근차근 설명해 드립니다. 본격적인 영어 발음 공부에 앞서 살살 몸을 풀어 보세요.

왜 발음 공부가 필요한가?

동영상 001

Teacher's Advice

Jack이든 **Zack**이든 우리말로 하면 둘 다 '잭'이 됩니다. 우리말처럼 이 둘을 같은 이름으로 알고 말을 하면, 다음 상황이 연출될 수 있습니다.

Speaking

발음만 잘해도 말하기에 자신감이 생긴다

앞의 만화에서 주인공은 Jack과 Zack을 모두 우리말 '지읒(ㅈ)' 소리로 말했습니다. 사실, 이 'ㅈ' 소리는 영어에는 없는 소리예요. 하지만 우리는 이 'ㅈ'으로 영어 알파벳 J [dʒ]와 Z [z] 모두를 표기합니다. 즉, Jack과 Zack이 모두 '잭'이 되기 때문에 정확하게 구분해 듣기도 말하기도 어려운 것입니다. 외국인도 혼동스러워 하고요. 이렇기 때문에 우리말 발음과 다른 영어 발음법을 공부해야 하는 것이죠.

발음이 좋아지면 상대방이 말을 쉽게 알아들을 수 있습니다. 뉴스 프로그램에서 아나운서들이 하는 말을 들어보세요. 훈련과 연습을 통해 정확한 발음과 발성으로 또박또박 말하는 그들의 말은 일반인들이 하는 말소리에 비해 오해의 여지도 적고, 비교적 정확하고 명료하게 이해할 수 있습니다. 이렇듯 발음이 명확해지면 상대방이 아예 모르는 어휘를 사용하지 않는 한 다 이해할 수 있게 됩니다. 자, 다음 그림을 보세요. 한국말을 공부하는 외국인이 한국어 특유의 발음을 무시하고 자기네 나라 발음 방식으로 한국어를 공부했습니다. 그러고는 한국인에게 이렇게 말을 걸었습니다.

@#$$%^#$%^
좡궁멀쥥모좌래영.
(의미: 저 한국말 정말 잘해요.)
뭐라고요?

한국인이 자기 말을 못 알아듣자 답답한 외국인은 그 후 한국어 발음 교정 수업을 두 달간 들었습니다.

어색하긴 하지만 발음이 좋아지니 확실히 내용을 이해할 수 있게 됐지요? 영어도 마찬가지입니다. 이번엔 영어 발음이 좋지 않은 민수가 미국인 친구에게 전화를 걸었습니다. 참고로, 민수는 영어 l, r를 모두 우리말 'ㄹ'로 발음합니다.

미국인 친구는 민수가 말한 learning(배우는 중)을 '러닝' running(뛰는 중)으로, math(수학)를 '매쓰' mass(덩어리)로 알아들어 전혀 다른 뜻으로 이해한 겁니다. 사실, 이런 예는 비일비재하죠. 민수가 정확한 영어 발음으로 말했더라면 다음과 같은 자연스러운 상황이 되었을 겁니다.

이렇듯 발음이 좋아지면, 어떤 말을 하든 상대방이 내 말을 제대로 알아듣고 있다는 확신이 생기게 되고 그러한 확신이 영어 공부의 자신감으로 이어지게 됩니다.

영어 발음은 곧 여러분의 이미지!

동영상 002

어느 날 성희는 우연히 길을 걷던 중 10년 만에 초등학교 동창생 한나를 만나게 됩니다. 반갑게 이야기를 나누던 중에 한나가 저쪽에서 두리번거리던 외국인 소녀를 향해 말을 겁니다.

어머! 잠깐만!
Hey, girl! Come here!
얘, 이리 잠깐 와 봐!
어쩜, 발음이 완전 교포네. 얘 이민 갔었나? 정말 멋있다.

Girl 발음 한번 잘했을 뿐인데, 멋있어 보이죠? 영어 발음 하나로 희비가 엇갈리는 예는 우리 주변에서 얼마든지 찾아볼 수 있습니다. 특히, TV 프로그램에 나오는 연예인의 경우 그들의 발언이나 행동 자체가 SNS에서 금세 이슈가 되기 때문에 따로 개인교습을 받거나 영어 발음에 꽤나 공을 들이기도 합니다. 영어 발음에 관한 실수는 자칫 평생 따라다닐 '굴욕'이 될 수도 있으니까요.

인기 가수 A양 발음 굴욕

영어 발음이 꼬여서…' 폭소

톱가수 A가 영어 발음 굴욕을
당해 웃음을 줬다.
이날 인기 가수 A양은 신인 가수 B가 선곡한
외국 유명 가수 ***의 곡 'Shape ** ** heart'를
소개하는 과정에서 영어 발음이 꼬여
발음 굴욕을 당해야 했다.
제목을 제대로 말하지 못한 A양은
순간적으로 마이크를 관객석으로 넘기는
순발력을 발휘했지만
객석에선 아무 반응이 없었고,
영어 발음 굴욕이라는 꼬리표를 달고 말았다.

한류스타 H 영어 화제

유창한 영어 발음에 "역시 한류스타다워"

한류스타 배우 H가 시상식 무대에서
유창한 영어 실력을 과시해 화제다.
시상식 무대가 진행되는 외국에서
H씨는 모든 멘트를 막힘없는
유창한 영어로 소화했으며,
원어민에 가까운 영어 실력과
영어 발음을 보여줬다.
외신 및 국내 방송사에서는 그의 영어 실력과
영어 발음에 대해 찬사를 보냈으며,
국내 팬들도 그의 영어 발음이
마치 해외 배우와 같다는 다양한 찬사를 보냈다.

어떻게 효과적으로 발음을 공부할 것인가?

첫 번째: 영어 발음기호에 익숙해지자

그럼, 이렇게 중요한 영어 발음을 어떻게 공부해야 할까요? 여러 방법들이 있겠지만 여기서는 크게 두 가지로 나눠서 설명하겠습니다. 그중 첫 번째가 바로 '영어 발음기호에 익숙해지는 것'입니다.

원어민의 소리를 정확하게 따라 할 수 있을 때 혼동 없이 영어로 말하고 들을 수 있습니다. 그러기 위해서는 영어 사전에 있는 발음기호를 정확하게 소리 낼 줄 알아야 합니다. 발음기호의 표기는 사전마다 차이가 있는데, 이는 영어를 모국어로 쓰는 각 나라별로 영어 단어를 발음하는 방법이 조금씩 다르고, 그에 따라 사전을 출간하는 출판사가 어느 국가인지에 따라서 발음기호의 표기가 달라지기 때문입니다.

이 책에서는 대한민국에서 가장 많은 사람들이 사용하고 있으며 영국식, 미국식 발음기호를 모두 표기하고 음성 재생이 가능한 네이버 영어 사전의 발음기호를 채용하였습니다.

이 책에서 영어 철자는 알파벳으로, 발음기호는 대괄호 [ ] 안에 표기합니다. 즉, j는 우리가 알고 있는 알파벳 j를 의미하지만 [j]는 yes [jés]의 첫 번째 발음을 의미하죠. 알파벳 'j'와 발음기호 [j]처럼 철자와 발음기호의 소리는 다를 때도 있으니 주의해야 합니다.

네이버 영어 사전에서 강세 확인하기

네이버 영어 사전으로 영어 공부를 하면 강세 위치를 찾기가 어렵다고들 하는데요, 사전의 발음기호 안에 있는 체크된 강세 마크 뒤쪽 음절에 강세가 있습니다. 예를 들어, 아래 massage처럼 미국 영어로는 [məˈsɑːʒ], 영국 영어로는 [ˈmæsɑːʒ]로 발음기호가 표기되어 있는데요, 미국 영어는 [ˈsɑː] 부분에 강세가 있고, 영국 영어는 [ˈmæ]에 강세가 있는 것이죠.

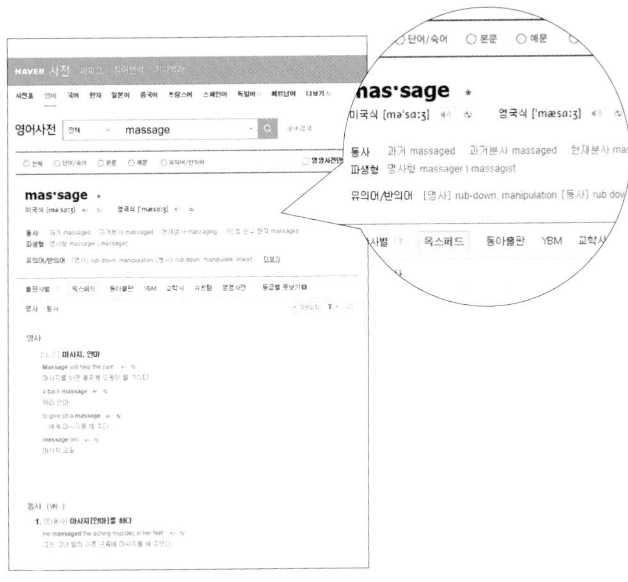

가끔씩 demonstration[ˌdemənˈstreɪʃən]처럼 긴 단어들은 강세 마크가 아래, 위 두 군데로 [ˌ ˈ] 되어 있는데 위쪽에 있는 강세 마크가 가장 크게 강세를 받는 1강세 위치로 [ˈstreɪ] 부분을 제일 크게 읽어야 하고, 아래쪽에 있는 강세 마크가 2강세 위치로 [ˌde] 부분을 두 번째로 크게 읽어야 합니다. 이 책에서는 네이버 사전의 발음기호에 여러분이 더 익숙한 강세 마크 기호를 써서 [məsɑ́ːʒ]로 표기하였습니다.

두 번째: 음소부터 단락까지 단계별로 학습하자

발음을 공부할 때는 발음 그 자체만 하는 게 아닙니다. 다음과 같은 순서를 따라야 원하는 효과를 얻을 수 있습니다. 참고로, 이 책에서는 STEP 3까지만 다루고 있습니다.

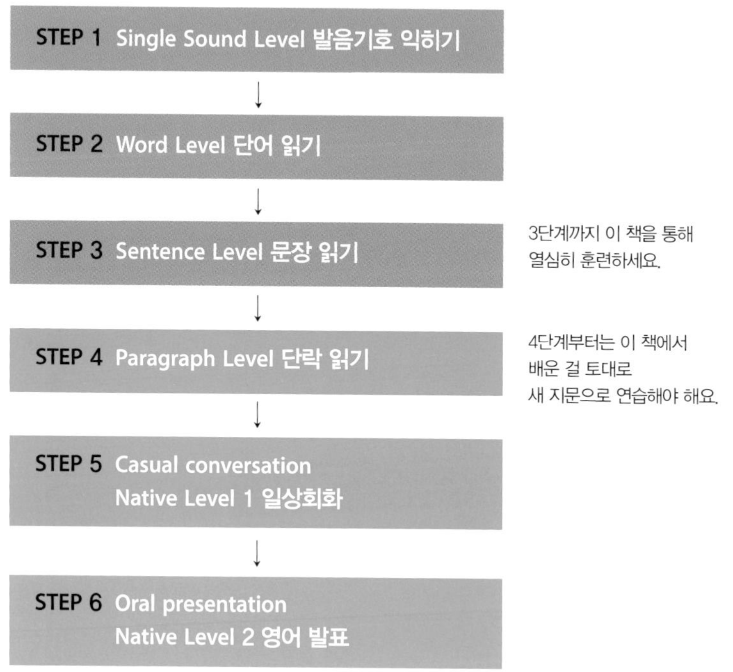

STEP 1 Single Sound Level 발음기호 익히기
STEP 2 Word Level 단어 읽기
STEP 3 Sentence Level 문장 읽기
STEP 4 Paragraph Level 단락 읽기
STEP 5 Casual conversation Native Level 1 일상회화
STEP 6 Oral presentation Native Level 2 영어 발표
3단계까지 이 책을 통해 열심히 훈련하세요.
4단계부터는 이 책에서 배운 걸 토대로 새 지문으로 연습해야 해요.

STEP 1 발음기호 익히기

먼저, 각 발음기호의 혀와 입술의 위치, 움직임이 어떤지를 이해하고 발음하는 원리를 터득해야 합니다. 특히, 한국어에 없는 소리나 발음하기 어려운 단어들을 집중적으로 해야 합니다. 예를 들어, read와 lead를 정확하게 구분해서 말하려면 먼저 [r]와 [l]를 발음할 줄 알아야 하죠.

STEP 2 단어 읽기

발음기호를 소리낼 줄 안다고 끝이 아닙니다. 이를 단어에 대입시켜 훈련하는 과정이 필요합니다. 단어 수준부터는 주변 소리들과 충돌이 일어나기도 해서, 원래 소리와 바뀌어 발음될 수도 있습니다. 예를 들어, [t]는 혀 앞쪽의 1/4을 윗잇몸에 막은 뒤 터뜨려서 발음하는 소리이지만, water(워러r), tree(츄뤼), twins(투윈ㅅ), mountain(마운은)처럼 주변 소리의 영향을 받아서 다양하게 소리가 바뀔 수 있습니다. 이러한 차이까지 이해해야 정확하게 말하고 알아들을 수 있는 것이죠.

또 영어 단어를 읽을 때 중요한 것이 바로 강세입니다. 우리말은 단어를 읽을 때 딱히 강약과 장단의 차이가 없지만 영어에서 발음기호상 모음이 두 개 이상인 단어들은 항상 강세를 받는 부분이 생기기 때문에 특정 모음이 더 크고 길어집니다.

한국어	영어
모델	model
토마토	tomato
개런티	guarantee

영어에서 강세는 우리말과 다르게 단어 내에서 소리를 밀고 당기게 함으로써 영어 특유의 리듬감을 만들어 내죠. 이러한 영어 리듬감을 이해하려면 강세의 원리를 알고 적용해야 합니다. 다행히도 영어 단어의 80% 이상이 일정한 강세 패턴을 가지고 있기 때문에 강세 법칙을 배우게 되면 발음기호를 보지 않아도 원어민과 똑같은 소리를 낼 수 있게 되니 너무 걱정할 필요는 없습니다. (p. 172 참고)

STEP 3 문장 읽기

단어에 강세를 넣어 정확하게 발음할 수 있게 되면 세 번째 단계는 문장 수준에서 학습한 발음을 적용하는 것입니다. 영어 문장을 원어민처럼 읽고 싶다면 영어의 연음, 리듬, 억양을 이해해야 합니다.

영어의 연음 현상

우리말도 "그냥 해!" 라는 말을 빨리 하면 "기냥 해!" 또는 "걍 해!"가 되어 버립니다. 영어도 문장을 빠르게 말하면 소리가 연결되면서 일부 소리가 사라지거나 바뀌게 되는 연음 현상이 일어납니다. 한국어는 모국어라서 빨리 말할 때 소리가 바뀌는 연음 현상을 어렵지 않게 이해할 수 있습니다. 살면서 일상생활에서 무수히 많은 경험을 해봤기 때문에 익숙하기 때문이죠.

하지만 영어에서 연음 현상은 많이 경험해 보지 못했기 때문에 모르면 제대로 들을 수가 없습니다. 어떠한 상황에서 소리가 변하게 되는지 시간과 노력을 투자해 공부해야 한다는 뜻입니다. 영어의 연음 현상이 어떠한 상황에서 일어나는지 알게 되면 아무리 영어 발음이 많이 변해도 원래의 의미를 정확하게 유추할 수 있습니다.

You got to get him up to go hunting because you did a lot of hunting work for him.
너 지금 가서 저 사람 깨워. 사냥하러 가게. 왜냐하면 네가 그 친구가 해야 할 사냥 일 많이 해줬잖아.

You got to get him up to go hunting because you did a lot of hunting work for him

Teacher's Advice

바로 영어의 연음 현상 때문에 소리가 변해서 그런 거랍니다.

영어의 리듬감

영어는 문장을 읽을 때 문장 내 의미의 중요도에 따라 총 4단계로 강약을 조절합니다. 그래서 올록볼록 굴곡진 리듬감이 생기게 되죠. 이런 영어식 리듬을 만드는 다양한 규칙을 이해하면 문장을 읽을 때 어디서 힘을 주고 빼야 할지 알 수 있어 자연스럽게 말할 수 있게 됩니다.

· ● · ● · ● ●

A dog is chasing a little cat

문장 강세
(문장 전체에서의 강약)
A dog is chasing a little cát

구 강세
(단어끼리의 강약)
little cát

단어 강세
(단어 내의 강약)
dóg, chásing, líttle, cát

기능어
(가장 작은 소리)
a, is

영어의 억양

MP3-001

억양은 문장을 말할 때 음의 높낮이(pitch)의 변화를 말합니다. 이를 통해서 의미를 바꾸거나 특정 부분을 강조하죠. 심지어는 감정의 변화를 보여주기도 합니다. 우리말은 말할 때 음의 높낮이에 큰 변화가 없지만, 영어는 문장 내 높낮이에 따라 의미 차이가 생기기 때문에 영어의 억양 패턴을 알아야 오해 없이 상대방 말을 이해할 수 있습니다.

다음 Hello의 의미가 억양 차이에 따라 어떻게 달라지는지 확인해 볼까요?

Teacher's Advice

같은 **Hello**라도 억양에 따라서 의미가 다양하게 바뀌는데 똑같이 반응하면 안 되겠죠?

우리말과 영어 억양은 같은 부분이 거의 없습니다. 그래서 한국어식으로 말하면 의미가 다르게 전달되어 오해를 살 경우가 많아요. 예를 들어, 영어에서는 What으로 시작하는 질문에서 마지막 억양이 올라가면 확인을 위해서 재차 물어보는 질문이 됩니다. 그걸 모르면 다음과 같은 어색한 상황이 생길 수도 있어요.

STEP 4 단락 읽기

문장 수준이 완성되면 그 다음 단계는 문장의 묶음인 '단락'을 연습하고 읽을 차례입니다. 이때부터는 내용이 많이 길어지기에 흔히 '유창성'이라고 이야기하는 템포, 끊어 읽기, 발성, 호흡 조절이 필요합니다. 영어와 우리말은 끊어 읽는 부분이 다를 때가 많습니다. 또 말을 할 때 발성과 호흡 조절에도 큰 차이가 있습니다. 그렇기 때문에 우리말을 하듯 영어를 하면 말이 중간에 자주 끊어지는 느낌이 들고, 영어를 말할 때 왠지 더 숨이 차는 느낌을 받게 됩니다. 하지만 영어와 우리말의 차이를 이해하고 영어식 발성법으로 호흡을 조절하게 되면 훨씬 더 자연스럽게 말할 수 있습니다.

STEP 5 일상회화

발음, 리듬, 연음, 억양, 호흡이 원어민과 80% 이상 비슷할 정도가 되면 흔히 원어민 수준에 도달했다고 이야기합니다. 한국어가 모국어인 우리가 원어민 발음과 100% 동일하기란 매우 어렵습니다. 하지만 지속적으로 교정을 받으면서 3~6개월 정도 꾸준하게 노력하면 충분히 원어민과 유사한 수준에 도달할 수 있습니다. 즉, 궁극적으로 우리에게 필요한 수준은 외국인과 자연스럽게 의사소통 할 수 있을 만큼의 발음, 리듬, 억양, 호흡 수준을 갖추는 것입니다. 이 책의 내용을 토대로 단계별로 꾸준히 노력하다 보면 이런 수준에 빠르게 도달할 수 있을 겁니다.

STEP 6 영어 발표

이 단계는 영어 전문가 또는 영어를 많이 쓰는 직장인에게 필요한 최고 수준의 단계입니다. 90% 이상 원어민과 유사한 수준으로, 영어로 발표할 때에도 원어민과 별 차이 없이 내용을 전달할 수 있을 뿐 아니라 몸짓, 청중과의 눈맞춤 등 메시지의 올바른 전달을 위해 발음 외적인 부분까지 원어민과 비슷해지는 단계입니다. 열심히 노력하면 도달할 수 있지만 문화를 이해하고 영어 환경에 자신을 지속적으로 노출시키는 꾸준한 노력이 필요한 단계라고 할 수 있습니다.

아는 것과 사용해 보는 것은 다르다!

어떤 언어든 사용하지 않으면 잊게 됩니다. 아무리 영어 발음을 잘 배웠어도 실생활에서 활용하지 않으면 무용지물이죠. 외국인을 만날 기회가 있다면 이 책에서 배운 방식대로 말해 보려고 노력해야 합니다. 만약 그런 기회가 별로 없다면, 이 책을 다 읽은 후에는 최소한 수 많은 콩글리시 발음으로 도배되어 있는 영어 간판들이라도 정확한 발음으로 읽어 보면서 배운 내용을 계속해서 연습해야 확실하게 여러분의 것으로 만들 수 있습니다.

기본 중의 기본
모음과 자음 이해하기

All about 자음 & 모음

한국인에게 모음이 뭐냐고 물어보면 '아, 에, 이, 오, 우' 또는 '아, 야, 어, 여, 오, 요, 우, 유, 으, 이'라고 말할 겁니다. 자음이 뭐냐고 물어보면 'ㄱ'에서 'ㅎ'까지라고 말하겠죠. 그렇지만 이런 자음 모음의 구분은 우리말에서나 해당될 뿐, 세상에 존재하는 모든 언어에는 그 언어만의 자음과 모음이 존재합니다. 그럼, 자음과 모음은 무엇일까요?

모음은 단어 내의 중심이 되는 음을 말합니다. 이 모음에서 가장 중요한 핵심은 '고정'이 되어 있다는 겁니다. 즉, 기본적으로 모음은 혀가 구강 내에서 어떠한 막힘이나 간섭 없이 특정한 위치에 멈추어 있는 소리입니다. 모음은 목에 있는 성대를 울리는 소리인데, 각 모음이 목에서 성대가 울리고 있을 때 구강 내에 혀가 고정돼 있는 위치가 다르기 때문에 다른 소리로 들리는 것이죠. 우리말로 '아', '에', '이', '오', '우' 소리를 내보면 목이 울리면서 혀가 각 소리마다 다른 위치에서 멈춰 있는 느낌이 들 겁니다.

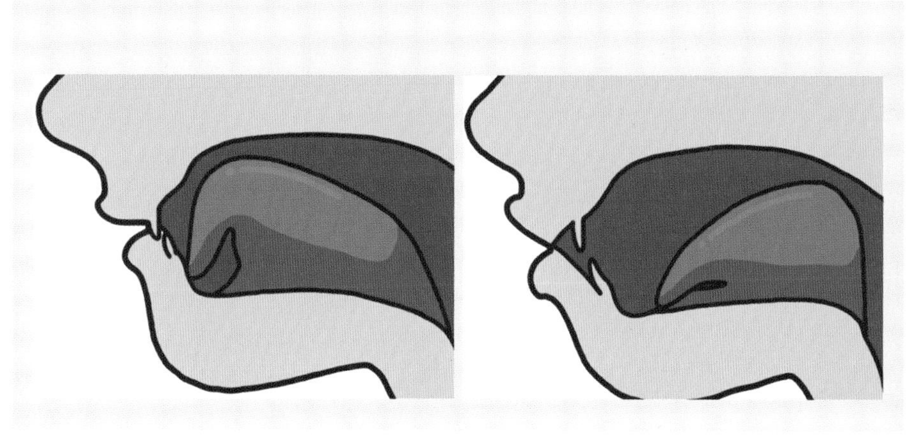

그럼, 자음은 뭘까요? 자음은 모음과 반대되는 개념으로 혀가 구강 내에 고정되어 있는 소리가 아닌 '접촉'이 일어나는 소리입니다. 즉, 모음이 입 안에 떠 있는 소리라면 자음은 입술 또는 혀가 특정 위치에 붙거나 붙으려고 하면서 나는 소리이죠. '가, 나, 다, 라, 마, 바, 사, ……'를 발음해 보면 각 자음을 발음할 때 혀나 입술이 특정 위치를 향해 붙으려 하는 걸 느낄 수 있을 겁니다.

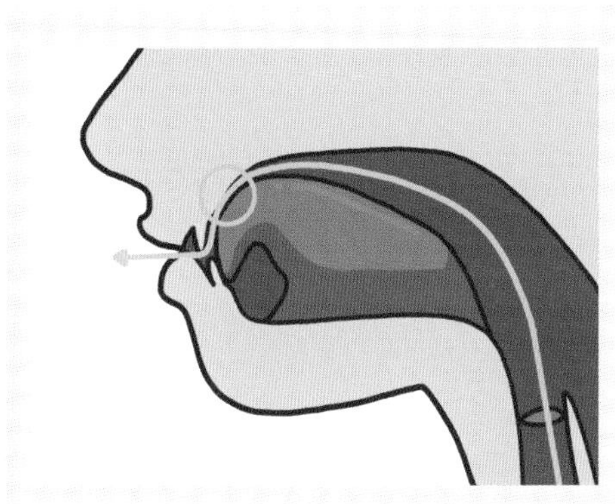

우리말 'ㅅ'의 발음

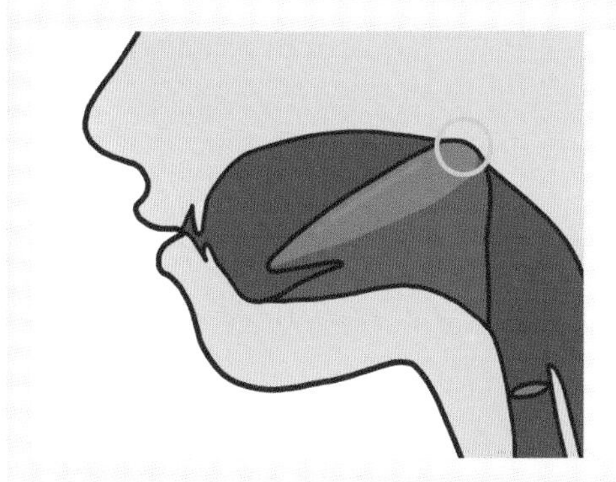

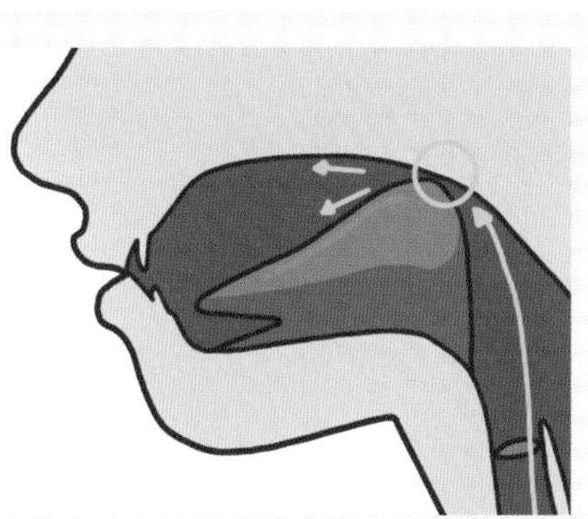

우리말 'ㅋ'의 발음

그렇다면 모음과 자음 두 소리 중 어떤 소리가 더 큰 소리일까요? 당연히 모음이 훨씬 더 큰 소리입니다. 자음은 접촉이 일어나다 보니 접촉 부위에서 에너지 손실이 생기는 만큼 소리가 작아지는 반면, 모음은 접촉이 전혀 없기 때문에 성대에서 울리는 소리 그대로 에너지가 밖으로 전달되어 큰 소리가 됩니다. 예를 들어, 영어 자음에서 가장 작은 소리인 [θ]와 가장 큰 소리인 [ɔː]와의 차이는 약 1:700입니다. 매우 큰 차이죠? 실제로 가장 작은 모음도 가장 큰 자음보다 보통 두 배 이상 크다고 하니 모음이 훨씬 더 큰 소리인 것입니다.

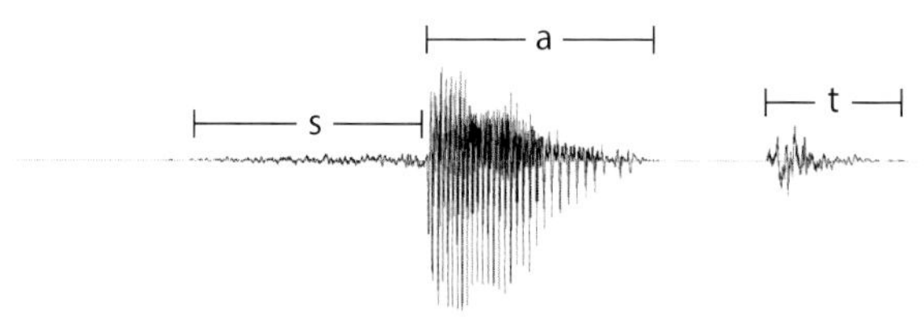

sat 발음의 소리별 크기 차이

쉽게 말해, 단어를 하나의 집으로 비유할 때, 모음은 아주 큰 소리이기 때문에 집을 받쳐 주는 기둥과 내벽의 역할을 하고, 자음은 집의 외관을 아름답게 꾸며 주는 지붕과 외벽, 그리고 창문 역할을 하는 것입니다. 그렇기 때문에 모음 발음이 좋아지면 기반이 튼튼해져서 영어 리듬감이 좋아지고, 자음 발음이 좋아지면 집 외관이 아름다워져 영어가 화려하고 유창하게 들리는 것입니다.

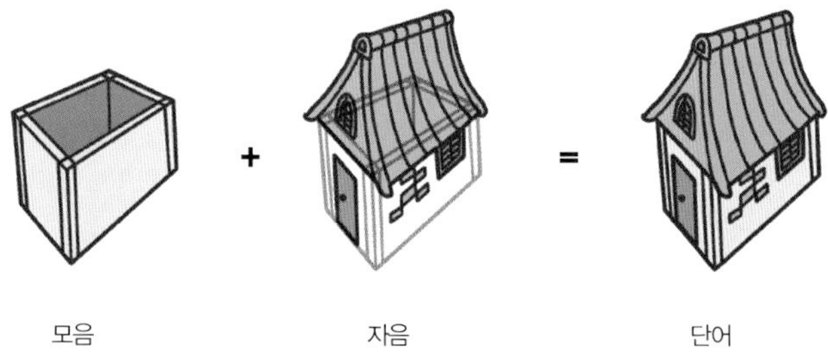

영어를 잘하려면 탄탄한 리듬감과 명료하고 정확한 모음과 자음 발음으로 '단어'라는 집을 먼저 지어야 합니다. 그런 다음 강세, 연음, 억양, 템포, 호흡이라는 아름답고 튼튼한 정원과 울타리로 '문장'이라는 저택을 꾸며야 하죠. 그 이후에 문장력을 바탕으로 말하기(Speaking)와 듣기(Listening)이라는 '마을'을 세워야 합니다. 그러기 위해서는 집부터 튼튼하게 짓는 것이 우선이기 때문에, 우리는 이 책에서 집의 뼈대인 모음과 외관인 자음을 하나씩 배워 나갈 것입니다.

한국어와 영어는 절대 같은 소리가 아니다

한국어와 영어는 비슷해 보이지만 절대 같은 소리가 아닙니다. 일단, 한국어 모음은 영어 모음보다 수가 적으며, 영어보다 구강을 좀 더 좁게 사용합니다. 즉, 영어의 모음 발음은 한국어보다 구강을 더 넓게 활용한다는 얘기죠. 또 한국어는 많은 소리가 구강 앞쪽에서 발음되는 데 반해, 영어는 혀 뒤쪽에서도 많이 발음되고 있습니다.

영어에서는 완전히 다른 두 소리인데, 한국어에서는 하나의 소리로 합쳐져서 혼동을 주는 경우도 있습니다. 이[iː] & [ɪ], 애[e] & [æ], 우[uː] & [ʊ]가 그것이죠. 자음의 경우도 우리말과 다른 소리들이 하나로 합쳐지거나 우리말에 아예 없어서 다른 소리로 대체하는 소리들은 혼동을 줍니다. 이러한 소리들을 정확하게 구분해서 말하고 들으려면 개별 음의 발음기호를 익히고 정확하게 발음할 수 있게 연습해야 합니다.

영어와 한국어 모음 발음의 위치 차이 비교

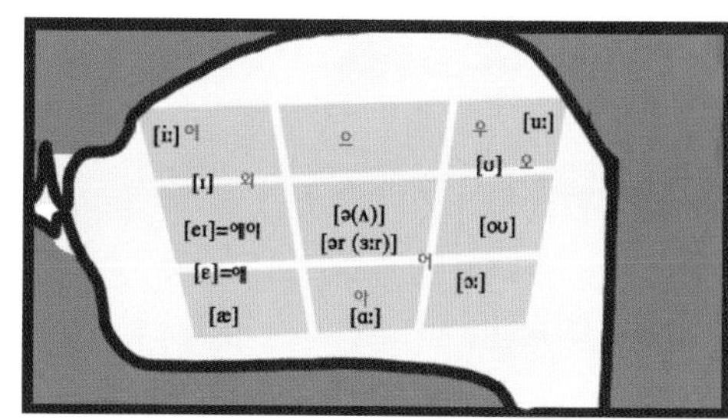

두 개 이상의 다른 소리가 우리말에서는 하나로 발음되는 경우

[z, dʒ, ʒ] 'ㅈ'으로 발음	zone [zóʊn] → 존	Jone [dʒóʊn] → 존	version [vɜ́:rʒən] → 버전	virgin [vɜ́:rdʒɪn] → 버진
[s, ʃ] 'ㅅ'으로 발음	sheet [ʃí:t] → 시트	seat [sí:t] → 시트		
[l, r] 'ㄹ'로 발음	lead [lí:d] → 리드	read [rí:d] → 리드		

우리말에는 아예 없어서 다른 우리말 소리로 대신 발음하여 혼동을 주는 경우

[f] → 'ㅍ'으로 발음	fork [fɔ́:rk] → 포크	pork [pɔ́:rk] → 포크
[v] → 'ㅂ'으로 발음	vase [véɪs] → 베이스	base [béɪs] → 베이스
[θ] → 'ㅆ, ㄸ'으로 발음	think [θíŋk] → 띵크/씽크	Thank you [θǽŋkju:] → 땡큐/쌩큐
[ð] → 'ㄷ'으로 발음	they [ðéɪ] → 데이	day [déɪ] → 데이

자, 이렇게 중요한 모음과 자음을 어떻게 공부해야 할까 걱정되세요? 하지만 걱정하지 마세요. 지금부터 차근차근 하나씩 해 나가면 되니까요. 어린아이가 말을 배우는 과정이라 생각하고 열심히 따라 한다면 원어민 뺨을 칠 정도로 될 수 있습니다.

PART 1

발음, 조금만 하면 있어 보인다

SECTION 1

'으' 발음만 제거해도 '우와!'

Episode | 스키 장비 대여점에서 사케병이 나온 사연

동영상 004

Can I get a 스키보드?
스키보드 좀 주실래요?

Um…… Okay. Wait a minute!
아…. 네. 잠시만요!

What did you say?
뭐라고 하셨어요?

스키보드!

Yes, here is your sake bottle.
여기 사케 한 병 나왔습니다.

엥? 왜 스키보드를 달라고 했는데 사케병을 주지?

스키보드를 달라고 했는데 사케병을 들고 나왔어요. 왜 그런 걸까요? 우리나라 사람들이 영어를 말할 때 보이는 가장 두드러진 특징 중 하나가 바로 특정 자음 뒤에 자연스럽게 '으' 모음을 붙여 발음한다는 것입니다. 예를 들어, sports[spɔ́ːrts]는 원래 모음이 [ɔ́ː] 하나인 단어지만, 한국어로 말하면 '스포츠[으, 오, 으]'가 되어 모음이 총 세 개가 들어가게 되는 것이죠. 우리는 '으'나 '이'가 들어가는 것을 대수롭지 않게 생각하지만 원어민 입장에서는 단어를 집으로 보고 모음을 뼈대를 이루는 기둥으로 봤을 때 모음이라는 기둥이 하나였던 집이 모음 기둥이 세 개인 집이 되어 버리는 것이니, 아예 다른 집으로 생각해 버려서 알아듣지 못하게 되는 것입니다. 앞의 만화에서 원어민이 듣기에는 스키보드가 [skiːbɔːrd]라는 기둥 두 개인 집이 아니라 [s으kiːbɔːrd으]처럼 기둥이 네 개인 집인 것이지요. 점원이 생각할 때 영어에서 이와 가장 비슷한 구조의 집이 사키바틀[sɑːkibɑːtəl]이니 사케병을 가져올 수밖에요. 우리나라 사람들의 '으' 삽입을 단적으로 보여주는 다음 단어를 보세요.

spring	steak	skate	brown	trick	dream
스프링	스테이크	스케이트	브라운	트릭	드림

blind	clip	slim	soup	cube	mug
블라인드	클립	슬림	수프	큐브	머그

그렇다면 이 '으' 소리를 어떻게 없앨 수 있을까요? '으'가 어디에서 특히 많이 들어가는지 알아보고 정확한 영어 발음법을 배우면 자연스럽게 '으' 소리를 뺄 수 있습니다. 이게 되면 한국식 리듬의 부자연스럽던 영어가 훨씬 더 자연스럽게 들리게 되지요. 영어 못하는 것처럼 보이는 것도 이제 안녕입니다. 다음 대화를 들어보면서 '으'가 들어가면 어떻게 되는지 확인해 볼까요?

한국인 **You first missed your signal, so this is all your fault!**
네가 먼저 신호를 놓쳐서 사고가 난 거니 모든 게 네 잘못이야!
You know what I am saying? It's all your fault!
뭔 말인지 알지? 다 네 잘못이야!

외국인 뭐? 너 지금 영어로 말하는 거 맞아?

한국인 **What? Yes, I am speaking in English!**
뭐? 당연히 영어로 말하고 있는 거지!

외국인 알았어. 내가 일단 경찰을 부를게!

한국인 **Okay, call the police right now.**
그래, 당장 경찰 불러.

경찰관 여러분, 무슨 일이에요?

외국인 글쎄요. 뭐라고 저에게 말한 것 같은데 무슨 말인지 하나도 못 알아듣겠어요.

동영상 005

한국인 **What? I said he hit my car. I was waiting on the stop signal but……!**
뭐라고? 참나 원, 쟤가 내 차를 쳤다고요. 내가 신호등 앞에서 신호를 기다리는 중이었어요. 그런데….

외국인 무슨 말인지 못 알아듣겠어요.

경찰관 잠깐만 기다려봐요!

경찰관 한국어 통역할 수 있는 사람 좀 바꿔 줘요.

Teacher's Advice

저런, 분명 주인공이 피해자인 상황인데 단어에 '으'가 들어가는 한국식 발음으로 영어를 말하니 상대방이 말을 이해하지 못해서 가해자와 경찰에게 무시당하는 것처럼 보이네요. 이러한 문제를 극복하려면 '으' 소리 없이 자연스럽게 영어 대화가 이어지도록 연습해야 합니다. 지금부터 하나씩 배워 볼까요?

[r] [l] 발음 때문에

동영상 006

Hey, Tom,
did you 리드 them?
야, Tom, 너 저것들 '리드'했어?

What? You said
'read' or 'lead'?
뭐? 너 read라고 한 거야,
lead라고 한 거야?

I said 리드!
'리드'라고 했어.

I can't
understand!
뭔 말이지 모르겠어!

왜 내 말을
못 알아듣는 거죠?

Teacher's Advice

영어의 **read**와 **lead**는 분명 다른 소리의 단어이지만 우리말로 하면 둘 다 '리드'가 됩니다. 사실 우리말 'ㄹ'은 [**l**]도 아니고 [**r**]도 아닌 다른 소리인데 말이죠. 우리말 'ㄹ'의 늪에서 벗어나 정확하게 [**r**]와 [**l**] 발음만 잘해도 여러분의 영어에서 빛이 납니다. 한국인이 정말 어려워하는 [**r**]와 [**l**] 발음, 지금부터 제대로 배워 볼까요?

[r] 발음 이렇게!

혀만 뒤로 만다고 되지 않아요!

난이도 100 | 듣기 향상 80 ↑ | 호감도 100 ↑

[r]의 정확한 발음법

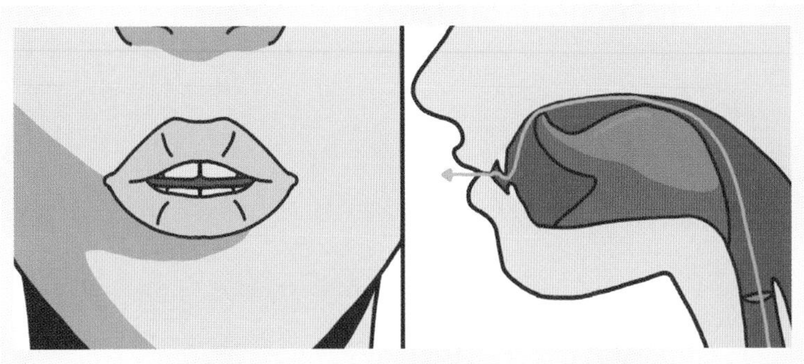

많은 분들이 혀를 뒤로 말고 소리를 내면 [r] 발음이 되는 것으로 압니다. 사실 영어의 [r] 발음은 그렇게 단순하지 않아요. 정확하게 [r]를 발음하려면 입술을 약간 동그랗게 오므립니다. 혀끝 부분을 윗잇몸 뒤쪽 부분에 닿을 듯 말 듯하게 올려 놓고 혀의 가운데 양 끝 부분도 [r] 발음이 끝날 때까지 어금니 안쪽의 입천장 쪽으로 힘을 주고 계속 올리고 있어야 합니다. 다음 그림처럼요.

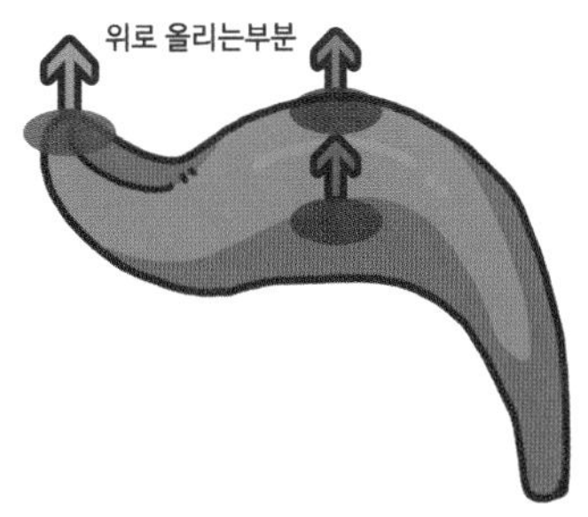

[r] 발음이 가능한 스펠링

MP3-002

[r]의 스펠링 패턴은 매우 간단합니다. 알파벳 r이 한 개든 두 개든, rh로 적혀 있든 모두 [r]로 발음됩니다. write처럼 wr 같은 경우도 앞의 철자 w와 무관하게 [r]로 발음하니 주의해야 합니다.

스펠링	예	스펠링	예
r	red	wr	wrong
rr	carry	rh	rhythm

앞소리마저 '확' 바꿔 버리는 강력한 [r] 발음

[r]는 영어 소리 중 혀에 가장 힘을 많이 주고 발음하는 소리입니다. 그러다 보니 앞소리에도 영향을 주게 되어 앞소리가 원래 소리와 다르게 바뀌어 발음해야 할 때가 많습니다. QR코드를 찍어 다음 단어들의 원어민 음성을 들어보세요.

자음 + r

pride	break	tree	drum	cream
[práɪd]	[bréɪk]	[tríː]	[drʌ́m]	[kríːm]
grass	fry	shrimp	three	
[grǽs]	[fráɪ]	[ʃrímp]	[θríː]	

위 단어들은 [r] 앞에 자음이 하나씩 들어 있습니다. [r] 앞의 자음은 [r] 발음의 영향을 받아 입술과 혀가 이미 [r] 발음 위치로 가 있어야 하며 [r]와 동시에 발음해야 합니다. 그렇기 때문에 break는 br 부분이 하나의 소리가 되어 마치 '부뤠잌'처럼 발음되고, tree는 '츄뤼', drum은 '쥬뤔', three는 '뚜뤼'처럼 발음해야 합니다. 참고로, b가 '부', t가 '츄', d가 '쥬', th가 '뚜'처럼 발음되는 건 입술을 오므리는 [r] 발음의 영향을

받았기 때문입니다. 이렇게 하지 않으면 [브레이크], [트리], [드럼], [쓰리]처럼 우리말 '으' 소리가 중간에 들어가 혼동을 주게 되어, 한국어식으로 영어를 발음하는 것처럼 어색하게 들리게 됩니다.

brew의 발음 해부

동영상 007

1 [b] 발음 시작 전부터 혀가 [r] 발음을 준비하려고 미리 잇몸 위쪽으로 올라가 있고 입술 또한 [r] 발음할 때처럼 동그랗게 오므려져 있음

2 [b] 발음을 하기 위해 입술이 열리고 혀는 그대로 [r] 위치에 있음

3 입술이 열리면서 [br]가 동시에 발음된 뒤 혀가 [u:] 쪽으로 뒤로 넘어감

모음+r

단어 안에서 모음 뒤에 r이 나올 때도 [r] 소리의 영향을 받아서 앞의 모음 소리가 바뀝니다. 하지만 다행스럽게도 [r] 때문에 바뀐 바로 앞의 모음들은 우리말 모음과 비슷하게 발음되기 때문에 [r]만 잘 발음하면 오히려 더 자연스럽게 영어로 말할 수 있습니다. 다음 표를 보고 연습해 보세요.

발음기호	실제 발음하는 소리	예
[ɪr]	이+[r]	tear [tír], here [hír], beer [bír]
[er] / [ær]	애+[r]	bear [bér], hair [hér], caramel [kǽrəməl]
[ʊr]	우+[r]	poor [pʊ́r], tour [tʊ́r], sure [ʃʊ́r]
[ɔːr]	(입술을 오므리고) 어+[r]	core [kɔ́ːr], door [dɔ́ːr], war [wɔ́ːr]
[ɑːr]	아+[r]	far [fɑ́ːr], car [kɑ́ːr], mart [mɑ́ːrt]

▸ 미국 영어와 영국 영어에서의 [r] 발음 차이

미국 영어에서는 단어 안에 있는 모든 r을 항상 정확하게 발음해야 합니다. 하지만 영국 영어에서는 r 뒤에 자음 발음이 따라 나오거나 r이 단어 마지막에 있으면 [r] 발음을 하지 않습니다. 미국인과 영국인의 [r] 발음을 직접 듣고 따라 해 보세요.

미국 영어		영국 영어
[ðér]	their	[ðéə]
[tí:tʃər]	teacher	[tí:tʃə]
[ɔ́:rdərd]	ordered	[ɔ́:dəd]
[fɔ́:r]	four	[fɔ́:]
[bír]	beer	[bíə]
[dʒɑ́:rz]	jars	[dʒɑ́:z]
[pjʊ́r]	pure	[pjʊ́ə]
[wɔ́:tər]	water	[wɔ́:tə]
[mɑ́:rt]	mart	[mɑ́:t]
[nu:jɔ́:rk]	New York	[nju:jɔ́:k]

Their teacher ordered four bottles of beer and four jars of pure water at the mart in New York.

그들의 선생님은 뉴욕에 있는 마트에서 맥주 4병과 생수 4병을 주문했다.

[r] 단어 연습

동영상 008

어두 - Initial		어간 - Medial		어미 - Final	
read [rí:d]	wrote [róʊt]	praise [préɪz]	free [frí:]	beer [bír]	before [bɪfɔ́:r]
rid [ríd]	raw [rɔ́:]	break [bréɪk]	shrimp [ʃrímp]	bear [bér]	desire [dɪzáɪər]
rate [réɪt]	rock [rɑ́:k]	tree [trí:]	three [θrí:]	bore [bɔ́:r]	error [érər]
red [réd]	ride [ráɪd]	drum [drʌ́m]	story [stɔ́:ri]	bar [bɑ́:r]	horror [hɔ́:rər]
rat [rǽt]	round [ráʊnd]	crack [krǽk]	warm [wɔ́:rm]	hour [áʊr]	terror [térər]
rude [rú:d]	royal [rɔ́ɪəl]	great [gréɪt]	learn [lɜ́:rn]	star [stɑ́:r]	mirror [mírər]

[r] 문장 연습

MP3-003

원어민의 발음을 듣고 천천히 정확하게 발음해 보세요.

1 Ricky loved to listen to rock and roll music in his room.

2 I arrived at the Richmond airport at three and drove to the railroad near the river by car.

3 The breach from a crack has started to ruin the great tree. So bring a very nice brush to repair it.

4 Order three beers for the boor who was just hired as a bartender and horribly desired to take out the stars on the mirrors of my car.

1 Ricky는 그의 방에서 로큰롤 음악 듣는 것을 아주 좋아했다.

2 나는 세 시에 리치몬드 공항에 도착해서 차로 강가에 가까운 철길 쪽으로 운전해 갔다.

3 금에서 갈라져 나온 틈이 거대한 나무를 훼손되기 시작하니, 질 좋은 브러시를 가져와서 손질해 보자.

4 이제 갓 바텐더로 고용되었고 내 차 거울에 붙어 있는 별 모양을 끔찍이도 뜯어내고 싶어 했던 저 얼간이가 마실 맥주 세 병을 주문하라고.

[l] 발음 이렇게!

혀만 윗잇몸에 붙인다고 끝이 아니에요!

난이도 **90** | 듣기 향상 **70 ↑** | 호감도 **90 ↑**

[l]의 정확한 발음법

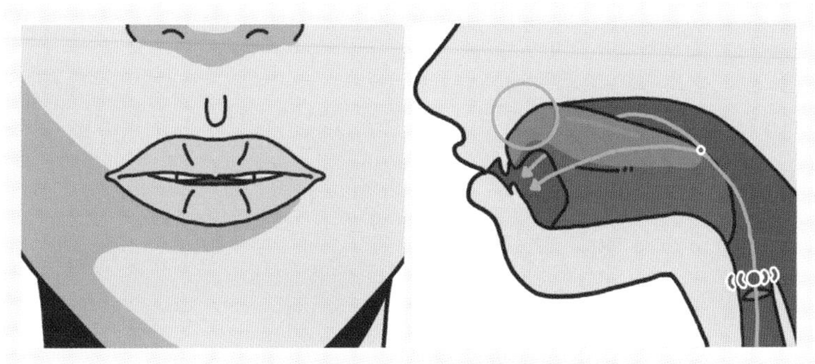

많은 사람들이 앞쪽 혀를 윗잇몸에 붙이기만 하면 [l] 발음이 되는 것으로 압니다. 사실 영어에서 [l] 발음 역시 그렇게 단순하지가 않아요. [l]를 정확하게 발음하려면 혀 앞부분을 윗잇몸에 붙이는 것도 중요하지만 혀 가운데 부분의 양 측면이 아래로 축 처져 있는 것처럼 내려가 있어야 합니다. 그렇게 했을 때 혀의 안쪽 깊숙한 곳에서 울리는 느낌이 나면서 자연스럽게 [l]를 발음할 수 있습니다.

[l] 발음이 가능한 스펠링

[l]의 스펠링 패턴은 매우 간단합니다. 알파벳 l이 한 개든 두 개든 모두 [l]로 발음됩니다.

스펠링	예	스펠링	예
l	lead, bowl	ll	all, tall

위치에 따라 소리가 '확' 바뀌는 [l] 발음

l+모음 / 모음+l

[l]는 lead, late처럼 모음 앞에 있을 때는 혀를 윗잇몸에 꾸욱 누르고 있다 강하게 잇몸을 때리며 발음되는 소리입니다. 그렇기 때문에 모음 앞에 나올 때는 소리가 짧고 탄력 있게 발음됩니다. 마치 우리말로 하면 late이 [올레잍]처럼 들리게 되죠. 그래서 항상 모음 앞에 나오는 [l]는 발음할 때 앞에 우리말 '올' 같은 소리가 살짝 들어가 있는 느낌이 듭니다. 다음 그림을 보세요.

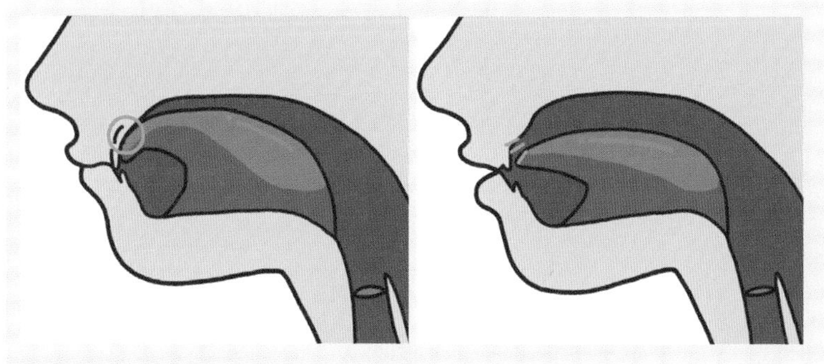

하지만 [l]이 heal, bell처럼 모음 뒤에 있을 때에는 혀를 윗잇몸에 좀 더 꾸욱 누른 채로 길게 끌면서 발음해야 하기 때문에 [l] 소리가 모음 앞에서 나올 때와 다르게 소리가 더 길고 입 안 깊숙한 곳의 혀 뒷부분이 묵직하게 울리는 느낌이 듭니다. 그림을 보면서 확인하세요.

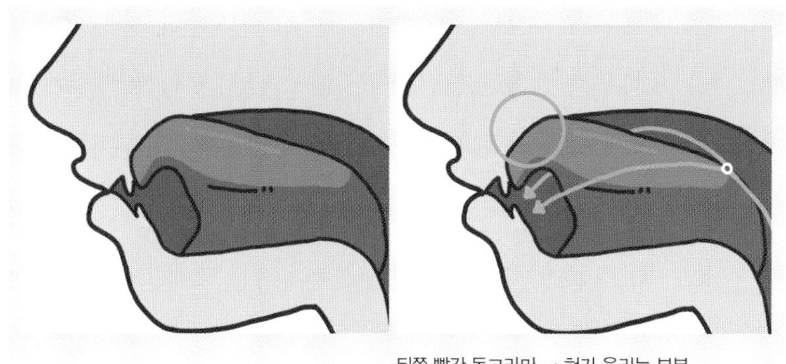

뒤쪽 빨간 동그라미 → 혀가 울리는 부분

그래서 모음 뒤에 나오는 [l]는 발음할 때 앞에 우리말 '오'를 길게 발음하는 것 같은 느낌이 듭니다. 그러다 보니 apple [ǽpl]은 '애아뽀오', tell [tél]은 '테오'처럼 들리는 것이죠. 실제로 모음 뒤에 나오는 [l]의 발음 연습이 어려우면 혀를 윗잇몸에 붙이고 우리말 '오' 소리를 내는 느낌으로 말하면 원어민들이 [l]로 알아듣습니다.

자음+l

please	black	clean	glass	flower
[plíːz]	[blǽk]	[klíːn]	[glǽs]	[fláuər]

위 단어들은 [l] 앞에 자음이 하나씩 들어 있습니다. [l] 앞의 자음은 [l] 발음의 영향을 받아 앞 자음을 발음할 때부터 혀가 [l] 소리를 발음하는 윗잇몸에 이미 붙어 있다가 앞 자음과 거의 동시에 혀가 잇몸에서 떨어지면서 하나의 소리처럼 발음해야 합니다. 그렇지 않으면 '클린(clean)', '블랙(black)'처럼 우리말 '으' 소리가 중간에 들어가게 되어 혼동을 줄 수 있습니다.

blue의 발음 해부

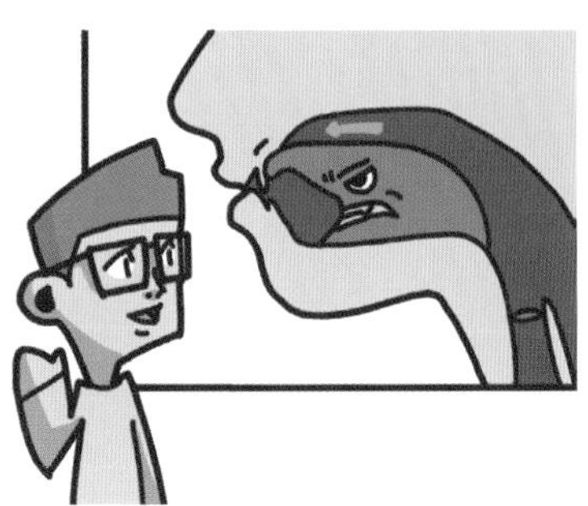

1 [b] 발음 시작 전부터 혀가 [l] 발음을 준비하려고 미리 잇몸 위로 올라가 있음

2 [b] 발음을 하기 위해 입술이 열리면서 동시에 혀가 윗잇몸에서 떨어짐

3 혀가 떨어지자마자 [u:] 쪽으로 뒤로 넘어감

[r]와 다르게 [l]는 미국 영어와 영국 영어에서 동일하게 발음하면 됩니다.

[r]와 [l]를 발음하는 다른 방법

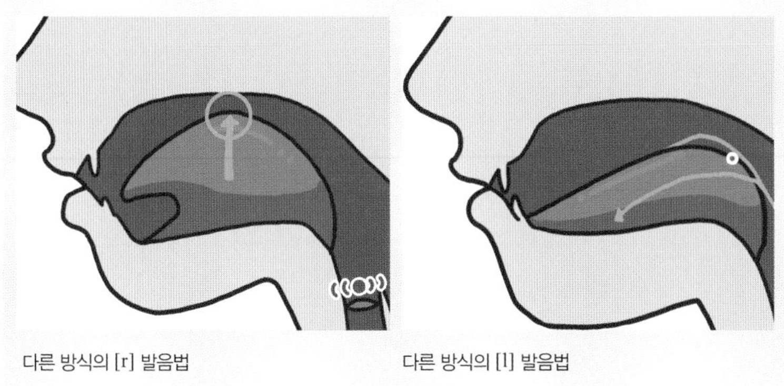

다른 방식의 [r] 발음법 / 다른 방식의 [l] 발음법

원어민의 [r]와 [l] 발음 강의나 영어 발음 관련 서적을 보다 보면 위의 그림처럼 [r]와 [l] 발음을 설명하기도 합니다. 실제로 위의 그림처럼 [r], [l]를 발음해도 우리가 배운 것과 거의 동일한 발음이 됩니다. 하지만 위의 발음법이 한국인들에게는 어렵기 때문에 참고로만 알아두세요. 이 책에서는 좀 더 효율적인 발음법을 중심으로 다뤘습니다.

[l] 단어 연습

동영상 010

어두 – Initial		어간 – Medial		어미 – Final	
lead [lí:d]	low [lóʊ]	please [plí:z]	collect [kəlékt]	bill [bíl]	nail [néɪl]
lid [líd]	law [lɔ́:]	block [blá:k]	swallow [swá:loʊ]	doll [dá:l]	bottle [bá:tl]
late [léɪt]	large [lá:rdʒ]	clock [klá:k]	envelope [énvəloʊp]	goal [góʊl]	middle [mídl]
let [lét]	luck [lʌ́k]	glass [glǽs]	bulb [bʌ́lb]	mall [mɔ́:l]	girl [gɜ́:rl]
lack [lǽk]	lie [láɪ]	flow [flóʊ]	milk [mílk]		
look [lʊ́k]	loud [láʊd]	slide [sláɪd]	help [hélp]		
		allow [əláʊ]	realm [rélm]		
		ballet [bæléɪ]	dollar [dá:lər]		
		believe [bɪlí:v]	alarm [əlá:rm]		

예외

lk가 들어 있는 대부분의 단어들은 l이 묵음으로 발음되지 않으니 주의하세요.

folk[fóʊk]	yolk[jóʊk]	balk[bɔ́:k]	chalk[tʃɔ́:k]
talk[tɔ́:k]	walk[wɔ́:k]	stalk[stɔ́:k]	

[1] 문장 연습

MP3-005

원어민의 발음을 듣고 천천히 정확하게 발음해 보세요.

1 Linda and Lindsey looked into Larry's lecture while he was learning how to lead the lazy lambs to the long ladder.

2 Flint's classmates blocked the baseball players and glazed their gloves and bleached them.

3 Bill's goal is to meet Neil and Paul in the mall to give them small balls and dolls until the hall of the mall closes.

4 In April, Floyd helped Lisa meet the golf player, and in July, they told Floyd that they would leave for London to live together in a long-term leased hotel.

1 Linda와 Lindsey는 Larry가 게으른 양들을 긴 사다리 쪽으로 몰고 가는 법을 배우는 동안 그의 강의 내용을 조사했다.

2 Flint의 같은 반 친구들이 야구선수들을 가로막았고 그들의 야구 글러브에 광택제를 바르더니 표백시켜 버렸다.

3 Bill의 목표는 쇼핑몰 현관이 닫히기 전에 그곳에서 Neil과 Paul을 만나 그들에게 작은 공들과 인형들을 건네주는 것이다.

4 4월에 Floyd는 Lisa가 골프선수를 만나게 도와주었고, 7월에 그 둘은 Floyd에게 장기 임대 계약한 호텔에서 함께 살기 위해 런던으로 떠날 것이라고 말했다.

[p, b, t, d, k, g] 발음 때문에

동영상 011

얘들아! 얘네들은 우리말이랑 똑같은 소리야! 그러니까 평소대로 하면 돼. 알았지?
p=ㅍ b=ㅂ
t=ㅌ d=ㄷ
k=ㅋ g=ㄱ

네!

Hi! I am Sam. I'm a new English teacher.
안녕하세요. 저는 Sam이고 새로 들어온 영어 선생님이에요.

Hi, nice to meet you. My name is 고지식.
안녕하세요. 만나서 반가워요. 제 이름은 고지식이에요.

Is your last name Ko or Go?
성이 Ko예요, 아니면 Go예요?
고!

What? I can't catch it. OK. Anyway, where are you from?
뭐라고요? 잘 못 알아듣겠어요. 뭐 어쨌든 고향이 어디세요?

I was born in 부산.
부산에서 태어났어요.

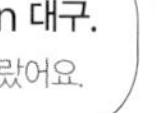

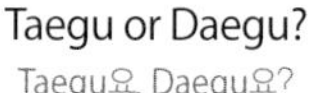

You mean 'Pusan' or 'Busan'? I don't know what you were saying! Did you grow up there?
Pusan이요, Busan이요? 뭐라고 말한 건지 모르겠어요. 거기서 자라신 거예요?

No, I grew up in 대구.
아니요. 대구에서 자랐어요.

Taegu or Daegu?
Taegu요, Daegu요?
대구! 왜 이리 내 말을 못 알아들어?

Teacher's Advice

우리말 'ㅂ, ㄷ, ㄱ'이 [**p**], [**t**], [**k**]도 [**b**], [**d**], [**g**]도 아닌 애매한 소리라서 그렇습니다. 영어식으로 살짝만 바꾸면 바로 고칠 수 있으니 지금부터 하나씩 배워 보세요.

[p, b, t, d, k, g] 발음을 한눈에!

우리말보다 더 꾹 눌러 발음해요!

난이도 30 | 듣기 향상 60 ↑ | 호감도 50 ↑

정확한 발음법

영어의 [p], [b], [t], [d], [k], [g] 발음은 우리말 'ㅍ, ㅂ, ㅌ, ㄷ, ㅋ, ㄱ'과 아주 비슷하지만 우리말 'ㅍ, ㅂ, ㅌ, ㄷ, ㅋ, ㄱ'보다 발음할 때 접촉되는 부분(입술, 윗몸, 입천장)을 더 세게 눌러 주면서 발음해야 합니다. 그러다 보니 우리말 'ㅍ, ㅂ, ㅌ, ㄷ, ㅋ, ㄱ' 발음보다 명확하고 센 소리처럼 들리게 됩니다.

무성음

[p]

우리말 'ㅍ'보다 입술을 더 세게 다물고 발음

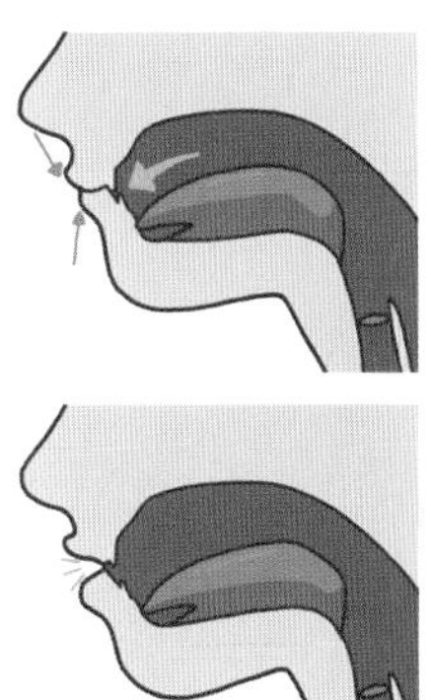

유성음

[b]

우리말 'ㅂ'보다 입술을 더 세게 다물고 목을 울리면서 발음

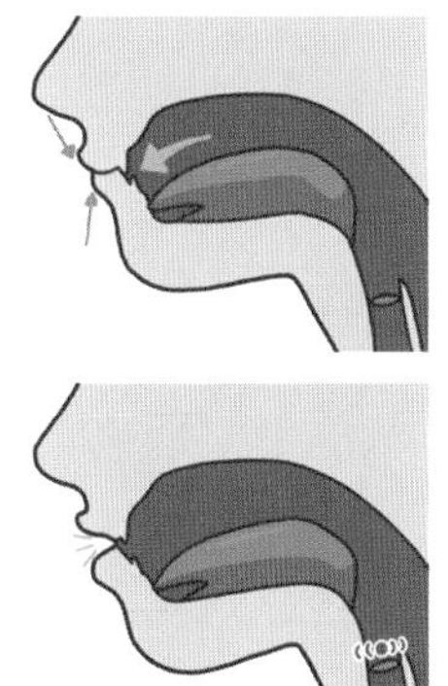

[t]

우리말 'ㅌ'보다 혀를 윗잇몸에 많이 붙이고 힘 있게 누르면서 발음

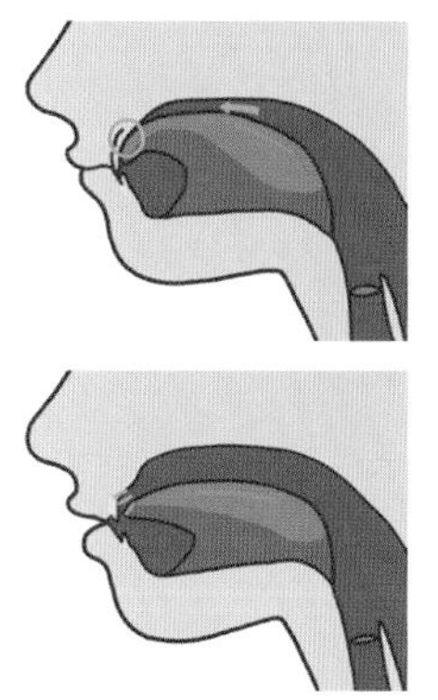

[d]

우리말 'ㄷ'보다 혀를 윗잇몸에 많이 붙이고 힘 있게 누르고 목을 울리면서 발음

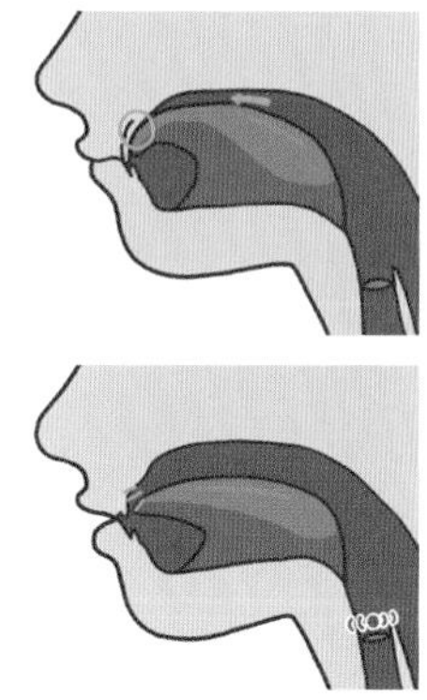

[k]

우리말 'ㅋ'보다 혀를 뒤쪽 입천장에 많이 붙이고 힘 있게 누르면서 발음

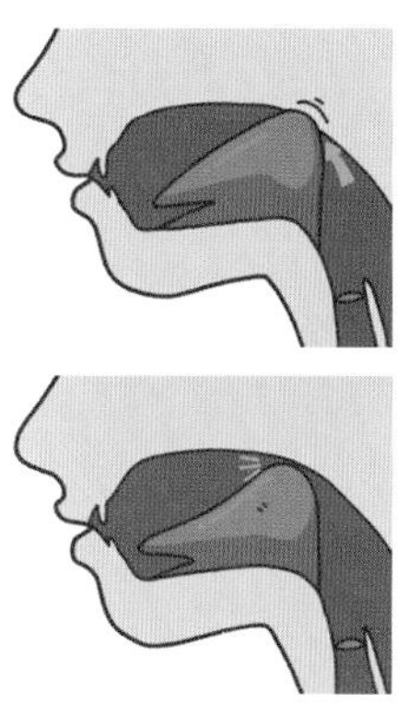

[g]

우리말 'ㄱ'보다 혀를 뒤쪽 입천장에 많이 붙이고 힘 있게 누르고 목을 울리면서 발음

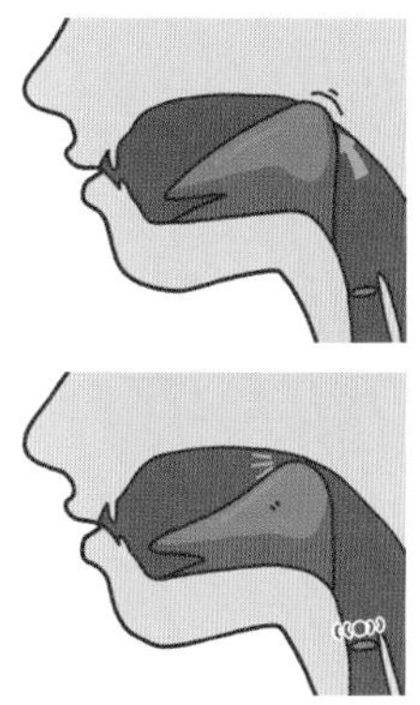

발음할 때 목이 울리지 않는 무성음 [p], [t], [k]가 목이 울리면 각각 유성음 [b], [d], [g]가 됩니다. 즉, [p]/[b], [t]/[d], [k]/[g]는 목 울림의 차이만 있는 아주 비슷한 소리들입니다.

위치에 따라 소리가 바뀌는 [p], [b], [t], [d], [k], [g]

영어의 [p], [b], [t], [d], [k], [g]는 단어에서 어느 위치에 있는가에 따라 발음법이 조금씩 달라집니다.

MP3-006

1. 단어 맨 앞에 있을 때

[p], [b], [t], [d], [k], [g]가 단어 맨 앞에 위치할 때는 원래 발음법대로 발음하면 됩니다. 다음 단어들의 발음을 들어보면서 무성음 [p, t, k]와 유성음 [b, d, g]의 소리 차이를 비교해 보세요.

무성음	pie [páɪ]	pea [píː]	tie [táɪ]	tip [típ]	cane [kéɪn]	cap [kǽp]
유성음	bye [báɪ]	bee [bíː]	die [dáɪ]	dip [díp]	gain [géɪn]	gap [gǽp]

2. 단어 중간에 있을 때

무성음 [p], [t], [k]가 단어 중간에 있을 때는 [ㅃ], [ㄸ], [ㄲ]처럼 발음될 수도 있습니다. 이처럼 단어 중간의 [p], [t], [k]가 [ㅃ], [ㄸ], [ㄲ]처럼 발음되는 건 단어를 빨리 말할 때에만 일어납니다. 천천히 말할 때는 원래 소리인 [p], [t], [k]로 발음되죠. <u>일부 발음책에서 [s] 다음에 오는 [p], [t], [k]는 무조건 'ㅃ, ㄸ, ㄲ'로 발음된다고 설명한 것은 잘못된 내용입니다.</u> 다음 단어들을 통해 원어민이 천천히 말할 때와 빠르게 말할 때의 소리 차이를 직접 비교해 보세요.

[p]	spy [spáɪ]	speed [spíːd]	rapid [rǽpɪd]	copy [kɑ́ːpi]
[t]	steak [stéɪk]	step [stép]	detect [dɪtékt]	attempt [ətémpt]
[k]	skip [skíp]	sky [skáɪ]	ticket [tíkɪt]	account [əkáʊnt]

단어 중간에 있는 [p], [b], [t], [d], [k], [g] 바로 뒤에 자음이 나오면 우리말 'ㅍ/ㅂ, ㅌ/ㄷ, ㅋ/ㄱ' 받침자처럼 발음해야 합니다. 그래서 captain이 '캡틴', Batman이 '밷맨', doctor가 '닥터r', bobcat이 '밥캣'처럼 들리게 되죠. 다음 단어들을 듣고 따라서 연습해 보세요.

captain [kǽptən] Batman [bǽtmæn] doctor [dά:ktər]

bobcat [bά:bkæt] bad man [bǽdmæn] ignore [ɪgnɔ́:r]

MP3-006

3. 단어 마지막에 있을 때

cup, cub, pot, pod, luck, lug처럼 단어 마지막에 [p], [b], [t], [d], [k], [g]가 있을 때 한국인들은 두 가지 방법으로 발음합니다. soup, tube를 '수프', '튜브'로 발음하는 것처럼 '으' 소리를 넣거나 '숲', '튭'처럼 소리를 끊어 발음하는 것이죠. 그러나 두 가지 모두 정답이 아닙니다. [p]/[b], [t]/[d], [k]/[g] 발음은 단어 마지막에 있을 때 한국어의 'ㅍ/ㅂ, ㅌ/ㄷ, ㅋ/ㄱ' 소리들과 차이가 생깁니다. 우리말과 영어의 마지막 자음 소리를 비교해 볼까요?

영어 (마지막 자음에 따라 두 단어의 길이에 차이가 있음)		우리말 (두 단어의 발음에 차이가 없음)	
cap [kǽp]	cab [kǽb]	캪	캡
pot [pά:t]	pod [pά:d]	팥	팓
pick [pík]	pig [píg]	픽	픽

영어의 cap과 cab, pot과 pod, pick과 pig에서 마지막 자음은 보통 정확하게 터트리듯 발음하거나 그 다음 단어의 자음과 연결하여 발음해 캪(cap), 캐앱(cab), 팥(pot), 파앋(pod), 픽(pick), 피익(pig)처럼 끊어지듯 발음됩니다. 그리고 마지막 소리가 [p], [t], [k] 같은 무성음이냐 [b], [d], [g] 같은 유성음이냐에 따라 앞의 모음 길이도 달라지게 되죠. 마지막에 유성음이 있을 때에는 '캐–앱(cab), 파–앋(pod), 피–익(pig)'처럼 바로 앞의 모음이 더 길게 발음됩니다.

동영상 012

Hey, Tom, bring me a 캡(cab).
야, Tom. 나한테 택시 한 대만 가져와.
Here is your cap.
자, 여기 네 모자.
TAXI

Hey, Tom, bring me a 팓(pod).
야, Tom. 콩 꼬투리 좀 가져다 줘.
Here is your pot.
자, 여기 네 주전자.

Hey, Tom, bring me a 픽(pig).
야, Tom. 나한테 돼지 한 마리 가져다 줘.
Here is your pick.
자, 여기 네 막대기.

주인공은 우리말을 하듯이 '캡, 팓, 픽'으로 짧게 발음했어요. 그래서 마지막 자음이 유성음이어서 앞의 모음을 길게 끌어 발음해야 할 cab, pod, pig 단어를 그냥 '캡, 팓, 픽'처럼 짧게 끊어서 말하게 된 거지요. 그렇게 말하다 보니 대부분의 외국인들이 cab(택시), pod(콩깍지), pig(돼지)를 cap(모자), pot(주전자), pick(막대기)로 잘못 알아듣는 것입니다.

Teacher's Advice

영어에서 마지막 자음이 유성음이면 앞의 모음을 길게 늘여 발음하는 게 맞아요. 하지만 억지로 모음을 길게 늘여서 발음하려 하지 말고 **cab**, **pod**, **pig** 같은 단어가 있으면 마지막 [**b**], [**d**], [**g**] 발음을 해야 한다고 의식하면서 말해 보세요. [**b**], [**d**], [**g**] 바로 앞의 목이 울리고 있는 모음을 길게 끌어 주면 그 뒤에 따라 나오는 유성음 [**b**], [**d**], [**g**] 발음을 하기가 수월해지기 때문에 자연스럽게 앞의 모음이 길어집니다.

무성음	단어 앞 원래 소리대로 발음	단어 중간 원래 소리대로 발음되지만 빠르게 이어서 말하면 [p], [t], [k]가 'ㅃ, ㄸ, ㄲ'로 변화	단어 중간+자음 우리말 받침자 (잎, 잍, 잌)로 앞 모음을 짧게 발음	단어 마지막 1. 원래 소리대로 발음 2. 받침자(잎, 잍, 잌)로 앞 모음을 짧게 발음
[p]	pie [páɪ]	speed [spíːd] copy [kɑ́ːpi]	capture [kǽptʃər]	cap [kǽp]
[t]	tie [táɪ]	stop [stɑ́ːp] detect [dɪtékt]	football [fútbɔːl]	cat [kǽt]
[k]	key [kíː]	sky [skáɪ] ticket [tíkɪt]	breakfast [brékfəst]	duck [dʌ́k]

유성음	단어 앞 원래 소리대로 발음	단어 중간+모음 원래 소리대로 발음	단어 중간+자음 우리말 받침자(입, 읻, 익)로 앞 모음을 길게 발음	단어 마지막 1. 원래 소리대로 발음 2. 받침자(입, 읻, 익)로 앞 모음을 길게 발음
[b]	bye [báɪ]	rabbit [rǽbɪt]	absent [ǽbsənt]	cab [kǽb]
[d]	die [dáɪ]	lady [léɪdi]	advance [ədvǽns]	kid [kíd]
[g]	guy [gáɪ]	begin [bɪgín]	exam [ɪgzǽm]	dug [dʌ́g]

▸ 무성음과 유성음, 목 울림이 가른다

영어 자음을 제대로 이해하려면 발음할 때 목이 울리지 않는 무성음과 목이 울리는 유성음의 차이를 정확히 이해해야 합니다. 영어에서는 발음 방법은 같지만 무성음인지 유성음인지에 따라서 의미가 달라지는 자음이 많으니까요.

무성음이냐 유성음이냐의 차이에 따른 소리의 비교

무성음 : [p], [t], [k], [f], [s], [θ], [ʃ], [tʃ] [h]

↓ ↓ ↓ ↓ ↓ ↓ ↓ ↓

유성음 : [b], [d], [g], [v], [z], [ð], [ʒ], [dʒ] [w], [j], [m], [n], [ŋ], [l], [r]

무성음과 유성음을 확인하는 방법은 아주 간단합니다. 손으로 앞쪽 목을 잡고 발음을 따라 해 보면서 목이 울리는지 아닌지 확인해 보면 쉽게 알 수 있습니다.

[p]

입술을 꾸욱 눌렀다가 팍 열면서 발음해요

[p] 발음이 가능한 스펠링

스펠링	예	스펠링	예
p	pig	pp	apple

[p] 단어 연습

동영상 013

어두 – Initial		어간 – Medial		어미 – Final	
piece [pí:s]	Paul [pɔ́:l]	apple [ǽpl]	repair [rɪpér]	cheap [tʃí:p]	shrimp [ʃrímp]
pick [pík]	pot [pɑ́:t]	apartment [əpɑ́:rtmənt]	report [rɪpɔ́:rt]	deep [dí:p]	jump [dʒʌ́mp]
paint [péɪnt]	pump [pʌ́mp]	copy [kɑ́:pi]	respect [rɪspékt]	help [hélp]	crisp [krísp]
pen [pén]	perfect [pɜ́:rfɪkt]	expert [ékspərt]	captain [kǽptən]		
pan [pǽn]	pie [páɪ]	rapid [rǽpɪd]			
pool [pú:l]	pound [páʊnd]				
put [pʊ́t]	poison [pɔ́ɪzən]				
pose [póʊz]					

예외

다음 단어들은 단어 안에 p가 있어도 [p] 발음을 하면 안 되는 묶음이니 주의하세요. psy- / pseudo- 형태의 접두어를 포함하고 있는 단어들 역시 [p] 발음을 하면 안 됩니다.

psalm [sɑ́:m]	pneumonia [numóʊnia]	receipt [rɪsí:t]
cupboard [kʌbɔ́:rd]	raspberry [ræzbéri]	coup [ku:]
corps [kɔ́:r]	psychology [saɪkɑ́:lədʒi]	pseudo [sú:doʊ]

[p] 문장 연습

MP3-008

원어민의 발음을 듣고 천천히 정확하게 발음해 보세요.
밑줄 부분은 연음이 일어나는 부분이니 주의해서 들어보세요.

1 Please paint the panda with the pink pen on the paper.

2 Polly and the prince planned a supper on the patio before they played the piano.

3 Britney Spears especially speaks Japanese and Spanish well just as a professional interpreter.

4 The cop helped Paul jump into the deep sea to catch some shrimps.

5 Pete plans to pick up a jump rope and two bags of crispy potato chips in the department store.

6 Peter Piper picked a peck of pickled peppers. If Peter Piper picked a peck of pickled peppers, how many pickled peppers did Peter Piper pick?

1 종이에 핑크색 펜으로 판다를 색칠해 주세요.
2 Polly와 왕자님은 그들이 피아노를 치기 전에 테라스에서 저녁 식사를 할 계획을 잡았다.
3 Britney Spears는 특히 일본어와 스페인어를 전문 통역사만큼 잘한다.
4 경찰관은 Paul이 깊은 바다로 점프해 들어가 새우를 잡을 수 있게 도와줬다.
5 Pete는 백화점에 가서 줄넘기와 바삭바삭한 감자 칩 두 봉지를 가져올 계획이다.
6 Peter Piper가 절인 고추 뭉치를 집었다. 만약 Peter Piper가 절인 고추 뭉치를 집었다면, Peter Piper는 얼마나 많은 양의 절인 고추를 집었을까?

1. 자음 사이의 [p, b, t, d, k, g]는 빨리 말하면 발음되지 않는다

자음이 연이어 나올 때 중간에 끼어 있는 [p, b, t, d, k, g]는 보통 빨리 말하면 소리가 끊기는 듯한 느낌만 들고 정확하게 발음되지 않습니다. 그래서 바로 다음 소리를 발음해 주면 자연스럽게 이어 말할 수 있습니다. 다음 단어들에서 자음과 자음 사이에 있는 [t, k, d]가 그 예이죠.

paint the	pink pen	helped Paul	pickled peppers
[peɪn~~t~~ðə]	[pɪŋ~~k~~pen]	[help~~t~~pɔːl]	[pɪkl~~d~~pepərs]

2. 같은 소리의 자음이 연달아 나오면 한 번만 발음한다

with the를 [wɪð ðə]가 아닌 [wɪðə]로 발음하는 것처럼, 똑같은 자음이 두 개 이어질 때 앞소리는 발음하는 척만 하고 뒤에 나오는 소리에만 신경 써서 '한 번만' 발음하세요. 자연스럽게 단어를 이어서 발음할 수 있습니다.

Stop peeking!	hate Tom	had dinner	Pick Kevin up!
kiss Sam	realize Zack	a fish shop	I teach Charles.

3. '단어 마지막 [p, t, k]+자음'일 때 [p, t, k] 앞의 모음 길이 → 짧게
'단어 마지막 [b, d, g]+자음'일 때 [b, d, g] 앞의 모음 길이 → 길게

단어 마지막에 [p, b, t, d, k, g]가 있고 다음 단어의 자음이 따라올 때, [p, t, k] 앞에 나오는 모음을 짧게 발음하세요. 그리고 [p, t, k]는 각각 우리말 'ㅍ, ㅌ, ㅋ'의 받침자 형태로 발음합니다. [b, d, g]는 유성음이므로 앞에 나오는 모음을 길게 발음하면서 각각 우리말 'ㅂ, ㄷ, ㄱ'의 받침자처럼 발음합니다.

cop helped → '캎 헤옾ㅌ'	let me → '렙미'	buck hunting → '벅 헌팅'
Bob helped → '바압 헤옾ㅌ'	led me → '레엔미'	bug hunting → '버억 헌팅'

4. 마지막 단어 [f], [v]는 [b, m, p, w] 앞에서 탈락한다

단어 마지막에 [f]나 [v]가 오고, [b, m, p, w] 같은 자음이 따라 나올 때 빨리 말하게 되면 앞소리인 [f, v]는 아예 발음이 안 되고 사라져 버립니다. 그래서 of pickled는 [əvpɪkld]가 아니라 [əpɪkld]로 발음되고, If Peter는 [ɪfpiːtər]가 아니라 [ɪpiːtər]로 발음되는 것이죠. 앞소리가 통째로 사라지기 때문에 이러한 연음 현상을 모르면 내용을 잘못 해석하는 경우가 많으니 주의하도록 합니다.

of pickled If Peter live people out of water a lot of money

5. 비슷한 자음이 연달아 나오면 '뒤에 나오는 자음만' 정확하게 발음한다

발음법이 동일하고 오직 유성음/무성음의 차이인 두 개의 자음이 연이어 나오면, 빠르게 말할 때 뒤에 나오는 소리만 정확하게 발음됩니다.

Stop begging!	hate David	Pick Gavin up!
grab pens	had tables	hug Kevin
safe vitamin	kiss Zack	teach James
love fighting	realize Sam	judge Chandler

[b]

입술을 꾸욱 누른 상태에서 목을 울리고 팍 열면서 발음해요

[b] 발음이 가능한 스펠링

스펠링	예	스펠링	예
b	bear	bb	grabber

[b] 단어 연습

동영상 014

어두 – Initial		어간 – Medial		어미 – Final	
beach [bíːtʃ]	bowl [bóʊl]	able [éɪbl]	number [nʌ́mbər]	cab [cǽb]	rob [rɑ́ːb]
bitch [bítʃ]	ball [bɔ́ːl]	hobby [hɑ́ːbi]	public [pʌ́blɪk]	cub [kʌ́b]	tube [túːb]
base [béɪs]	bottle [bɑ́ːtl]	probable [prɑ́ːbəbl]	barbecue [bɑ́ːrbɪkjuː]	crab [krǽb]	absorb [əbzɔ́ːrb]
bench [béntʃ]	buddy [bʌ́di]			herb [ɜ́ːrb]	
ban [bǽn]	buy [báɪ]				
boo [búː]	bout [báʊt]				
bull [búl]	boil [bɔ́ɪl]				

예외

다음은 b가 있어도 [b] 발음을 하면 안 되는 단어들입니다. 주의하세요.

doubt	debt	subtle	bomb	comb	dumb	tomb	crumb
[dáʊt]	[dét]	[sʌ́tl]	[bɑ́:m]	[kóʊm]	[dʌ́m]	[tú:m]	[krʌ́m]
thumb	climb	lamb	limb	plumber			
[θʌ́m]	[kláım]	[lǽm]	[lím]	[plʌ́mər]			

[b] 문장 연습

MP3-010

원어민의 발음을 듣고 천천히 정확하게 발음해 보세요.

1 The baby bunny is in the brown tube.

2 The bear grabbed the box and broke it.

3 Bob built the biggest building in the suburb.

4 Grab the cub and crab and scrub them in the bathtub.

5 Betty bought a brown rubber tube for her baby.

6 The big black bug bit the big black bear, but the big black bear bit the big black bug back.

1 아기 토끼가 갈색 튜브 안에 있다.
2 곰이 상자를 잡은 다음 부숴뜨렸다.
3 Bob은 교외에다 가장 큰 건물을 지었다.
4 어린 곰과 게를 잡아 욕조 안에서 문질러 씻어라.
5 Betty는 그녀의 아기를 위해서 갈색 고무 튜브를 샀다.
6 큰 검은 벌레가 큰 검은 곰을 물었지만, 그 큰 검은 곰도 큰 검은 벌레를 물어 버렸다.

[t, d]

영어에서 가장 변화가 심한 소리!

7가지로 변화하는 [t, d] 발음

MP3-011

1. 정상적인 [t, d] 발음

time [táɪm]	cocktail [kɑ́:kteɪl]	mat [mǽt]
dime [dáɪm]	Sunday [sʌ́ndeɪ]	mad [mǽd]

2. 알파벳 't' 와 'd'의 플랩(flap) 현상

water: '워터'? '워러'? '우얼얼'? dirty: '더티'? '더뤼'? '더리'?

플랩은 알파벳 't', 'tt', 'd', 'dd'가 단어 사이에 끼어 있고 강세가 없을 때 약화되는 소리의 변화를 말합니다. 보통 meeting / body 같은 단어들은 원래 발음 그대로 '미팅', '바디'처럼 혀가 잇몸을 누르고 있다 생각하고 소리를 터뜨리듯 강하게 떼면서 또박또박 발음해 주어도 괜찮습니다. 하지만 빨리 말할 때는 단어의 강세가 없는 부분인 -ting과 -dy 부분이 약화돼 소리가 작아지고 짧아지다 보니 원래의 정확한 [t, d]로 발음하기 어려울 때가 있습니다. 이럴 때는 혀가 윗잇몸을 눌러서 터뜨리지 않고 잇몸을 살짝 건드리고 다음 소리로 넘어가게 됩니다. 그래서 [t]가 마치 [d] 또는 'ㄹ'처럼 발음되어 meeting(미팅)이 '미딩' 또는 '미링'으로 발음되고, 단어 내 [d] 소리도 'ㄹ'처럼 변화되어 body(바디)가 '바리'처럼 발음됩니다. 이런 현상을 플랩이라고 합니다.

▶ **[t] 발음 순간 포착: 단어를 천천히 말할 때**

▶ **[t] 발음 순간 포착: 단어를 빨리 말할 때**

다음 단어들을 천천히 또박또박 말했을 때와 빨리 말해서 플랩으로 발음할 때의 차이를 느껴 보세요.

later	radar	photo	potato	buddy	better	matter	bidder
battle	model	meeting	visiting	article	forwarding	forty	birdie

이 플랩 현상은 주로 미국 영어에서 많이 일어나지요. 영국 영어에서는 보통 있는 그대로 본래 [t]와 [d]로 정확하게 발음해야 합니다.
다음 단어들의 미국인과 영국인의 발음 차이를 들어보세요. 미국인의 경우, 두 단어의 발음 차이가 거의 없지만 영국인의 경우는 두 단어의 발음이 확연히 다르게 본래 [t, d]처럼 정확하게 발음합니다.

atom – Adam	betting – bedding	coated – coded	latter – ladder
metal – medal	putting – pudding	seating – seeding	writer – rider

3. [t, d]를 꿀꺽 삼켜 버리는 성문파열음(glottal stop)

MP3-011

mountain: '마운튼'? '마운은'? sudden: '써든'? '써른'? '썻은'?

성문파열음은 알파벳 't', 'tt', 'd', 'dd'가 단어 사이에 끼어 있고 그 뒤에 n이 따라 나오면서 강세가 없을 때 약화되는 소리의 변화를 말합니다. 보통 cotton / hidden 같은 단어들은 원래 발음 그대로 '카튼', '히든'처럼 또박또박 발음해 주어도 괜찮습니다. 하지만 빨리 말할 때, 각 단어의 강세가 없는 -tton과 -dden 부분은 약화되어 소리가 작아지고 짧아지다 보니 [t, d]를 원래대로 정확하고 강하게 터뜨리듯이 발음하기가 어려워집니다. 그럴 때는 어쩔 수 없이 혀를 윗잇몸에 붙인 상태에서 목구멍, 즉 성대 안에서 한번 소리를 삼켜 버리듯 꾹 눌러 줍니다. 그래서 마치 cotton(카튼)이 짧게 끊어지는 느낌의 '캇은'으로 발음되고, hidden(히든) 역시 중간이 짧게 끊어지는 느낌으로 '힛은'처럼 발음되는 것을 성문파열음이라고 합니다. 성문파열음은 전세계 모든 영어에서 빠르게 말할 때 아주 빈번하게 나타나며, 이런 소리의 변화를 잘 알지 못하면 쉬운 단어들도 못 알아듣기 때문에 주의해야 합니다.

다음 단어들을 천천히 또박또박 말했을 때와 빨리 말해서 성문파열음으로 발음할 때의 차이를 느껴 보세요.

mountain	shorten	sentence	fitness
[máʊntən]	[ʃɔ́:rtən]	[séntəns]	[fítnɪs]
sudden	garden	couldn't	madness
[sʌ́dən]	[gɑ́:rdən]	[kʊ́dnt]	[mǽdnɪs]

▶ **[t] 발음 순간 포착: 단어를 천천히 말할 때**

▶ **[t] 발음 순간 포착: 단어를 빨리 말할 때**

[t, d] 성문파열음이 가능한 경우

1. t, d가 단어 중간에 끼어 있고 따라 나오는 모음 뒤에 'n'이 있거나 (mountain / sudden) t, d 다음에 'n'이 바로 따라 나올 때 (fitness / madness)
2. t, d를 포함하고 있는 부분에 강세가 '없을 때'

4. [t]가 [ㄸ]로 발음되는 된소리 현상

MP3-011

style: 'ㅅ타일'? 'ㅅ따일'? detect: '디텍ㅌ'? '디떽ㅌ'?

단어 중간의 [t]가 'ㄸ'처럼 발음되는 영어의 된소리 현상은 보통 단어를 빨리 말할 때만 일어나고 천천히 말할 때는 원래 소리 [t]로 발음되죠. 다음 단어들을 원어민이 천천히 말할 때와 빠르게 말할 때 중간에 있는 [t] 소리의 차이를 비교해 보세요.

steak [stéɪk]	step [stép]	style [stáɪl]	Steve [stíːv]
attempt [ətémpt]	protect [prətékt]	detail [díteɪl]	hotel [hoʊtél]

5. [t, d]의 생략

internet: '인터r넷'? '이너r넷'? sandwich: '샌드위치'? '샌위치'?

알파벳 'n' 다음에 't' 또는 'd'가 나올 때, 뒤에 오는 't, d'는 발음을 정확하게 해주거나 아예 생략하여 묵음처럼 발음해도 됩니다. 보통은 [t] 또는 [d]가 있는 부분에 강세가 없고 말을 빨리 할 때 이러한 [t, d]의 생략이 가능해지죠. 다음 단어의 소리 차이를 비교해 보세요.

center	interest	sentence	twenty
[séntər / sénər]	[íntərəst / ínərəst]	[séntəns / sénəns]	[twénti / twéni]
window	standard	calendar	finding
[wíndoʊ / wínoʊ]	[stǽndərd / stǽnərd]	[kǽlɪndər / kǽlɪnər]	[fáɪndɪŋ / fáɪnɪŋ]

The '워너r' is coming!
winter라고 한 거야, winner라고 한 거야?

Teacher's Advice

이런 경우에는 대화할 때 다른 정보들을 종합해서 **winter**(겨울)를 말한 것인지 **winner**(승리자)를 말한 것인지 판단해야 합니다.

6. [t, d]의 받침화 현상

batman: '배트맨'? '밷맨'? Broadway: '브로드웨이'? '브뤗웨이'?

단어 중간에 있는 [t, d] 바로 뒤에 자음이 나오면 원래대로 발음하거나 마치 우리말 받침자의 'ㅌ, ㄷ'처럼 소리가 끊기듯 발음해야 합니다. batman이 '밷맨'처럼, bedsheet이 '배앧-쉳'처럼 발음되듯이 마지막 소리를 끊어서 발음해야 자연스러워요. 다음 단어들을 원어민이 [t, d]를 정확하게 발음할 때와 끊기듯 발음할 때의 차이를 비교해 보세요.

batman [bǽtmən]	football [fʊ́tbɔːl]	fitness [fítnɪs]	outside [áʊtsaɪd]
bad man [bǽdmən]	foodcourt [fúːdkɔːrt]	kidney [kídni]	bedsheet [bédʃiːt]

7. [r] 앞에 있는 [t, d] 소리의 변화

MP3-011

tree: '트리'? '츄뤼'? dry: '드라이'? '쥬롸이'?

tree, dry처럼 [r] 앞에 오는 [t, d]는 뒤에 오는 [r] 소리의 영향을 받아서 입술을 오므려 [r] 발음할 준비를 미리 해 놓고 [r]와 동시에 발음됩니다. 그러다 보니 [t, d] 소리가 [r]의 혀와 입술 모양의 영향을 받아 마치 [t]가 '츄'처럼, [d]가 '쥬'처럼 소리가 바뀌게 되죠. 다음 단어들의 [t, d]가 들어 있는 부분을 주의 깊게 듣고 따라 해 보세요.

tree [tríː]	try [tráɪ]	track [trǽk]	truck [trʌ́k]
dry [dráɪ]	dream [dríːm]	drum [drʌ́m]	drink [dríŋk]

MP3-012

Quiz. 오디오를 듣고 원어민이 말한 단어가 무엇인지 답안지에 써 보세요.
정답은 314 페이지에.

1.	2.	3.	4.
5.	6.	7.	8.
9.	10.	11.	12.
13.	14.	15.	

[t]

영어에서 가장 변화가 심한 소리!

[t] 발음이 가능한 스펠링

스펠링	예	스펠링	예
t	tie, water, hat	무성음+ed(과거시제 어미)	looked
tt	butter, little		

[t] 단어 연습

동영상 015

어두 – Initial: 잇몸을 살짝 더 눌러서 발음

teeth [tí:θ]
tip [típ]
tape [téɪp]
tennis [ténɪs]
tank [tǽŋk]
tool [tú:l]
took [tʊ́k]
told [tóʊld]

tall [tɔ́:l]
top [tɑ́:p]
tongue [tʌ́ŋ]
tiger [táɪgər]
town [táʊn]
toilet [tɔ́ɪlɪt]

어간 – Medial: 다양한 소리 변화에 주의

[t] 또는 [ㄸ]로 발음

attend [əténd]
steak [stéɪk]

[t] 또는 [t] 생략

interest [ín(t)ərəst]
center [sén(t)ər]

받침자처럼 끊기듯 발음

football [fʊ́tbɔ:l]
exactly [ɪgzǽktli]

[t, d] 또는 [r]처럼 발음

bitter [bítər]
party [pɑ́:rti]

성문파열음 [tən, 읏은]처럼 발음

mountain [máʊntən]
fitness [fítnɪs]

어미 – Final: [t] 또는 'ㅌ' 받침처럼 발음

complete [kʌmplí:t]
debt [dét]
fact [fǽkt]
list [líst]
lift [líft]
part [pɑ́:rt]

missed [míst]
asked [ǽskt]
finished [fínɪʃt]
watched [wɑ́:tʃt]
coughed [kɔ́:ft]
relaxed [rɪlǽkst]

예외

– [**t**]로 발음될 부분이 없지만 [**t**]로 발음되는 예외적인 경우:
pizza[píːtsə], **Thomas** [táːməs]

– [**t**]가 발음되어야 하지만 실제로는 발음하지 않는 단어:
listen [lísən] **fasten** [fǽsən] **soften** [sɔ́ːfən] **Christmas** [krísməs]
whistle [wísl] **castle** [kǽsl] **mortgage** [mɔ́ːrgɪdʒ]

▶ **often**: 미국 영어 [ɔ́ːfən] / 영국 영어 [ɒ́ftən]
▶ **depot**: 미국 영어 [díːpoʊ] / 영국 영어 [dépəʊ]

주의

프랑스에서 유래하여 마지막 t를 발음하지 않는 것뿐 아니라 강세도 신경 써야 하는 단어

beret
[bəréɪ]
베레모

ballet
[bæléɪ]
발레

valet
[væléɪ]
주차원

cabaret
[kæbəréɪ]
카바레

fillet
[fɪléɪ]
살코기

buffet
[bəféɪ]
뷔페

bouquet
[bukéɪ]
꽃다발

gourmet
[gʊrméɪ]
미식가

bidet
[bɪdéɪ]
비데

[t] 문장 연습하기

MP3-013

원어민의 발음을 듣고 천천히 정확하게 발음해 보세요.

1 Todd took my cassette tape and told me that he didn't return my tape.

2 I am interested in interviewing plenty of international students at the training center in Atlanta.

3 We'd better sell the bitter butter to the potato seller who is a leader of the thirty party guests.

4 Whitney certainly went to the fitness club when Britney reached the fountain of the mountain.

5 Two teachers told Teddy that he'd better write eighty sentences every night.

1 Todd는 내 카세트 테이프를 가져갔고, 나한테 테이프를 다시 돌려주지 않았다고 말했다.

2 나는 애틀랜타 소재 훈련 센터에서 많은 국제 학생들을 인터뷰 하는 것에 관심이 있다.

3 우리는 파티 손님 30명의 리더이자 감자 판매상인 사람에게 쓴 맛이 나는 버터를 판매하는 것이 좋겠어.

4 Britney가 산에 있는 분수에 도달했을 때 Whitney는 확실히 피트니스 클럽에 갔었다.

5 두 선생님께서 Teddy에게 매일 밤마다 문장 80개를 쓰는 게 좋겠다고 말씀하셨다.

동사 과거시제 -ed 발음법 정리

영어 동사의 90% 이상은 단어 마지막에 'ed'를 추가해서 과거시제를 표현합니다. 이러한 규칙동사의 과거시제를 만드는 '-ed'의 발음은 바로 앞에 위치한 소리에 따라 여러 가지로 달라지죠.

1. -ed 바로 앞의 소리가 무성음 [p], [k], [f], [s], [θ], [ʃ], [tʃ]일 경우

-ed를 같은 무성음인 [t]로 발음합니다.

2. -ed 바로 앞의 소리가 목이 울리는 유성음일 경우

동사의 마지막이 [모음], [b], [g], [v], [z], [ð], [ʒ], [dʒ], [m], [n], [ŋ], [l], [r]일 경우에는 -ed를 같은 유성음인 [d]로 발음합니다.

3. -ed 바로 앞의 소리가 [t], [d]일 경우

-ed를 [ɪd]로 발음합니다.

-ed 바로 앞이 무성음	발음기호	-ed 바로 앞이 유성음	발음기호	-ed 바로 앞이 [t] or [d]	발음기호
stopped	[-pt]	played	[-eɪd]	wanted	[-tɪd]
walked	[-kt]	robbed	[-bd]	wounded	[-dɪd]
kissed	[-st]	logged	[-gd]		
laughed	[-ft]	lived	[-vd]		
finished	[-ʃt]	realized	[-zd]		
reached	[-tʃt]	massaged	[-ʒd]		
		changed	[-dʒd]		
		teamed	[-md]		
		returned	[-nd]		
		prolonged	[-ŋd]		
		called	[-ld]		
		desired	[-rd]		

[d]

영어에서 가장 변화가 심한 소리!

[d] 발음이 가능한 스펠링

스펠링	예	스펠링	예
d	do, body, sad	유성음 + ed(과거시제 어미)	logged
dd	middle, ladder		

[d] 단어 연습

동영상 016

어두 – Initial: 잇몸을 살짝 더 눌러서 발음		어간 – Medial: 다양한 소리 변화에 주의		어미 – Final: [d] 또는 앞의 모음을 끌면서 받침처럼 발음	
deal [díːl]	dog [dɔ́ːg]	**원래 [d]로 발음**	**[d] 또는 플랩처럼 발음**	good [gʊ́d]	robbed [rɑ́ːbd]
delay [dɪléɪ]	dock [dɑ́ːk]	adopt [ədɑ́ːpt]	leader [líːdər]	friend [frénd]	logged [lɔ́ːgd]
date [déɪt]	duck [dʌ́k]	today [tədéɪ]	order [ɔ́ːrdər]	field [fíːld]	changed [tʃéɪndʒd]
debt [dét]	die [dáɪ]	**[d] 또는 [d] 발음 생략**		bird [bɜ́ːrd]	raised [réɪzd]
dad [dǽd]	doubt [dáʊt]	window [wín(d)oʊ]	**성문파열음으로 발음**		wounded [wʊ́ndɪd]
dude [dúːd]	Deutsch [dɔ́ɪtʃ]	standard [stǽn(d)ərd]	sudden [sʌ́dən]		wanted [wɔ́ːntɪd]
dose [dóʊs]		**받침자 'ㄷ' 처럼 발음**	garden [gɑ́ːrdən]		*naked [néɪkɪd]
		broadcast [brɔ́ːdkæst]			*wicked [wíkɪd]
		advance [ədvǽns]			

* naked[néɪkɪd], wicked[wíkɪd]는 과거시제가 아닌 형용사이기 때문에 마지막 -ed 앞에 무성음 [k]가 있음에도 [-kt]가 아닌 [-kɪd]로 발음합니다.

예외

다음 단어들은 단어 안에 d가 있어도 [d] 발음을 하면 안 됩니다. 주의하세요.

handkerchief [hǽŋkərtʃif] handsome [hǽnsəm]

sandwich [sǽnwɪtʃ] Wednesday [wénzdeɪ]

[d] 문장 연습

MP3-015

원어민의 발음을 듣고 천천히 정확하게 발음해 보세요.

1 David decided to redesign his dirty dog house with his dad.

2 Understanding Dickey's idea regarding how to order hundreds of windows at once is difficult.

3 Today, the bidder's buddy suddenly led the auction leader to the wooden house to ask for subsidies.

4 The friend wanted to cook good food, but his food was ruined by a naked bird which was raised on his lawn field.

1 David은 아빠와 그의 더러운 개 집을 다시 디자인하기로 결정했다.

2 한 번에 수백 개의 창문 주문하기에 관한 Dickey의 생각은 이해하기가 어렵다.

3 오늘, 입찰자의 친구가 갑자기 경매 대표를 목조 주택으로 안내해 보조금을 요청하게 했다.

4 친구가 음식을 잘 요리하고 싶어 했지만, 그의 잔디밭에서 자란 벌거벗은 새로 인해 그의 음식이 모두 망쳐졌다.

[k]

우리말 'ㅋ'보다 혀를 입천장에 더 꾸욱 누르고 발음해요

[k] 발음이 가능한 스펠링

스펠링	예	스펠링	예
k	king	-ck	pick
c, cc	cat / account	ch	chord, school
qu[kw]	question	-x[ks]	taxi, except

[k] 단어 연습

동영상 017

어두 – Initial		어간 – Medial		어미 – Final	
keen [kíːn]	comb [kóʊm]	accord [əkɔ́ːrd]	taxi [tǽksi]	awake [əwéɪk]	stomach [stʌ́mək]
kin [kín]	cause [kɔ́ːz]	lucky [lʌ́ki]	boxing [bɑ́ːksɪŋ]	break [bréɪk]	Mach [mɑ́ːk]
cater [kéɪtər]	common [kʌ́mən]	picture [píktʃər]	school [skúːl]	talk [tɔ́ːk]	technique [tekníːk]
cat [kǽt]	chemistry [kémɪstri]	breakfast [brékfəst]	liquid [líkwɪd]	ache [éɪk]	antique [æntíːk]
cool [kúːl]	quite [kwáɪt]				unique [juníːk]
could [kʊ́d]	queen [kwíːn]				

예외

다음 단어들은 단어 안에 k 또는 c가 있어도 [k] 발음을 하면 안 되니 주의하세요.

knee	know	knife	knight	muscle
[níː]	[nóʊ]	[náɪf]	[náɪt]	[mʌ́sl]

[k] 문장 연습

MP3-016

원어민의 발음을 듣고 천천히 정확하게 발음해 보세요.

1 Coca-Cola and coffee contain caffeine.

2 The queen asked questions about the quiz.

3 Kim catered baked crackers and cooked clovers to the king.

4 The anchorman visited the school of chemistry to request the director an interview about cholera and cholesterol.

5 Dick woke up and took the milk and socks to his public antique and music store.

1 코카콜라와 커피에는 카페인이 들어 있다.

2 여왕은 퀴즈에 대해 질문을 했다.

3 Kim은 왕에게 구운 크래커와 클로버 요리를 준비해 가져다 드렸다.

4 앵커는 화학과를 방문하여 과 책임자에게 콜레라와 콜레스테롤에 관한 인터뷰를 요청했다.

5 Dick은 일어나서 우유와 양말을 대중적으로 널리 알려진 그의 골동품점과 음반 가게로 가져갔다.

[g]

우리말 'ㄱ'보다 혀를 입천장에 더 꾸욱 누르고 발음해요

[g] 발음이 가능한 스펠링

스펠링	예	스펠링	예
g	game	ex[ɪgz]	exact
gg. gh	luggage / ghost	gu[gw]	penguin

[g] 단어 연습

동영상 018

어두 – Initial		어간 – Medial		어미 – Final	
geek [gí:k]	ghost [góʊst]	begin [bɪgín]	ignore [ɪgnɔ́:r]	dig [díg]	vogue [vóʊg]
give [gív]	gone [gɔ́:n]	again [əgén]	exist [ɪgzíst]	dog [dɔ́:g]	league [lí:g]
gain [géɪn]	god [gɑ́:d]	angry [ǽŋgri]	penguin [péŋgwɪn]	hug [hʌ́g]	prolog(ue) [próʊlɔ:g]
get [gét]	gun [gʌ́n]				dialog(ue) [dáɪəlɔ:g]
gather [gǽðər]	guy [gáɪ]				epilog(ue) [épɪlɔ:g]
goose [gú:s]	gown [gáʊn]				
good [gʊ́d]					

예외

다음 단어들은 단어에 g가 있어도 [g] 발음을 하면 안 됩니다. 주의하세요.

sigh caught night knight weigh neighbor campaign

sign foreign gnome gnat singer tongue

주의

hanger 미국 영어:[hǽŋər] / 영국 영어:[hǽŋgə]

[g] 문장 연습

MP3-017

원어민의 발음을 듣고 천천히 정확하게 발음해 보세요.

1 The geek gave me a gray gun to shoot the glazed ghost-like girl.

2 My finger began to shake because I was struggling with my heavy luggage at the baggage claim.

3 The dog and pig dug together to find the frog's eggs.

4 The ugly guy is jogging with his angry dog Doug and guinea pigs.

1 그 괴짜가 광택제를 바른 듯 윤기가 나는 유령 같은 여자애를 쏘라고 나에게 회색 총을 주었다.

2 수화물 찾는 곳에서 내 무거운 짐들과 씨름하느라 손가락이 떨리기 시작했다.

3 개와 돼지가 개구리 알들을 찾으려고 함께 땅을 팠다.

4 그 못생긴 녀석이 화가 난 자기 개 Doug와 기니피그들을 데리고 조깅을 하고 있다.

cheque / check 다른 단어가 아니에요

영국 영어와 미국 영어가 발음은 동일한데 표기를 다르게 할 때가 있습니다. 영국 영어에서는 'marque', 'cheque'처럼 단어 내 [k] 부분을 'que'로 표기하는 걸 선호하지만, 미국 영어에서는 'mark', 'check'처럼 'k' 또는 'ck'로 표기하죠. 마찬가지로, 영국 영어에서는 단어 내 [g] 부분을 dialogue처럼 'gue'로 표기하는 것을 선호하지만, 미국 영어에서는 dialog처럼 짧게 'g'로 표기합니다. 사실, 예전에는 영국과 북미 지역에서 이렇게 다른 방식의 표기를 고수했지만 요즘에는 정확한 원칙보다는 출신에 상관없이 내키는 대로 편하게 표기하는 편이에요. 다음 단어들은 생김새만 다를 뿐, 발음과 의미가 동일하니 혼동하지 않도록 주의해서 연습하세요.

영국 영어와 미국 영어 철자 표기 차이 'que' = 'k' 'gu' / 'gue' = 'g'

	영국 미국		영국 미국		영국 미국
수표	cheque = check	피켓	piquet = picket	대화	dialogue = dialog
마크	marque = mark	라켓	racquet = racket	프롤로그	prologue = prolog
마스크	masque = mask	독백	monologue = monolog	에필로그	epilogue = epilog
카탈로그	catalogue = catalog	아날로그	analogue = analog		

'queen'은 '퀸'이, 'penguin'은 '펭귄'이 아니에요!

영어에서 'qu' 스펠링이 있는 단어는 발음기호로 [kw], 'gu'가 들어 있는 단어는 [gw]로 표기하고 발음합니다. [w]는 우리말 '우'보다 입술을 더 많이 오므린 상태에서 '어'의 입술 모양과 혀 위치로 움직이듯이 발음하는 소리입니다. 재미있게도 [w] 앞의 어떠한 자음이든 [w] 소리 영향을 받기 때문에, 발음할 때 입술을 많이 오므리고 혀도 [w] 소리와 같은 위치로 움직여 두 소리를 동시에 발음하듯 읽어야 합니다. 그렇기 때문에 queen[kwíːn]과 penguin[péŋgwɪn] 같은 단어 또한 [k], [g]가 뒤의 [w] 영향을 받아서 시작부터 입술이 오므라지게 되어 '퀸'은 '쿠이인'처럼, '펭귄'은 '펭구인'처럼 발음해야 합니다.

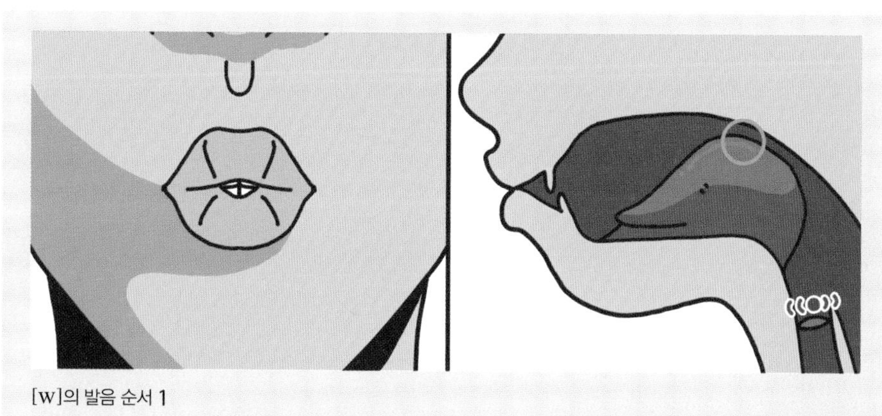

[w]의 발음 순서 1

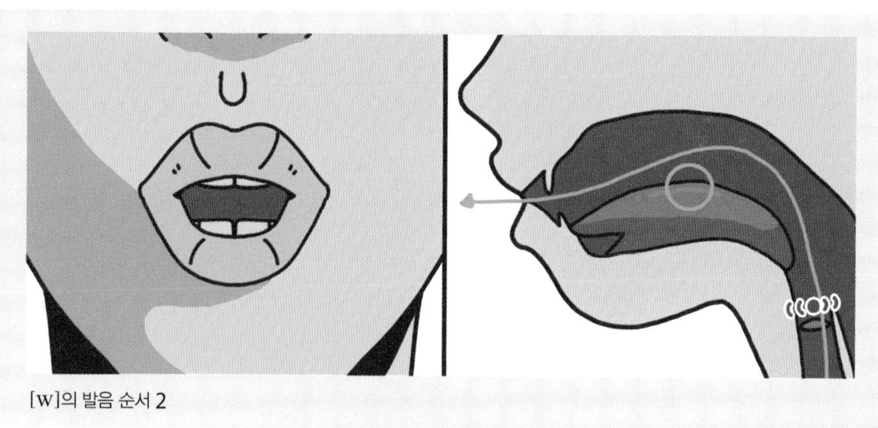

[w]의 발음 순서 2

MP3-018

다음 단어의 발음을 듣고 따라 읽어 보세요.

queen	question	quick	quite
[kwíːn]	[kwéstʃən]	[kwík]	[kwáɪt]
acquire	liquid	squash	banquet
[əkwáɪər]	[líkwɪd]	[skwɔ́ːʃ]	[bǽŋkwɪt]
Guam	penguin	language	jaguar
[gwáːm]	[péŋgwɪn]	[lǽŋgwɪdʒ]	미: [dʒǽgwər] 영: [dʒǽgjuə]

Episode | '으' 소리 빼고 말하기 교정 후

한국인: 네가 먼저 신호를 놓쳐서 사고가 난 거니 모든 게 네 잘못이야!

한국인: 뭔 말인지 알지? 다 네 잘못이야!

외국인: (못 알아듣는 척하면서) 뭐? 너 지금 영어로 말하는 거 맞냐?

한국인: 뭐? 당연히 영어로 말하고 있는 거지. 와! 너는 네 모국어도 못 알아듣냐?

외국인: 기다려 봐, 내가 경찰을 부르지.

경찰관: 여러분, 무슨 일이에요?

외국인: 글쎄요, 뭐라고 저에게 말했는데 무슨 말인지 하나도 못 알아듣겠어요.

Okay, sir! Let me tell you about this accident he made. I was waiting on the red signal right there, but suddenly he hit my car. I was very upset, but gently told him about what he did. But, he just pretended not to understand my English speaking. Your native language! Shame on you!

한국인: 경찰관님, 지금부터 저 녀석이 일으킨 사고에 대해 자세히 말씀드릴게요. 저는 저기 있는 정지 신호 앞에서 출발 신호를 기다리고 있었는데, 갑자기 이 녀석이 제 차를 쳤어요. 저는 매우 화가 났지만, 점잖게 이 녀석이 한 짓을 설명해 줬죠. 하지만, 이 녀석은 제가 하는 영어를 못 알아듣는 척하더라고요. 네 모국어도 못 알아듣고 말이야. 창피한 줄 알아야지!

경찰관: 그렇다면 이 사건은 전적으로 당신의 실수이군요!

외국인: 네, 죄송합니다. 제 실수로 일어난 사고예요.

Teacher's Advice

이번에는 영어식으로 또박또박 정확하게 말하니 대화를 못 알아들은 척했던 가해자도 잘못을 바로 인정하네요. 같은 내용이라도 단어에 '으'를 삽입하지 않고 말하니 상대방이 아주 쉽게 대화를 이해하고 있어요. 자, 이제 여러분 차례입니다. 위의 상황이 여러분에게 일어났다 생각하고, 다음 페이지의 대화를 '으'를 빼고 정확한 영어 발음으로 읽어 보세요.

Comprehensive Practice

PRACTICE 1 '으' 소리가 삽입될 수 있는 단어부터 먼저 연습합니다.

first [fɜ́:rst]	missed [míst]	signal [sígnəl]	this [ðís]
is [íz]	fault [fɔ́:lt]	it's [íts]	speaking [spí:kɪŋ]
understand [ʌndərstǽnd]	native [néɪtɪv]	police [pəlí:s]	what's [wʌ́ts]
folks [fóʊks]	accident [ǽksɪdənt]	made [méɪd]	was [wʌ́z]
red [réd]	hit [hít]	gently [dʒéntli]	told [tóʊld]
did [díd]	just [dʒʌ́st]	pretended [prɪténdɪd]	completely [kəmplí:tli]

MP3-019

PRACTICE 2 다음 대화의 색칠한 부분에 '으'가 들어가지 않게 주의하면서 읽어 보세요.

Korean	Oh, gee, you first missed your signal, so this is your fault. You know what I am saying? It's all your fault, you know?
Foreigner	What? Are you speaking in English?
Korean	What? Yes, I am speaking in English. Wow! You don't even understand your native language!
Foreigner	Wait, I'll call the police.
Korean	Okay, call the police, right now!
Police officer	What's going on folks?
Korean	Okay, sir! Let me tell you about this accident he made. I was waiting on the red signal right there, but suddenly he hit my car. I was very upset, but gently told him about what he did. But, he just pretended not to understand my English speaking. Your native language! Shame on you!
Police officer	So, that was completely your fault!
Foreigner	I am sorry. Yes, it was my fault.

SECTION 2

'이' 발음만 제거해도 '오!'

Episode | '이' 소리 빼고 말하기 교정 전

동영상 020

Josh 안녕, Emily!

Hi, Josh!
This is my friend
from Korea.
Hi, nice to meet
you. I'm Josh.
Josh? Hi, nice to
meet you. My name is
Minsoo!

Emily 안녕, Josh! 얘는 한국에서 온 내 친구야.

Josh 안녕, 만나서 반가워, 난 Josh라고 해!

민수 조쉬? 안녕, 만나서 반가워, 내 이름은 민수야!

Josh 어제, 무슨 일이 있었던 거야?

Emily 민수가 자세하게 말해 줄 거야.

웰, 예스터데이, 위 퍼스트 웬트 투 더 처치 어크로스 더 놀쓰 브릿지. 웬 위 뤼치트 데얼, 위 위시트 투 밑 매니 스튜던츠 비코즈 에밀리 워즈 서포즈드 투 티치 디 잉글리시 랭귀지 앳 더 가라쥐 오브 더 처치.

민수 Well, yesterday, we first went to the church across the north bridge. When we reached there, we wished to meet many students because Emily was supposed to teach the English language at the garage of the church.

덴, 위 웬트 투 더 태안 비치 투 캐치 썸 피쉬 포 런치. 앤드 덴, 위 웬트 투 더 스쿼시 코트 앤드 멧 어 스쿼시 코치 투 런 하우 투 플레이 스쿼시. 위 올 플레이드 스쿼시 게임 투게더. 더 코치 워즈 그레잇, 벗 더 저지 워즈 워스트. 히 디든 원트 미 투 윈 더 게임, 벗 잇 워즈 펀.

민수 Then, we went to the Tae-an beach to catch some fish for lunch. And then, we went to the squash court and met a squash coach to learn how to play squash. We all played squash game together. The coach was great, but the judge was the worst. He didn't want me to win the game, but it was fun.

Oh, okay, so Emily, where did you go and what did you do yesterday with Minsoo?

Josh 아, 알겠어. Emily, 너 어제 민수랑 어디 가서 뭐했다고?

Teacher's Advice

저런! 민수가 계속해서 콩글리시 발음으로 영어를 하니까 **Josh**가 민수 얘기 듣는 걸 포기하고 **Emily**에게 다시 물어보네요. 민수는 자기 말을 **Josh**가 완전히 무시해 버린 것 같아서 많이 당황스럽겠어요. 이러한 문제를 극복하려면 영어 단어 마지막에 '이' 소리를 넣지 않고 자연스럽게 영어 대화가 이어지도록 [ʃ, ʒ, tʃ, dʒ] 발음을 연습해야 합니다. 지금부터 하나씩 배워 볼까요?

[ʃ] [ʒ] 발음 때문에

동영상 021

그래, 지금부터 쉬를 해 보자.
Shhhhhhhhh......

저기요, 도서관에서는 쉬(Shhhhhh)!

Teacher's Advice

[ʃ]는 이런 상황에서 내는 소리와 아주 비슷하답니다.

[ʃ] [ʒ] 발음 이렇게!

입술을 뽀뽀하듯 오므리고 소리를 길게 끌어 주세요

난이도 50 | 듣기 향상 50 ↑ | 호감도 상승 60 ↑

[ʃ]의 정확한 발음법

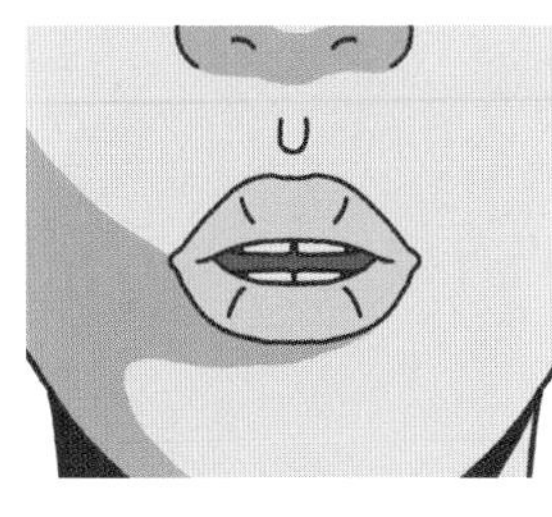

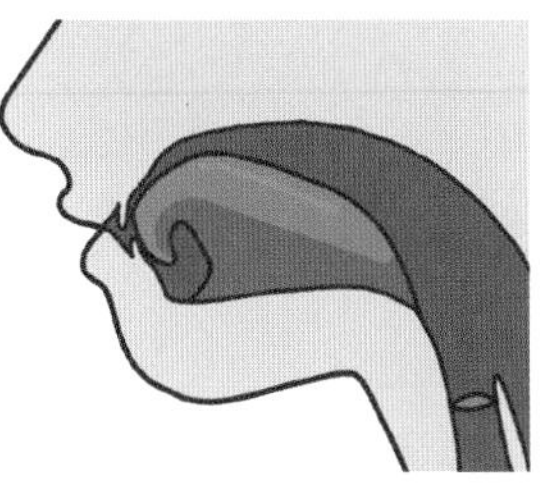

1. 목을 울리지 않고 속삭이는 목소리로 우리말 '쉬' 소리를 하는 것처럼 입 모양을 만든다.

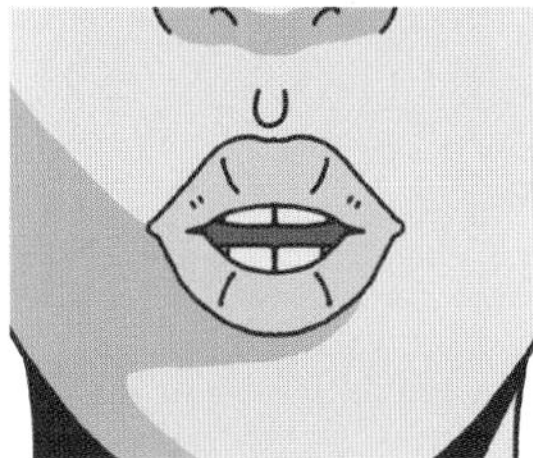

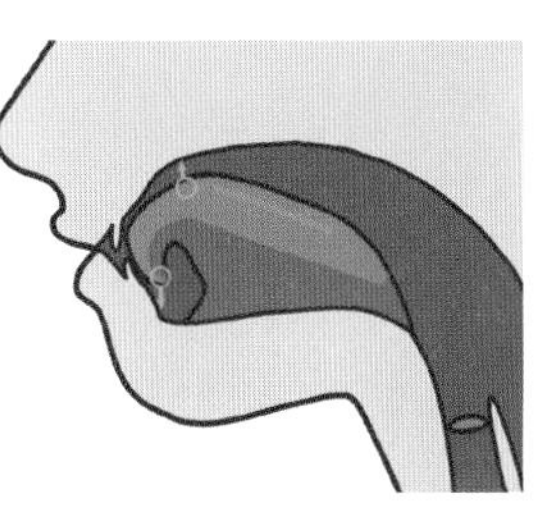

2. 그 상태에서 입술을 둥글게 오므리고 혀끝을 아래 치아 밑의 잇몸까지 내리고 혀의 앞쪽 1/3 부분은 앞쪽 입천장 쪽으로 더 올린다.

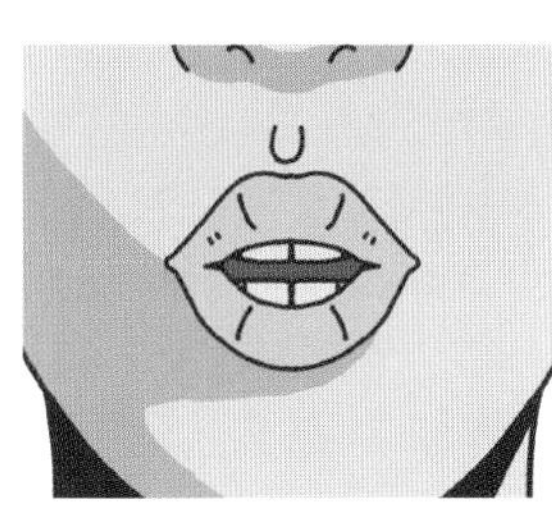

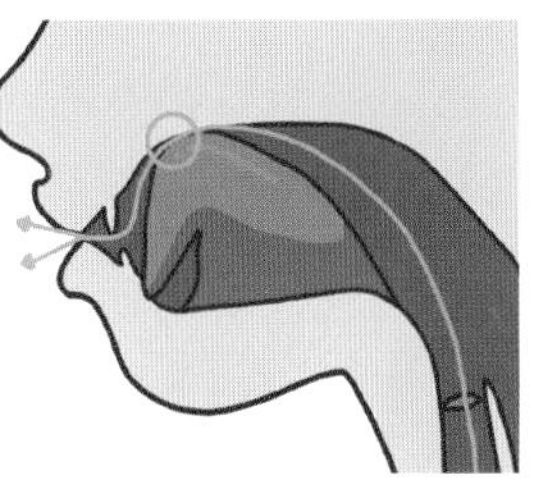

3. 혀와 입천장 사이의 틈으로 소리가 나올 수 있게 길게 끌어준다.

동영상 022

Teacher's Advice

seat를 우리말 '시트'로 발음하니까 웨이터가 **shit**(변)으로 잘못 알아들은 거예요. 우리말 'ㅅ'은 [**s**]도 [**sh**]도 아닌 참 애매한 소리랍니다!

[ʒ]의 발음법

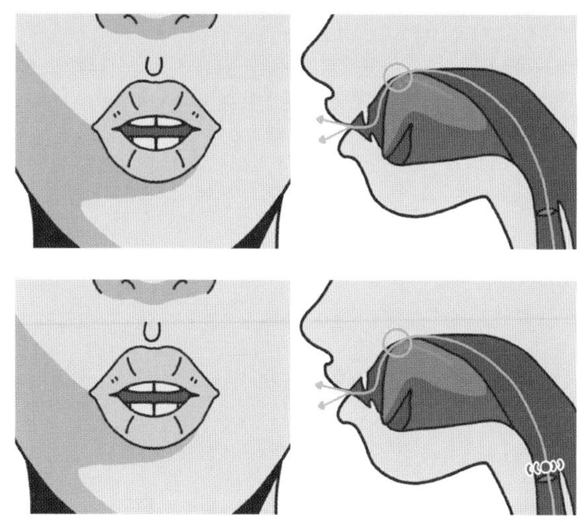

1. 혀의 위치를 [ʃ]와 같은 위치로 이동한다.

2. 그 상태에서 목을 울리면서 혀와 앞쪽 입천장의 틈 사이로 폐에서 올라온 공기를 길게 빼낸다.

[ʒ]는 [ʃ]와 혀의 위치와 발음법이 동일합니다. 다만 [ʃ]는 무성음이고 [ʒ]는 유성음이라서 목을 울린다는 차이가 있지요. [ʃ]와 [ʒ]를 우리말처럼 발음하게 되면 '쉬', '쥐'처럼 되어서 마지막 부분에 불필요한 '이' 소리가 들어가게 됩니다. 그래서 fish[fíʃ]를 '피쉬'로 massage[məsáːʒ]를 '마사지'처럼 말하게 되어 원어민이 알아듣기 어렵게 됩니다. 또 [ʃ]를 우리말 'ㅅ'으로 잘못 발음하면 shit[ʃít]와 seat[síːt]를 구분해서 말하지 못 해 둘 다 '시트'가 되어 혼동을 주게 되죠.

[ʃ]

입술을 뽀뽀하듯 오므리고 소리를 길게 끌면서 발음해요

[ʃ] 발음이 가능한 스펠링

스펠링	예	스펠링	예
sh	she, wish	-ss-	issue, Russia
ch	chic, machine	(접미사) ti-	station, patient
xu-[kʃ], xi-	luxury / anxious	(접미사) ci-	musician, precious

동영상 023

[ʃ] 단어 연습

어두 - Initial		어간 - Medial		어미 - Final	
sheet [ʃiːt]	should [ʃúd]	cushion [kúʃən]	sexual [sékʃuəl]	ash [ǽʃ]	English [íŋglɪʃ]
shit [ʃít]	show [ʃóʊ]	worship [wɔ́ːrʃɪp]	nation [néɪʃən]	cash [kǽʃ]	Porsche [pɔ́ːrʃ]
shape [ʃéɪp]	shot [ʃɑ́ːt]	machine [məʃíːn]	patient [péɪʃənt]	push [púʃ]	mustache [məstǽʃ]
chef [ʃéf]	shy [ʃáɪ]	brochure [brəʃúr]	musician [mjuzíʃən]		
Shanghai [ʃæŋháɪ]	shout [ʃáʊt]	session [séʃən]	special [spéʃəl]		
shoot [ʃúːt]		tissue [tíʃu]	Russia [rʌ́ʃə]		

예외

다음은 [ʃ] 발음이 나올 수 있는 스펠링이 아닌데도 [ʃ]로 발음되는 단어입니다.

ocean [óʊʃən]　　conscience [kɑ́ːnʃəns]　　dimension [dɪménʃən]

[ʃ] 문장 연습

원어민의 발음을 듣고 천천히 정확하게 발음해 보세요.

MP3-020

1 Shane was so shy that he wouldn't shave his mustache.

2 Shelley shouted that she should have shined her shoes before she showered.

3 Sharon pulled a fantastic negotiation on buying her new Chevrolet at a special price, but I would rather buy a luxurious car like a Porsche if I were her.

4 The fresh-fish shop hired a new chef who was an ambitious musician.

5 Cheryl wished that the Turkish people should share the delicious shrimps from the ocean with other shoppers.

6 Chicago is very famous for shopping, and Shanghai is internationally recognized for special fashion shows according to this brochure.

1 Shane은 너무 부끄러움이 많은 편이라 그의 콧수염을 면도하지 않을 것이었다.

2 Shelley는 샤워하기 전에 자기 신발에 광을 냈어야 했다고 소리쳤다.

3 Sharon은 눈부신 협상력으로 쉐보레의 새 차를 특가로 구입했다. 하지만, 내가 그녀라면 차라리 포르쉐 같은 고급차를 구입할 텐데.

4 신선한 생선을 파는 가게에서 (과거에) 야심찬 음악가 출신이었던 요리사를 새로 고용했다.

5 Cheryl은 터키인들이 바다에서 잡는 맛있는 새우들을 다른 구매자들과 공유하기를 바랐다.

6 이 책자에 따르면 시카고는 쇼핑으로 아주 유명하고, 상하이는특별한 패션쇼 무대로 국제적으로 알려져 있다.

[ʒ]

입술을 뽀뽀하듯 오므리고 목을 울리면서 소리를 길게 끌며 발음해요

[ʒ] 발음이 가능한 스펠링

[ʒ]는 영어의 모든 자음을 통틀어 사용빈도가 가장 낮은 소리입니다. 단어 맨 앞에 나오는 경우는 오직 genre 하나뿐이며, 단어 마지막에 올 때도 다음에 제시한 -ge로 끝나는 8개 정도만이 [ʒ]음을 냅니다. 대부분의 [ʒ] 발음은 fusion[fjú:ʒən], usual[jú:ʒuəl]처럼 단어 뒤에 붙는 접미사 -si-나 -su-에서 들을 수 있습니다.

스펠링	예
-si-	vision, Asian
-su-	pleasure, usual
ge	genre, garage

[ʒ] 단어 연습

어두 - **Initial**	어간 - **Medial**		어미 - **Final**: [-ʃ]처럼 발음	
genre [ʒɑ́:nrə]	decision [dɪsíʒən]	casual [kǽʒuəl]	beige [béɪʒ]	garage [gərɑ́:ʒ]
	fusion [fjú:ʒən]	usual [jú:ʒuəl]	rouge [rú:ʒ]	mirage [mɪrɑ́:ʒ]
	vision [víʒən]	pleasure [pléʒər]	massage [məsɑ́:ʒ]	camouflage [kæməflɑ́:ʒ]
	occasion [əkéɪʒən]	measure [méʒər]	prestige [prestí:ʒ]	sabotage [sæbətɑ́:ʒ]
	Asia [éɪʒə] / [éɪʃə]	leisure [lí:ʒər]		

예외

다음은 [ʒ] 발음이 나올 수 있는 스펠링이 아님에도 [ʒ]로 발음되는 독특한 경우입니다.

regime	equation	bourgeois
[reɪʒí:m]	[ɪkwéɪʒən]	[bʊrʒwɑ́:]

Teacher's Advice

leisure는 미국 영어에서는 [lí:ʒər]이지만 영국 영어에서는 [léʒər]으로 발음되니 주의하세요. 우리말 '레저'는 영국 발음에서 유래된 표기입니다.

[3] 문장 연습

원어민의 발음을 듣고 천천히 정확하게 발음해 보세요.

1 A mirage is confusion by illusion.

2 The Persian got pleasure after watching a leisure program from an Indonesian television station.

3 Some Asian people think that leisure time is not measurable because leisure is only for Bourgeois.

4 I painted my garage in beige to open a new massage shop.

1 신기루는 환상에 의한 일종의 혼동 상태이다.

2 그 페르시아인은 인도네시아 TV 방송국의 한 여가 프로그램을 시청한 후 기뻐했다.

3 일부 아시아인들은 여가는 중산층만을 위한 것이라서 여가에 소비하는 시간은 측정할 수 없다고 생각한다.

4 나는 마사지 샵을 새로 개업하려고 내 차고를 베이지 색으로 칠했다.

단어 내 위치에 따라 소리가 다른 [ʃ]와 [ʒ]

MP3-022

무성음 [ʃ]와 유성음 [ʒ]는 오직 목의 울림 유무 차이만 있는 비슷한 소리입니다. 이 [ʃ]와 [ʒ]가 단어 앞쪽에서 나올때는 완전히 다른 별개의 소리로 발음됩니다.

무성음 → 유성음	발음 비교
[ʃ] → [ʒ]	shine [ʃáɪn] / genre [ʒɑ́:nrə]

하지만 beige, massage, garage처럼 유성음 [ʒ]가 단어 마지막에 있을 때는 목이 울리는 본래의 유성음 [ʒ]가 아닌 무성음 [-ʃ]로 발음하되, 그 앞의 모음을 길게 말해야 자연스럽습니다. 다음 단어들을 들으면서 [ʒ]가 단어 마지막에 있을 때의 소리 변화를 직접 느껴 보세요.

단어 마지막이 유성음 [ʒ]
beige [béɪʒ] 하지만 [béɪ-ʃ]처럼 발음
massage [məsɑ́:ʒ] 하지만 [məsɑ́:-ʃ]처럼 발음
garage [gərɑ́:ʒ] 하지만 [gərɑ́:-ʃ]처럼 발음
mirage [mɪrɑ́:ʒ] 하지만 [mɪrɑ́:-ʃ]처럼 발음

[tʃ] [dʒ] 발음 때문에

동영상 025

얘들아, 칠판에 쓰인 단어들을
다 같이 읽어 보자!
제주, 조선, 잭, 젤러스.

I think all of them are
different!
제 생각에는 모두 다른 발음인 것 같은데요.

뭐요?
저 단어들은 '제주, 조선, 잭,
젤러스'로 발음이 같아요, 같아!

Should they be Cheju[tʃédʒu] /
Jeju[dʒédʒu], Chosun[tʃóʊsən] /
Josun[dʒóʊsən], Jack[dʒǽk] /
Zack[zǽk], and jealous[dʒéləs] /
zealous[zéləs]?
이렇게 발음이 다르지 않은가요?

엥? 듣고 보니 정말 조금씩
다르게 들리네!
그런데 도대체 뭐가 다른 거지?

Teacher's Advice

우리말 'ㅊ', 'ㅈ'과는 다른 영어의 [tʃ]와 [dʒ], 지금부터 배워 볼까요?

[tʃ] [dʒ] 발음 이렇게!

입술을 오므리고 짧고 단호하게 끊어서 발음해요

난이도 60 | 듣기 향상 50 ↑ | 호감도 상승 60 ↑

[tʃ]의 정확한 발음법

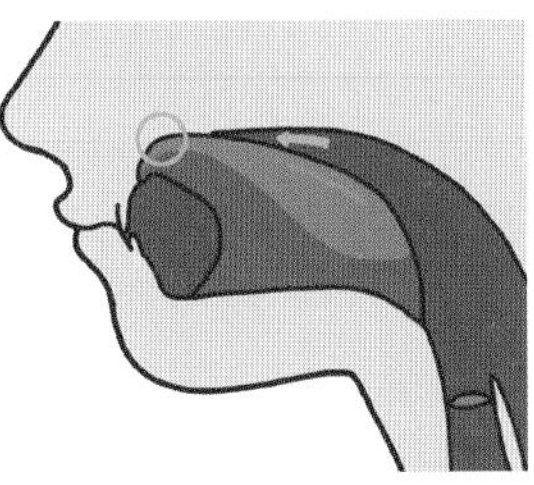

1. 혀를 앞쪽 윗잇몸에 닿게 꾹 누른다.

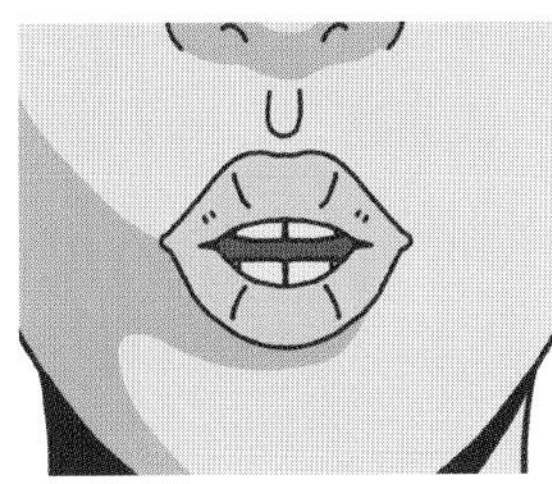
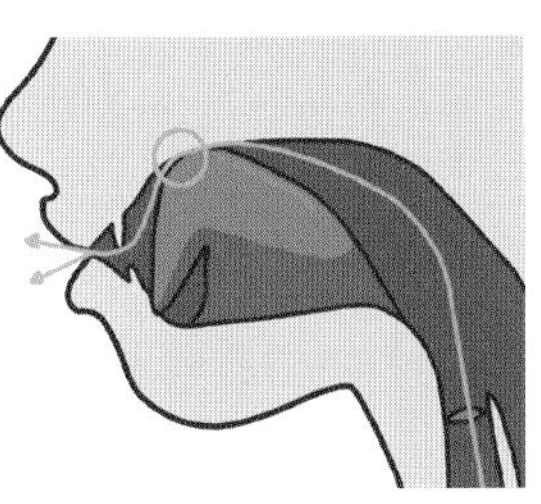

2. 그 상태에서 잇몸에 붙어 있던 혀를 아래로 단번에 끊어지듯이 내린다. 동시에 입술을 동그랗게 오므린 채 소리를 낸다.

[tʃ]는 그림처럼 혀가 윗잇몸에 닿아 있다가 입술을 오므리면서 한순간에 끊어지듯 혀를 단번에 아래로 내리면서 내는 소리입니다. 우리말 'ㅊ'은 입술이 펴져 있는 소리인데 반해, 영어의 [tʃ]는 뽀뽀하듯이 입술을 끝까지 둥글게 오므리고 발음해야 하는 차이가 있습니다.

우리말 'ㅊ'

혀가 윗잇몸에 닿았다가 끊어지면서 발음되며, 입술이 펴져 있고 혀가 떨어질 때 움직임이 영어보다 작아서 소리가 좀 더 가벼운 느낌을 준다.

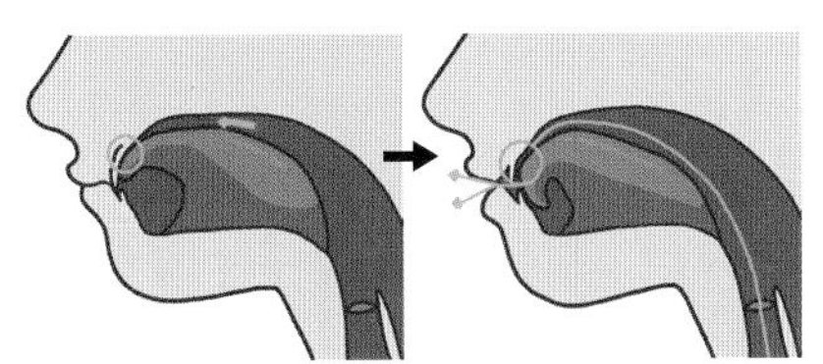

영어의 [tʃ]

혀가 윗잇몸에 닿았다가 입술을 오므리고 혀가 떨어질 때 움직임이 'ㅊ'보다 많고 끊어지는 느낌이 강하기 때문에 소리가 센 느낌을 준다.

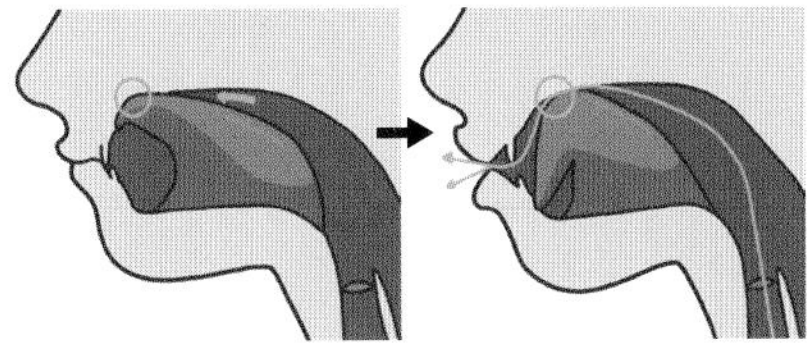

[dʒ]의 발음법

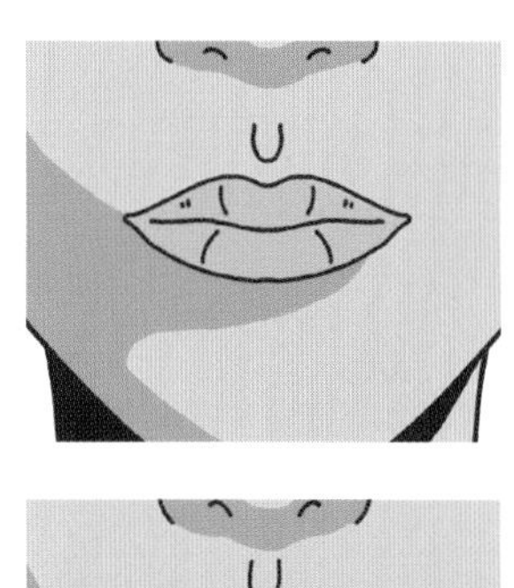

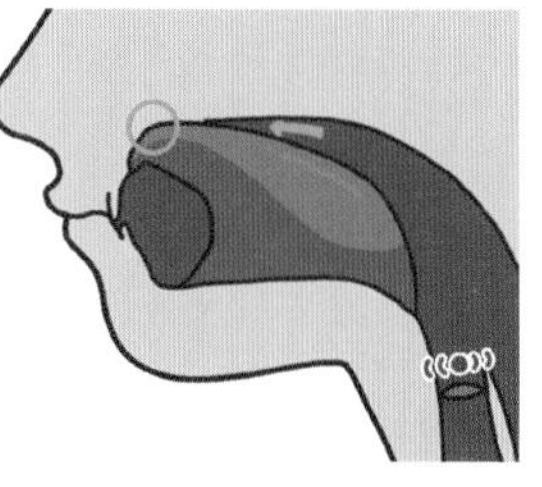

1. 혀를 앞쪽 윗잇몸에 닿게 꾹 누른다.

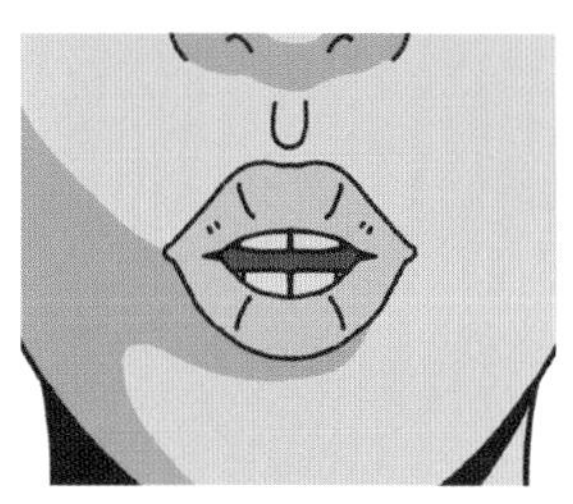

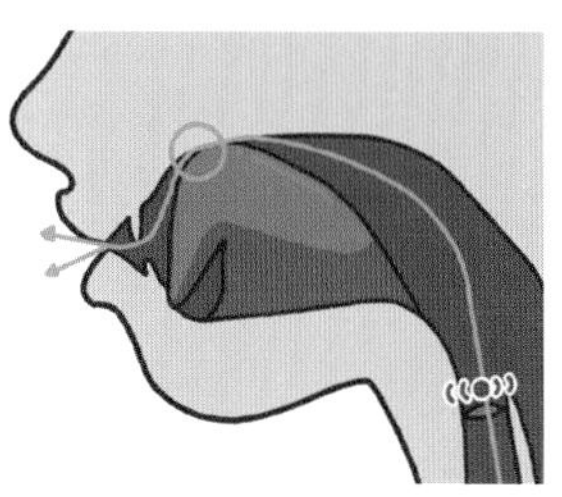

2. 그 상태에서 잇몸에 붙어 있던 혀를 아래로 단번에 끊어지듯이 내린다. 동시에 입술을 동그랗게 오므린 채 목을 울리면서 소리를 낸다.

[dʒ]는 [tʃ]와 혀의 위치와 발음법이 동일합니다. 다만 [tʃ]는 무성음이고 [dʒ]는 유성음이라 [dʒ]를 발음할 때는 목을 울린 다음에 [tʃ]처럼 발음해야 하죠. 이 [tʃ]와 [dʒ]를 우리말처럼 하게 되면 '치', '지' 같이 발음되어 마지막 부분에 불필요한 '이' 소리가 들어가게 됩니다. 그래서 beach[bíːtʃ]를 '비치'로, image[ímɪdʒ]를 '이미지'처럼 말하게 되어 원어민이 알아듣기 어렵게 됩니다.

단어 내 위치에 따라 소리가 다른 [tʃ]와 [dʒ]

MP3-023

무성음 [tʃ]와 유성음 [dʒ]는 오직 목의 울림 유무 차이만 있는 비슷한 소리입니다. 이 [tʃ]와 [dʒ]가 단어 앞쪽에 나올 때는 완전히 다른 별개의 소리로 발음됩니다.

무성음 → 유성음	발음 비교
[tʃ] → [dʒ]	choke [tʃóuk] / joke [dʒóuk] chest [tʃést] / jest [dʒést]

하지만 badge, ridge, cadge, surge처럼 유성음 [dʒ]가 단어 마지막에 있을 때는 목이 울리는 본래의 유성음 [dʒ]가 아닌 무성음 [tʃ]로 발음하되, 그 앞의 모음을 길게 말해야 자연스럽습니다. 다음 단어들을 들어보면서 [dʒ]가 단어 마지막에 있을 때의 소리 변화를 직접 느껴 보세요.

단어 마지막이 무성음 [tʃ]	단어 마지막이 유성음 [dʒ]
batch[bǽtʃ]	badge[bǽdʒ] 하지만 [bǽ-tʃ]처럼 발음
rich[rítʃ]	ridge[rídʒ] 하지만 [rí-tʃ]처럼 발음
catch[kǽtʃ]	cadge[kǽdʒ] 하지만 [kǽ-tʃ]처럼 발음
search[sə́:rtʃ]	surge[sə́:rdʒ] 하지만 [sə́:r-tʃ]처럼 발음

[tʃ]

입술을 오므리고 짧게 끊어 발음해요

[tʃ] 발음이 가능한 스펠링

스펠링	예	스펠링	예
ch	child, church	tu- (강세가 없을 때)	nature, fortune
-tch	kitchen, catch	sti-[stʃ] (강세가 없을 때)	question, Christian

동영상 026

[tʃ] 단어 연습

어두 – Initial		어간 – Medial		어미 – Final	
cheat [tʃiːt]	choke [tʃóuk]	achieve [ətʃíːv]	culture [kʌ́ltʃər]	catch [kǽtʃ]	brunch [brʌ́ntʃ]
chick [tʃík]	chalk [tʃɔ́ːk]	franchise [frǽntʃaɪz]	actual [ǽktʃuəl]	switch [swítʃ]	speech [spíːtʃ]
chase [tʃéɪs]	chocolate [tʃɑ́ːkələt]	kitchen [kítʃɪn]	situation [sɪtʃuéɪʃən]	beach [bíːtʃ]	sandwich [sǽnwɪtʃ]
chest [tʃést]	chunk [tʃʌ́ŋk]	Christian [krístʃən]	Portugal [pɔ́ːrtʃugəl]	coach [kóutʃ]	church [tʃɜ́ːrtʃ]
chat [tʃǽt]	China [tʃáɪnə]				
chew [tʃúː]	choice [tʃɔ́ɪs]				

예외

[tʃ]와 관련 없는 스펠링임에도 [tʃ]로 발음되는 예외적인 단어들입니다.

cello[tʃélou] cappuccino[kæputʃíːnou] concerto[kəntʃértou]

righteous[ráitʃəs] amateur[ǽmətʃər]

[tʃ] 문장 연습

원어민의 발음을 듣고 천천히 정확하게 발음해 보세요.

MP3-024

1 After church, the children will watch a French TV show on channel six.

2 The features of gestures are actually different in each culture and each situation.

3 The coach called up a French pitcher at the church and asked him which sandwiches and fruits are the best choice for the coach's lunch.

4 The amateur cello player performing a concerto was choked by a churlish child from Chile.

1 교회에 다녀온 후 아이들은 6번 채널에서 프랑스 TV쇼를 시청할 것이다.

2 몸동작의 특징적 부분들은 각 문화와 상황에 따라 실제로 다르게 표현된다.

3 코치는 교회에서 프랑스 출신 투수를 호출한 후 그에게 어떤 샌드위치와 과일이 자신의 점심 식사로 최선의 선택인지 물어봤다.

4 협주곡을 연주하는 아마추어 첼로 연주자가 칠레 출신의 무례한 아이 하나로 인해 질식이 됐다.

[dʒ]

입술을 오므리고 짧게 끊어 발음해요

[dʒ] 발음이 가능한 스펠링

스펠링	예	스펠링	예
j	jail, major	du- (unstressed)	graduate
gi-, ge-, gy-	giant / gem / gym	-dge	budget, edge
adj-	adjust		

동영상 027

[dʒ] 단어 연습

어두 – Initial		어간 – Medial		어미 – Final	
jeans [dʒí:nz]	joke [dʒóʊk]	legend [lédʒənd]	budget [bʌ́dʒɪt]	bridge [brídʒ]	page [péɪdʒ]
gym [dʒím]	jaw [dʒɔ́:]	fragile [frǽdʒəl]	graduate [grǽdʒueɪt]	judge [dʒʌ́dʒ]	image [ímɪdʒ]
jail [dʒéɪl]	job [dʒá:b]	apology [əpá:lədʒi]	educate [édʒəkeɪt]	edge [édʒ]	message [mésɪdʒ]
gentle [dʒéntl]	Japan [dʒəpǽn]	subject [sʌ́bdʒɪkt]	adjust [ədʒʌ́st]	badge [bǽdʒ]	package [pǽkɪdʒ]
jam [dʒǽm]	giant [dʒáɪənt]	object (명사) [á:bdʒɪkt]	adjunct [ǽdʒəŋt]	stage [stéɪdʒ]	village [vílɪdʒ]
juice [dʒú:s]	joyful [dʒɔ́ɪfəl]				

예외

[dʒ]와 관련이 없는 스펠링임에도 [dʒ]로 발음되는 예외적인 단어들입니다.

margarine[mά:rdʒərən]   soldier[sóʊldʒər]   cordial[kɔ́:rdʒəl]

[dʒ] 문장 연습

MP3-025

원어민의 발음을 듣고 천천히 정확하게 발음해 보세요.

1 Jamie and Jake met with Eugene, Jimmy, Jean, George, Jennifer, Jack, Jason, Janet and John. They all chewed out Jeff, Judith, Jo, Joanne and their father James.

2 Fidgeting Gina's individual journey schedule to visit a Japanese village was changed because her budget for the journey was not enough to cover all lodging cost.

3 The edge of the ridge is so huge that the rampage Page was encouraged to eat the fudge ice cream and the cabbage salad on the stage of the cage.

4 Jessica decided to reschedule her graduation and marriage because of the message left in the damaged package.

1 Jamie와 Jake는 Eugene, Jimmy, Jean, George, Jennifer, Jack, Jason, Janet과 John을 만났다. 그들은 Jeff, Judith, Jo, Joanne과 그들의 아버지인 James를 심하게 꾸짖었다.

2 일본의 한 마을을 방문하는, 매우 산만한 Gina의 개인 여행 일정이 숙박비를 충당하기에는 여행 예산이 충분하지 않아서 변경되었다.

3 절벽 끝자락이 너무 거대해서 미치광이 Page는 (그 절벽으로 올라가지 않고) 초콜릿 퍼지 아이스크림과 양배추 샐러드를 철창 무대 위에서 먹으라고 권고 받았다.

4 Jessica는 파손된 소포 안에 남겨져 있던 메시지 때문에 그녀의 졸업과 결혼 시기를 재조정하기로 결정했다.

Episode | '이' 소리 빼고 말하기 훈련 후

Hi, Emily!
Hi, Josh! This is my friend from Korea.
Hi! Nice to meet you. I am Josh!
Josh? Hi, nice to meet you. My name is Minsoo.

Josh 안녕, Emily!

Emily 안녕, Josh! 얘는 한국에서 온 내 친구야.
Josh 안녕, 만나서 반가워. 난 Josh라고 해!
Minsoo 조쉬? 안녕, 만나서 반가워. 내 이름은 민수야!

So, what happened yesterday?
Minsoo is going to tell you about that.
Well, yesterday, we first went to the church across the north bridge.

Josh 어제, 무슨 일이 있었던 거야?
Emily 민수가 자세하게 말해 줄 거야.
Minsoo 응, 어제 우리는 먼저 북쪽 다리 건너에 있는 교회에 갔어.

When we reached there, we wished to meet many students because Emily was supposed to teach the English language at the garage of the church. Then, we went to the Tae-an beach to catch some fish for lunch. And then, we went to the squash court and met a squash coach to learn how to play squash. We all played squash game together. The coach was great, but the judge was the worst. He didn't want me to win the game. But, it was fun.

Minsoo 교회에 도착했을 때 우리는 많은 학생들을 만나길 기대했었어. 왜냐하면 Emily가 교회 차고에서 (학생들에게) 영어를 가르치기로 되어 있었거든. 그런 다음 우리는 점심으로 먹을 물고기를 잡으러 태안 해변으로 갔어. 그 다음에 우리는 스쿼시 코트에 가서 스쿼시 치는 법을 배우려고 스쿼시 코치님을 만났어. 우리 모두 함께 스쿼시를 쳤어. 코치님은 정말 좋았지만 심판은 정말 최악이었지. 심판은 내가 경기에서 이기는 게 싫었나 봐. 그렇지만 재미있었어.

Josh 이야! 어제 둘이 아주 즐거운 시간을 보냈나 보네.

Josh 민수야, 내가 너 스쿼시 치는 거 배우게 도와줄 수 있어. 내가 고등학교 때 스쿼시 트레이너를 했거든.

Minsoo 좋아, Josh. 도와준다니 정말 고마워!

Teacher's Advice

민수가 상대방이 알아듣기 편한 영어 발음으로 이야기하니 **Josh**와 더 가까운 친구 사이가 되었네요. 같은 내용이라도 단어에 '으'나 '이'를 삽입하지 않고 말하니 상대방이 아주 쉽게 대화를 이해하고 있어요. 자, 이제 여러분 차례입니다. 위와 같은 상황이 여러분에게 일어났다고 생각해 보면서 다음 대화를 '으'와 '이'를 빼고 멋지게 읽어 보세요.

Comprehensive Practice

PRACTICE 1 '이' 소리가 삽입될 수 있는 단어부터 먼저 연습해 봅니다.

Josh [dʒɑ́:ʃ]	church [tʃɜ́:rtʃ]	bridge [brídʒ]
reached [rí:tʃt]	wished [wíʃt]	teach [tí:tʃ]
English [ínglɪʃ]	language [lǽngwɪdʒ]	garage [gərɑ́:ʒ]
beach [bí:tʃ]	catch [kǽtʃ]	fish [fíʃ]
lunch [lʌ́ntʃ]	squash [skwɔ́:ʃ]	coach [kóʊtʃ]
judge [dʒʌ́dʒ]		

MP3-026

PRACTICE 2 밑줄 친 부분에 '으'나 '이'가 들어가지 않게 주의하면서 읽어 보세요.

Josh	Hi, Emily!
Emily	Hi, Josh! This is Minsoo from Korea.
Josh	Hi! Nice to meet you. I am Josh!
Minsoo	Josh? Hi, nice to meet you. My name is Minsoo!
Josh	So, what happened yesterday?
Emily	Minsoo is going to tell you about that.
Minsoo	Well, yesterday, we first went to the church across the north bridge. When we reached there, we wished to meet many students because Emily was supposed to teach the English language at the garage of the church. Then, we went to the Tae-an beach to catch some fish for lunch. And then, we went to the squash court and met a squash coach to learn how to play squash. We all played squash game together. The coach was great, but the judge was the worst. He didn't want me to win the game. But, it was fun.
Josh	Wow! It seems like you guys had a great time together yesterday. Minsoo, I can help you learn how to play squash. I used to be a squash trainer when I was in high school.
Minsoo	That sounds great, Josh. Thanks.

PART 2-1

조금만 해 놓으면 혼동 없이 듣는다 (자음편)

이번 파트에서는 영어에서는 분명이 다른 발음이지만 우리말에서는 하나의 소리로 합쳐져 말하기 때문에 한국 사람들이 구분해서 듣기 어려워하는 자음을 중심으로 학습하겠습니다. 영어에서 비슷한 두 소리의 특징과 차이점을 학습하면 정확하게 구분해서 듣고 원어민처럼 자연스럽게 말할 수 있습니다.

[f][p] 발음 때문에

동영상 029

chief를 cheap으로 말해서 망신당한 김 대리

전 세계 최고 IT 기업이 모여 있는 미국 실리콘밸리.

부단한 노력 끝에 미국 실리콘밸리의 한 유명 기업 연구소로 스카우트된 민수 씨.

하지만 지나친 콩글리시 영어 발음 때문에 회사에서 의사소통하는 데 많은 어려움을 겪었다.

다행히 매일 쓰는 실무 영어는 동료들이 민수 씨 발음에 익숙해지면서 많이 나아졌다. 그러던 어느 날…….

미국에서 박사 과정 유학 중인 선배가 졸업 후 민수 씨 회사에 입사하고 싶어서 정보를 얻으려 전화를 했다.

친절한 민수 씨는 며칠 뒤 직장상사와 대학원 선배와의 만남을 주선하게 되고…….

Teacher's Advice

A chief engineer를 한국어식으로 발음하면 '어 칩/치프 엔지니어'가 되죠. 윌리엄스는 자신을 수석 엔지니어(**chief engineer**)가 아니라 싸구려 엔지니어(**cheap engineer**)로 소개한 걸로 오해한 거예요. **cheap**과 **chief**를 정확히 구분해서 발음해야 하는 이유, 이제 알 수 있겠죠?

[f][p] 발음을 구분하라!

fork와 pork는 둘 다 '포크'?

난이도 70 듣기 향상 80 ↑ 호감도 70 ↑

[f]의 정확한 발음법

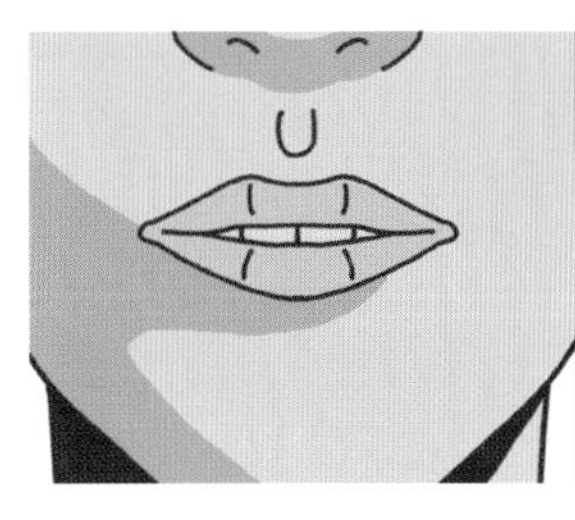

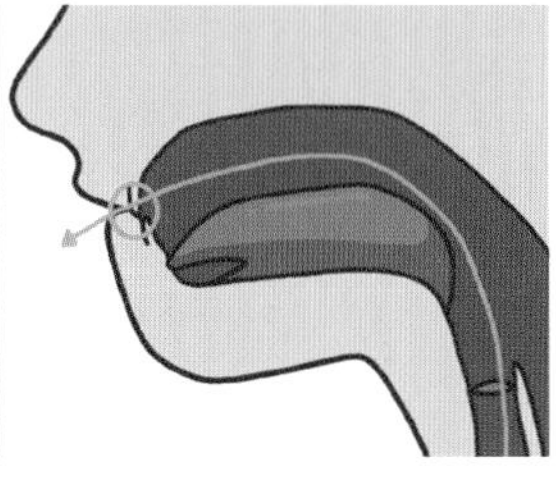

1. 앞니 두 개를 아랫입술 안쪽 부분에 살포시 포개 놓는다.

2. 앞니 두 개와 닿아 있는 아랫입술 사이로 공기를 길게 빼낸다.

정확한 [f] 발음을 위해서는 먼저 접촉 부위인 위 치아와 아랫입술에 힘을 뺍니다. 그런 다음 앞니 두 개를 아랫입술에 공기가 새어 나올 수 있을 만큼 틈이 생기도록 살포시 포개어 놓습니다. 여기서 중요한 점은 그 좁은 틈 사이에서 공기가 지속적으로 새어 나오려면 [f] 발음이 끝나고 다음 소리가 나올 때까지 치아와 입술 모양을 일정하게 유지해야 한다는 것입니다.

발음할 때 너무 힘 주어 말하면 [f]가 'ㅃ' 또는 [p]와 비슷하게 발음돼 fork(포크)를 pork(돼지고기)로 발음하게 됩니다. 반대로 위의 치아와 아랫입술이 닿는 부분 사이의 틈을 너무 크게 만들면 [h]/ 'ㅎ'과 비슷하게 발음되어 fat(살찐)을 hat(모자)으로 발음할 수도 있으니 주의해야 합니다.

[f] 발음이 가능한 스펠링

스펠링	예	스펠링	예
f	fix	ph	phone
ff	muffin	-gh	tough

[f] 단어 연습

동영상 030

어두 – Initial		어간 – Medial		어미 - Final	
fever [fi:vər]	photo [fóutou]	before [bɪfɔ́:r]	alphabet [ǽlfəbət]	brief [brí:f]	proof [prú:f]
fit [fít]	fall [fɔ́:l]	after [ǽftər]	dolphin [dɑ́:lfɪn]	roof [rú:f]	off [ɔ́:f]
fail [féɪl]	father [fɑ́:ðər]	comfort [kɑ́:mfərt]	elephant [éləfənt]	chef [ʃéf]	staff [stǽf]
fence [féns]	fun [fʌ́n]	office [ɔ́:fɪs]	pamphlet [pǽmflɪt]	wolf [wúlf]	tough [tʌ́f]
fan [fǽn]	fine [fáɪn]	coffee [kɔ́:fi]	telephone [téləfoun]	golf [gɑ́:lf]	graph [grǽf]
fool [fú:l]	foul [fáʊl]			behalf [bɪhǽf]	
full [fúl]	foil [fɔ́ɪl]				

예외

다음 단어들은 단어 마지막에 -gh가 있어도 [f] 발음을 하면 안 되니 주의하세요.

dough [dóʊ]	though [ðóʊ]	although [ɔ:lðóʊ]	through [θrú:]

[f] 문장 연습

원어민의 발음을 듣고 천천히 정확하게 발음해 보세요.

1 My father was fired from his full time job after a foolish finance firm officer from France took my father's position.

2 Before owning an FX-450 from Ferrari, I used to drive a car which had a rough sunroof.

3 The chief manager and Joseph have a proof that Jeff has received the enough payoffs from the chef.

4 The tough wolf that was suffering from famine fought against five elephants and four dolphins in a fence of a golf field.

1 프랑스 출신의 멍청한 금융회사 직원이 우리 아버지의 직위를 차지한 후 우리 아버지는 정직원 자리에서 해고되었다.

2 페라리에서 나온 FX-450 모델을 소유하기 전, 나는 조잡한 선루프를 장착한 자동차를 몰았다.

3 최고 관리자와 Joseph는 Jeff가 주방장한테서 충분한 보수를 받았다는 증거 자료를 가지고 있다.

4 기근으로 고통 받고 있던 거친 늑대 한 마리가 골프장 울타리 안에서 코끼리 다섯 마리, 돌고래 네 마리에 대항해 싸웠다.

Teacher's Advice

[f]를 우리말 'ㅍ'처럼 말하면 이런 상황에 처할 수 있습니다.
꼭 구별해서 발음해 주세요.

LISTENING TEST

[f]와 [p]구분하여 듣고 말하기

MP3-028

우리말에는 [f] 음이 없어서 가장 비슷한 소리인 'ㅍ[p]'로 대신 발음하곤 합니다. 그러다 보니 fine - pine / fork - pork 같은 단어를 모두 '파인/포크'로 발음해서 혼동을 줄 때가 많죠. 또 [f]가 단어 마지막에 있을 때는 발음하기 어려워서 chief[tʃiːf]를 cheap[tʃiːp]와 동일하게 '칩' 또는 '치프'로 발음하곤 합니다.

[p]와 [f]를 정확하게 발음하려면 [p]와 [f] 발음의 특징을 이해하고 연습해야 합니다. [p]의 경우, 양 입술로 공기를 막았다가 단번에 짧게 터뜨리는(burst) 강한 느낌의 소리입니다. 반면, [f]는 위 치아와 아랫입술 틈에서 공기가 지속적으로 새어 나오는 소리라서 작고 길게 들리는 부드러운 느낌의 소리입니다.

[p]는 풍선을 터뜨리는 것 같은 펑 터지는 느낌이 있고,
[f]는 타이어에서 바람이 조금씩 새어 나오는 것처럼 희미하고 긴 소리의 느낌이 있어요!

1 다음 두 단어 중 원어민이 말한 단어에 표기하세요. 정답은 p. 318

pan – fan	past – fast	poke – folk	pride – fried
leap – leaf	paint – faint	peel – feel	pool – fool
supper – suffer	clip – cliff	pair – fair	pile – file
pull – full	wipe – wife	cup – cuff	

2 다음 문장을 듣고 원어민이 말한 단어에 표기하세요.

Your pans / fans are there.

Your wipe / wife is here.

Show me your prize / fries.

She is going to supper / suffer.

These are clips / cliffs.

Turn your cup / cuff over.

[v] [b] 발음 때문에

veil을 bail로 알아들은 신랑 때문에 눈물 쏟은 신부

신부 대기실
Honey, give me the 베일.
자기야. 면사포 가리개 좀 갖다 줘요.
Did you commit a crime? What happened? You need to pay the bail?
당신 무슨 죄를 진 거예요? 무슨 일이지? 보석금을 지불해야 한다고?

무슨 소리예요? 오늘 같은 날 내가 무슨 죄를 지어요?

당신 정말 너무해!
What's wrong? Did I misunderstand something?
도대체 뭐가 문제지? 내가 뭘 잘못 알아들었나?

Teacher's Advice

저런, 신부가 **veil**(면사포)을 '베일'이라고 발음하니, 신랑이 **bail**(보석금)로 잘못 알아들었군요. 여러분도 앞으로는 **veil**과 **bail**을 혼동하면 안 돼요.

[v][b] 발음을 구분하라!

van과 ban은 둘 다 '밴'?

난이도 70 | 듣기 향상 80 ↑ | 호감도 70 ↑

[v]의 정확한 발음법

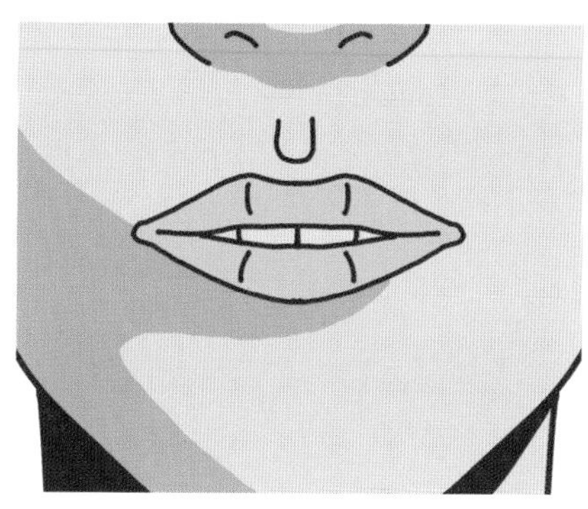

1. 위 치아의 가운데 앞니 두 개를 그림과 같이 아랫입술 안쪽 부분에 살포시 포개 놓는다.

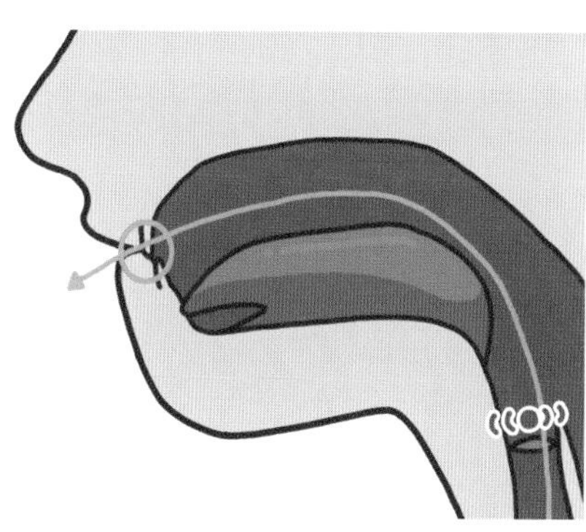

2. 그 상태에서 목을 울리면서 가운데 앞니와 아랫입술 사이의 틈으로 공기를 길게 빼낸다.

[v]는 [f]와 발음 방법이 같습니다. 유일한 차이는 [v]는 발음이 끝날 때까지 목이 울리는 유성음이라는 것입니다. [v] 발음 시 목이 울리면서 [f] 발음 때에는 없었던 두 군데에서 진동이 일어나게 되는데요. 첫 번째는 성대이고, 두 번째는 위 치아와 아랫입술이 닿는 부분입니다. [v] 발음을 할 때 과도하게 힘을 주어 아랫입술을 누르거나 소리를 급하게 내려다 보면 [v]가 'ㅂ' 또는 [b]와 비슷하게 발음되어 van(다인승 승합차)을 '밴/ban(금지하다)'으로 발음하게 되므로 주의해야 합니다.

[v] 발음이 가능한 스펠링

스펠링	예
v	vote, five

[v] 단어 연습

동영상 032

어두 - Initial		어간 - Medial		어미 - Final: [-f]처럼 발음	
visa [ví:sə]	vice [váɪs]	advance [ədvǽns]	converse 명[kɑ́:nvərs] 동[kənvə́:rs]	save [séɪv]	love [lʌ́v]
villa [vílə]	violin [vaɪəlín]	advice [ədváɪs]	even [í:vən]	live [lív]	achieve [ətʃí:v]
vacant [véɪkənt]	vitamin [váɪtəmɪn]	available [əvéɪləbl]	invite [ɪnváɪt]	thieve [θí:v]	deserve [dɪzə́:rv]
vengeance [véndʒəns]	voucher [váʊtʃər]	avoid [əvɔ́ɪd]	invoice [ínvɔɪs]	believe [bɪlí:v]	receive [rɪsí:v]
valid [vǽlɪd]	void [vɔ́ɪd]	convince [kənvíns]	level [lévəl]	relieve [rɪlí:v]	survive [sərváɪv]
vote [vóʊt]	voyage [vɔ́ɪɪdʒ]				active [ǽktɪv]
volume [vɑ́:ljum]					

예외

다음 두 단어는 [f]로 발음돼야 하는 스펠링인데 [v]로 발음되는 유일한 예외이니 주의하세요.

of [ʌv]　　　　Stephen [stí:vən] (Steven과 발음 동일)

[v] 문장 연습

MP3-029

원어민의 발음을 듣고 천천히 정확하게 발음해 보세요.

1 Virginia waved and told us that she received a very valuable van and would love to drive us home.

2 Vincent and Vicky have not received Vietnamese visas because of their void passports.

3 David arrived in a village where travelers always had advised him to avoid visiting.

4 Steve drove to a cave and gave Victor five olive seeds, half of which were removed from a stove.

5 Stephen plays violin and viola better after he achieved five bottles of vitamin C.

1 Virginia는 손을 흔들며 우리에게 그녀가 아주 값비싼 승합차를 받았고 그 차로 우리를 집에 데려다 주고 싶다고 말했다.

2 Vincent와 Vicky는 그들의 유효기간 만료 여권 때문에 베트남 비자를 받지 못했다.

3 David는 여행자들이 그에게 늘 가지 말라고 조언했던 한 마을에 도착했다.

4 Steve는 운전을 해서 동굴로 갔고, 올리브 씨앗 다섯 개를 Victor에게 주었다. 그것의 절반 가량은 스토브에서 빼낸 것이었다.

5 Stephen이 비타민 C 알약 다섯 병을 받더니 바이올린과 비올라를 더 잘 연주한다.

LISTENING TEST

[v]와 [b] 구분하여 듣고 말하기

우리말에는 [v]가 없어서 가장 비슷한 소리인 'ㅂ[b]'로 대신 발음하곤 합니다. 그러다 보니 veil - bail / van - ban 같은 단어들을 '베일/밴'으로 발음하게 되어 상대방에게 혼동을 줄 때가 많아요. 또 [v]가 단어 마지막에 있을 때는 매우 발음하기 어려워 해서, 보통은 'ㅂ'으로 발음하여 leave[liːv]를 '립(leap)' 또는 '리브'로 잘못 발음하곤 합니다.

정확하게 듣고 올바르게 말하려면 [b]와 [v] 발음의 특징을 잘 이해하고 이를 적용하여 연습해야 합니다. [b]는 양 입술로 구강의 통로를 완전히 막았다가 단번에 짧게 터뜨리는(burst) 강한 느낌의 소리입니다. 반면, [v]는 목이 울리면서 위 치아와 아랫입술 사이 틈에서 공기가 지속적으로 새어 나오기 때문에 소리가 작고 길게 들리는 부드러운 느낌의 소리입니다.

두 발음을 정확하게 할 수 있으면 듣는 것 또한 쉽게 구분해서 들을 수 있습니다. 자, 그러면 지금부터 여러분의 [b]와 [v] 발음이 얼마나 좋아졌고, 구분해 들을 수 있는지 테스트를 해 볼까요?

[b]는 풍선을 터뜨리는 것처럼 '펑' 터지는 느낌이 있어요.

[v]는 자동차 가속기 페달(accelerator)을 밟는 것처럼 소리가 묵직하고 길게 나와요.

1 다음 두 단어 중 원어민이 말한 단어에 표기하세요. 정답은 p. 319

ban – van	bent – vent
bolt – volt	marble– marvel
bail – veil	berry – very
boat – vote	cupboard – covered
bend – vend	best – vest
bowel – vowel	curb – curve

2 다음 문장을 듣고 원어민이 말한 단어에 표기하세요.

You cannot bend / vend those here.

Use that for the base / vase.

That's a marble / a marvel.

The bowel / vowel looks weird.

[s] [ʃ] 발음 때문에!

MP3-031

애매한 'ㅅ' 소리 때문에 못 알아들어요

Look at my
카 시트.
내 카 시트 좀 봐.

What? Your car
sheet, or car seat?
뭐? 네 car sheet 아님
car seat?

아하! Car seat!

I got it. I thought you are
saying car sheet cover
down there.
그렇구나. 나는 네가 저기 있는 자동
차 커버를 말하는 줄 알았지 뭐야.

[s] [ʃ] 발음을 구분하라!

seat와 sheet는 둘 다 '시트'?

난이도 50 | 듣기 향상 60 ↑ | 호감도 60 ↑

[s]는 우리말 'ㅅ'과 유사한 소리지만 달라요. 혀 앞쪽 1/4 부분이 잇몸 쪽으로 닿을 듯 말 듯 올라가고 그 사이 틈에서 공기가 길게 새어 나오는 소리입니다.

[s] 정확한 발음법

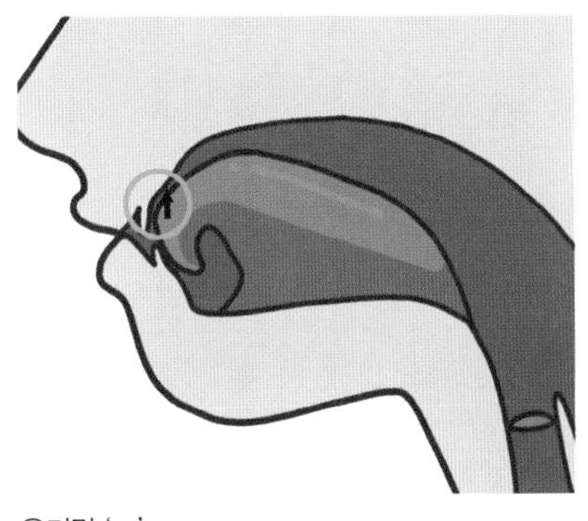

우리말 'ㅅ'

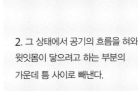

1. 우리말 'ㅅ' 발음보다 혀를 윗잇몸 쪽으로 더 높게 올린다.

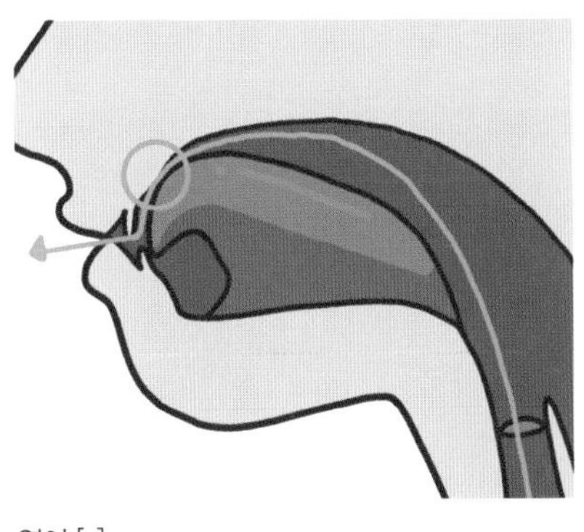

영어 [s]

2. 그 상태에서 공기의 흐름을 혀와 윗잇몸이 닿으려고 하는 부분의 가운데 틈 사이로 빼낸다.

정확한 [s]를 발음하려면 먼저 우리말 'ㅅ' 발음과 영어 [s] 발음의 차이를 알아야 합니다. 우리말 'ㅅ'은 영어 [s]보다 혀와 윗잇몸이 접촉하는 지점이 좀 더 앞쪽입니다. 그래서 공기가 새어 나오는 틈이 치아 바로 뒤 윗잇몸이 시작되는 부분에 있습니다. 영어의 [s]에 비해 접촉 위치에서의 틈새가 넓어 소리가 짧고 약하게 들립니다. 반면, [s]는 우리말 'ㅅ'보다 혀가 윗잇몸 쪽으로 더 올라가고, 접촉 위치에서의 틈새가 훨씬 좁아서 길고 좀 더 응집된 소리처럼 들립니다.

[s] 발음 시 혀에 과도하게 힘을 주어 윗잇몸을 세게 누르거나 공기의 흐름을 너무 빠르게 입밖으로 힘을 주어 내뱉게 되면 [s]가 [t] 또는 'ㄸ'과 비슷하게 발음되어 sin(죄)을 '틴/tin(주석)' 또는 '띤/thin(얇은)'으로 발음하게 되니 주의해야 합니다.

[s] 발음이 가능한 스펠링

스펠링	예	스펠링	예
s	see, bus	sc-(i, e)	science / descend
c-(i, e, y)	city / cent / cycle	-se	false
ss	class	-x[ks]	six

[s] 단어 연습

동영상 033

어두 – Initial		어간 – Medial		어미 – Final	
cease [síːz]	saw [sɔ́ː]	basic [béɪsɪk]	assert [əsɜ́ːrt]	across [əkrɔ́ːs]	use(명사) [júːs]
city [síti]	solid [sɑ́ːlɪd]	casino [kəsíːnoʊ]	lesson [lésən]	boss [bɔ́ːs]	abuse(명사) [əbjúːs]
same [séɪm]	some [sʌ́m]	classic [klǽsɪk]	crispy [kríspi]	address [ǽdres](명사)	close(형용사) [clóʊs]
cent [sént]	science [sáɪəns]	gossip [gɑ́ːsɪp]	sister [sístər]	increase [ínkris](명사)	excuse(명사) [ɪkskjúːs]
sad [sǽd]	south [sáʊθ]			six [síks]	house(명사) [háʊs]
sue [súː]	soil [sɔ́ɪl]				
soot [sʊ́t]	spark [spɑ́ːrk]				
soak [sóʊk]	style [stáɪl]				
	skill [skíl]				

예외

다음 단어들은 [s] 발음이 나올 수 있는 스펠링이 아님에도 [s]로 발음되는 경우입니다.

Caesar [síːzər] waltz [wɔ́ːlts] pretzel [prétsəl] pizza [píːtsə]

다음 단어들은 단어 안에 알파벳 s가 있음에도 묵음이어서 발음하지 않습니다.

island [áɪlənd] aisle [áɪl] debris [dɪbríː]

bourgeois [bʊrʒwɑ́ː] Illinois [ɪlɪnɔ́ɪ] corps [kɔ́ːr]

[s] 문장 연습

[s] 발음뿐만 아니라 모음 발음 및 강세, 리듬에 신경 쓰면서 단어 → 구(단어 묶음) → 문장 읽기 순서로 연습하세요.

1 Sid said that Casey sits on the special seat near the speaker.

2 Cindy heard a gossip that Sam's sister has been participating in a basic science study.

3 Lisa is responsible for assigning a group of students to work as staff at the waltz dance concert.

4 My boss loves crispy cream donuts, so she asked me to purchase six sour donuts.

5 Silly Sidney leased her house across the street to Susan who lost her six snakes last semester.

6 The corps from Illinois ate cheese pizzas, pretzels and Caesar salads.

1 Sid가 Casey는 연설자 근처의 특별석에 앉는다고 말했다.

2 Cindy는 Sam의 여동생이 기초 과학 연구에 참여하고 있다는 소문을 들었다.

3 Lisa는 왈츠 댄스 콘서트에서 스태프로 일하게끔 학생들 그룹에게 임무를 할당하는 일을 맡고 있다.

4 우리 회사 사장님은 바삭한 크림 도넛을 매우 좋아해서, 나에게 시큼한 맛이 나는 도넛 6개를 사 오라고 부탁하셨다.

5 바보 같은 Sidney가 길 건너편에 있는 자기 집을 지난 학기에 뱀 6마리를 잃어 버렸던 Susan에게 임대했다.

6 일리노이 주에서 온 군 부대는 치즈 피자와 프레첼, 그리고 시저 샐러드를 먹었다.

LISTENING TEST

[s]와 [ʃ] 구분하여 듣고 말하기

MP3-033

우리말에는 [ʃ] 발음이 없어서 shine, Shane, sheet, show를 각각 '샤인' '쉐인', '시트', '쇼'처럼 뒤에 나오는 모음에 따라 다양한 소리로 바꾸어 발음합니다. 하지만 정확히 모두 [ʃ]로 동일하게 발음돼야 하죠. [s]와 [ʃ] 소리의 차이를 이해하고 적용해야 정확하게 듣고 제대로 말할 수 있습니다.

1 다음 두 단어 중 원어민이 말한 단어에 표기하세요. 정답은 p. 319-320

she – see　　ship – sip

chic – seek　　clash – class

she'd – seed　　shit – sit

shield – sealed　　mash – mass

sheet – seat　　shin – sin

Irish – iris　　mesh – mess

2 다음 문장을 듣고 원어민이 말한 단어에 표기하세요.

I will shave / save more.　　Show / Sew the clothes.

I counted ten ships / sips.　　Did you find a new sheet / seat?

It was a shock / sock.　　It was caught in a mesh / mess.

[z] [dʒ] 발음 때문에

영어 발음 교정 없이 어학 연수를 간다면….

아무런 준비 없이 무작정 미국으로 어학 연수를 떠난 김진호 씨.

미국 입국 첫날, 기숙사 같은 층에 사는 미국인 룸메이트들과 인사를 나눕니다.

Teacher's Advice

우리말 'ㅈ'은 [tʃ]도 [dʒ]도 [ʒ]도 [z]도 아닌 정말 애매한 소리입니다. 미국에 온 첫날부터 자신감을 잃어서 영어 울렁증이 생긴 진호 씨, 외국 생활이 고달파질 것 같은데요.

[z] [dʒ] 발음을 구분하라!

Zack과 Jack은 둘 다 '잭'?

난이도 70 | 듣기 향상 80 ↑ | 호감도 80 ↑

우리말 'ㅈ'은 [z]도 [dʒ]도 [tʃ]도 [ʒ]도 아닌, 영어에 없는 애매한 소리입니다. 그래서 '진'이라는 이름을 한국어식으로 말하면 듣는 사람에 따라서 '아래턱'을 뜻하는 chin[tʃín]이나, 중국계 이름인 Xin[zín], 독한 양주의 일종인 gin[dʒín]처럼 자기 편한 대로 알아듣게 되어 혼동을 일으킬 수 있습니다. 때문에 반드시 [z]와 [dʒ]의 발음법을 배우고 차이점을 알아 극복해야 합니다.

[z]의 정확한 발음법

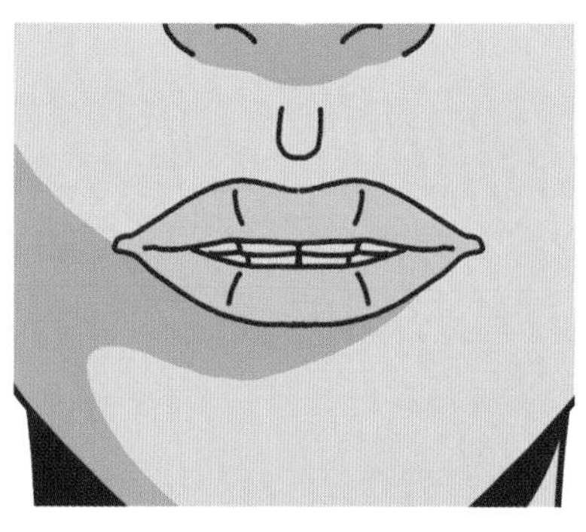

1. 혀의 위치를 [s]와 같은 위치로 이동한다.

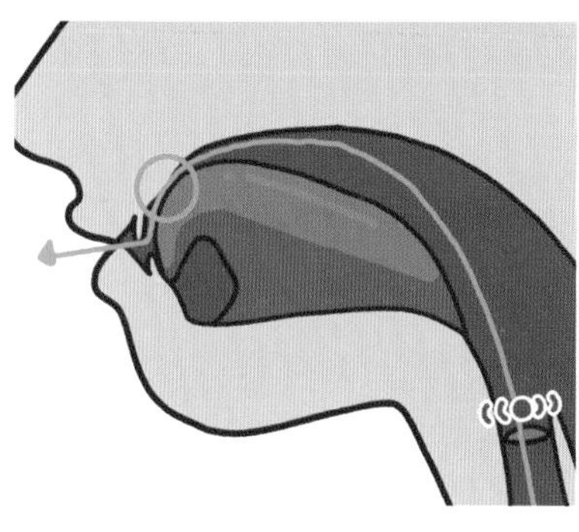

2. 그 상태에서 목을 울리면서 혀와 윗잇몸에 있는 틈 사이로 공기를 길게 빼낸다.

[z]는 [s]와 발음 방법이 같습니다. 유일한 차이점은 [z]는 발음이 끝날 때까지 목에서 성대가 울리고 있어야 한다는 것이죠. [z]를 발음할 때 목이 울리게 되면서 [s] 발음에서는 없었던 두 군데에서 진동이 일어나게 되는데요. 바로 성대, 그리고 혀와 맞물려 있는 윗잇몸이 그곳입니다.

[z] 역시 잇몸과 혀의 좁은 틈 사이로 공기가 지속적으로 새어 나오도록 [z] 발음이 끝나고 다음 소리가 나올 때까지 그 틈을 일정하게 유지해야 합니다. 이때 혀가 윗잇몸에 닿게 되면 우리말 'ㅈ'음이 되죠. 우리말 'ㅈ'은 [z], [ʒ], [dʒ], [tʃ]도 아닌 애매한 소리라서 혼동을 줄 수 있으니 [z] 발음 시 혀가 잇몸에 닿지 않게 주의하세요.

[z] 발음이 가능한 스펠링

스펠링	예	스펠링	예
z	zoo, breeze	zz	buzz
-s- , -s	easy / is	-se	these
-ism[ɪzm]	communism	x(y)-[zaɪ], ex-[ɪgz]	xylitol / example

동영상 035

[z] 단어 연습

어두 - Initial		어간 – Medial		어미 – Final: [-s]로 발음	
zebra [zí:brə]	zone [zóʊn]	easy [í:zi]	Muslim(발음 주의) [mʌ́zləm]	jazz [dʒǽz]	is [íz]
zipper [zípər]	zombie [zá:mbi]	busy [bízi]	Brazil [brəzíl]	prize [práɪz]	has [hǽz]
zest [zést]	Xerox [zírɑ:ks]	resume(동사) [rɪzú:m]	cosmetic [kəzmétɪk]	advise [ədváɪz]	boxes [bá:ksɪz]
zoo [zú:]	xylophone [záɪləfoʊn]	music [mjú:zɪk]	observe [əbzɜ́:rv]	use [jú:z](동사)	quizzes [kwízɪz]
Zurich(발음 주의) [zúərɪk]	xylitol [záɪlɪtəl]	jasmine [dʒǽzmɪn]	exist [ɪgzíst]	abuse [əbjú:z](동사)	dishes [díʃɪz]
Zeus(발음 주의) [zú:s]		cosmos(발음 주의) [ká:zmoʊs]	anxiety [æŋzáɪəti]	close [klóʊz](동사)	massages [məsá:ʒɪz]
				excuse [ɪkskjú:z](동사)	beaches [bí:tʃɪz]
				house [háʊz](동사)	judges [dʒʌ́dʒɪz]

예외

다음 단어들은 [z] 발음이 나올 수 있는 스펠링이 아닌데도 [z]로 발음되는 경우입니다.

asthma	dessert	scissors	possess	dissolve
[ǽzmə]	[dɪzɜ́:rt]	[sízərz]	[pəzés]	[dɪzá:lv]

복수형 단어 & 3인칭 단수형 주어 뒤 동사의 -s 또는 -es 발음법

MP3-034

문장의 시제가 현재이고, 주어가 3인칭 단수일 때 동사 뒤에 -s나 -es를 붙입니다. 또, 명사인 단어를 복수형으로 만들 때도 -s나 -es를 붙입니다. 이러한 복수형이나 3인칭 주어 다음 동사 현재형에 나오는 -s나 -es는 바로 앞에 위치한 소리에 따라 발음이 달라집니다.

1. 무성음으로 끝나는 단어+s

s 바로 앞의 소리가 무성음인 [p], [t], [k], [f], [θ]일 경우, s를 같은 무성음인 [s]로 발음합니다.

2. 유성음으로 끝나는 단어+s

s 바로 앞의 소리가 유성음인 모음과 [b], [d], [g], [v], [ð], [m], [n], [ŋ], [l], [r]일 경우 s를 같은 유성음인 [z]로 발음합니다.

3. [s], [z], [ʃ], [ʒ], [tʃ], [dʒ]+s/es

단어 마지막 자음이 [s], [z], [ʃ], [ʒ], [tʃ], [dʒ]인 경우, 마지막 단어가 page처럼 e로 끝나면 pages처럼 s를 붙이고, 그렇지 않은 경우 es를 붙이며 [ɪz]로 발음합니다.

-s 바로 앞이 무성음	발음기호	-s 바로 앞이 유성음	발음기호	-s, -es 바로 앞이 [s], [z], [ʃ], [ʒ], [tʃ], [dʒ]	발음기호
stops	[-ps]	plays	[-eɪz]	buses	[-sɪz]
snakes	[-ks]	robs	[-bz]	realizes	[-zɪz]
cats	[-ts]	blades	[-dz]	wishes	[-ʃɪz]
laughs	[-fs]	dogs	[-gz]	garages	[-ʒɪz]
breaths	[-θs]	loves	[-vz]	churches	[-tʃɪz]
		breathes	[-ðz]	pages	[-dʒɪz]
		farms	[-mz]		
		guns	[-nz]		
		songs	[-ŋz]		
		balls	[-lz]		
		cars	[-rz]		

[z] 문장 연습

MP3-035

[z] 발음뿐만 아니라 모음 발음 및 강세, 리듬에 신경 쓰면서 단어 → 구(단어 묶음) → 문장 읽기 순서로 연습하세요.

1 The zebras in the zoo love to eat zesty jasmine leaves and zucchini.

2 The brazen business managers observed my resumé and xeroxed it.

3 The cosmetics I purchased from Amazon.com smell like cosmos and jasmine.

4 Zack always raises lizards in his garages and wishes they would tease all the bees under his cars.

5 I was supposed to freeze all the crazy zombies in the biohazardous zone.

1 동물원에 있는 얼룩말들은 쌉쌀한 자스민 잎과 애호박 먹는 것을 아주 좋아한다.
2 뻔뻔스러운 업무 관리자들이 내 이력서를 유심히 보더니 그것을 복사했다.
3 내가 Amazon.com에서 구입한 화장품들은 코스모스와 자스민 향기가 난다.
4 Zack은 항상 차고에서 도마뱀들을 키우고, 그 도마뱀들이 자기 자동차 밑에 있는 벌들을 모두 쫓아버리기를 바라고 있다.
5 나는 생체 유해 지역 내에 있는 모든 미친 좀비들을 얼려 버리기로 돼 있었다.

MP3-036

▸ 의미에 따라 주의해서 발음할 단어들

다음 단어들은 문맥상 명사·형용사로 쓰이는지, 동사로 쓰이는지에 따라서 발음이 달라집니다. 명사 또는 형용사 뜻일 때는 마지막 자음을 무성음 [s]로 발음하지만, 동사로 쓰일 경우에는 마지막 자음을 유성음 [z]로 발음해야 하니 주의하세요.

use		abuse		close	
명 이용 [jú:s]	동 이용하다 [jú:z]	명 남용, 학대 [əbjú:s]	동 남용·학대하다 [əbjú:z]	형 가까운 [klóʊs]	동 문을 닫다 [klóʊz]

excuse		house	
명 변명, 이유 [ɪkskjú:s]	동 용서·변명하다 [ɪkskjú:z]	명 집, 주택 [háʊs]	동 거처를 제공하다 [háʊz]

LISTENING TEST

[z]와 [dʒ] 구분하여 듣고 말하기

[z]와 [dʒ]는 발음법에 큰 차이가 있지만, 우리나라 사람들은 두 소리를 모두 'ㅈ'으로 발음하여 Jack[dʒǽk]과 Zack[zǽk]을 모두 '잭'으로 발음하는 등 혼동을 줍니다. [dʒ]와 [z]를 모두 'ㅈ'으로 간주해 발음하는 습관에서 벗어나려면 정확한 소리 차이를 알아야 합니다.

[dʒ]는 혀를 윗잇몸 뒤에 완벽하게 붙였다가 단번에 끊듯이 발음해야 하고 [z]는 혀와 잇몸 사이의 비좁은 틈새로 소리가 지속적으로 새어 나오도록 해야 합니다. 그렇다 보니 [dʒ]는 끊어지는 느낌이 있고 [z]에 비해 소리도 매우 짧습니다. 입술이 펴져 있는 [z] 발음과 달리 입술도 동그랗게 오므려야 합니다. 반면, [z]는 [dʒ]처럼 끊어짐이 없고 소리도 일관적이고 길게 들립니다. 이러한 차이를 이해하면 [dʒ]와 [z]를 쉽게 구분해서 듣고 정확하게 발음할 수 있습니다. 지금부터 이 두 소리를 얼마나 정확하게 듣고 말할 수 있는지 테스트하겠습니다.

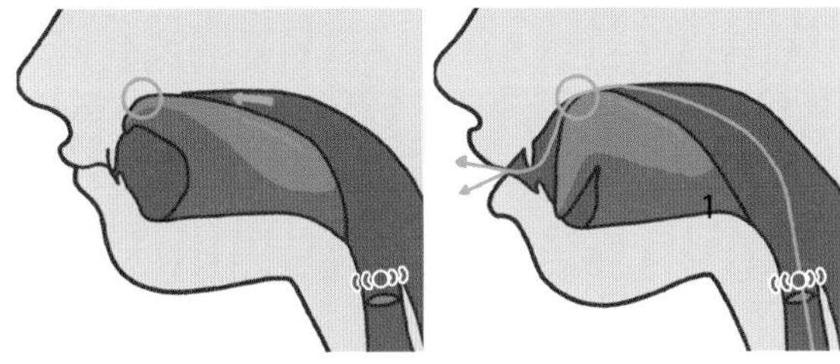

[dʒ] 발음: 짧고 끊어짐이 있음. 입술을 오므림.

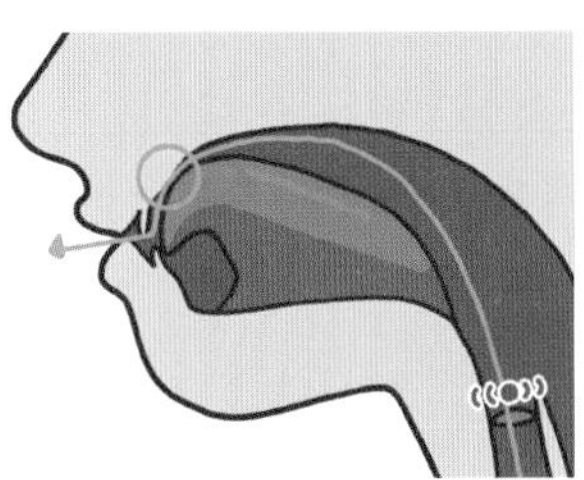

[z] 발음: 길고 끊어짐이 없음.
입술을 오므리지 않음.

1 다음 두 단어 중 원어민이 말한 단어에 표기하세요. 정답은 p. 320

gee – Z

Joan – zone

page – pays

wage – ways

jealous – zealous

juice – Zeus

storage – stories

change - chains

jest – zest

jinx – zincs

courage – curries

rage – raise

2 다음 문장을 듣고 원어민이 말한 단어에 표기하세요.

He is a jealous / zealous lover.

It is my own wage / ways.

I will cook them with courage / curries.

He was raged / raised by his father.

He wants to eat his lunch with juice / Zeus.

He makes his storage / stories.

영어 발음 교정 후 어학 연수를 갈 때는….

기본적인 영어 발음 교정을 받고 미국으로 어학 연수를 떠난 김진호 씨.

Hi! What's your name?
안녕, 이름이 뭐야?
마이 네임 이즈 Jinho[dʒínhoʊ], J, I, N, H, O, Jinho Kim.
내 이름은 진호, J, I, N, H, O, 진호 킴이야.

Hi! Jinho. Nice to meet you. I am Zack.
안녕, 진호. 만나서 반가워. 난 Zack이야.
I am Jack.
난 Jack이야.
I am Jerry.
난 Jerry야.
I am Cherry.
난 Cherry야.

동영상 036

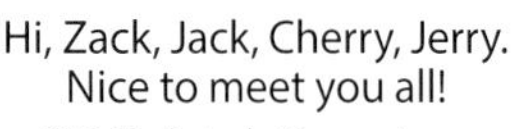

Hi, Zack, Jack, Cherry, Jerry.
Nice to meet you all!
안녕, Zack, Jack, Cherry, Jerry.
모두 만나서 반가워.

Wow, your sounds are like a native speaker!
와우, 원어민처럼 발음이 좋은데!

Thank you guys!
고마워, 친구들아.

Yes.
그러게.

That's right. Good!
맞아, 좋은데.

Teacher's Advice

어학 연수 시작부터 자신감을 얻은 진호 씨. 앞으로 펼쳐질 미국 생활이 재미있을 것 같은 기대감이 듭니다.

[θ][s] 발음 때문에

동영상 037

Mayday! Mayday!
Can you hear us?
긴급 상황! 긴급 상황!
제 말 들리세요?
엥? 긴급 교신이 왔네?
Yes, this is the Coast Guard.
네, 해안 경비대입니다.

Please, help me!
We are SINKING!
제발 도와주세요!
배가 침몰하고 있어요!
씽킹(Thinking)?
도대체 뭘 생각 중이라는 거야.

We're SINKING, SINKING! Help me!
침몰 중이라고요!
제발 도와주세요!
왓 아 유 씽킹(thinking)?
무슨 생각을 하고 있는 건데요?
Hey, what's going on?
어이, 무슨 일이야?

Hey, I'm not kidding.
We are sinking.
이봐, 농담 아니야.
우린 진짜 침몰 중이라구.
아이 돈 노우 왓 유 알 씽킹(thinking).
당신이 뭘 생각하고 있는지 잘 모르겠는데요.

Oh, MY GOD!!!!!! Emergency!
What the heck are you talking about?
뜨아! 긴급 상황이다!
너 지금 뭔 소리 하고 있는 거야?
O.M.G

Teacher's Advice

씽킹(**sinking**)을 **thinking**으로 들으니, 오해가 생길 수밖에요. [θ]와 [s]를 구분해서 말할 수 있어야 합니다.

[θ][s] 발음을 구분하라!

think와 sink는 둘 다 '싱크'?

난이도 70 | 듣기 향상 80 ↑ | 호감도 80 ↑

[θ]의 정확한 발음법

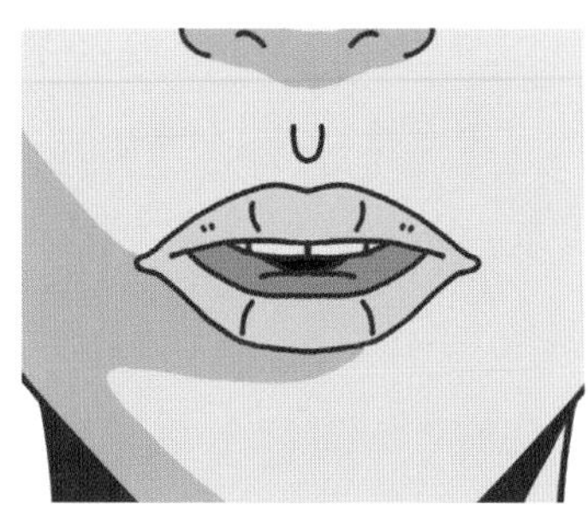

1. 혀가 약 0.5~1cm 정도 위 치아 앞으로 나온 상태에서 혀를 위 치아 쪽으로 살포시 포갠다.

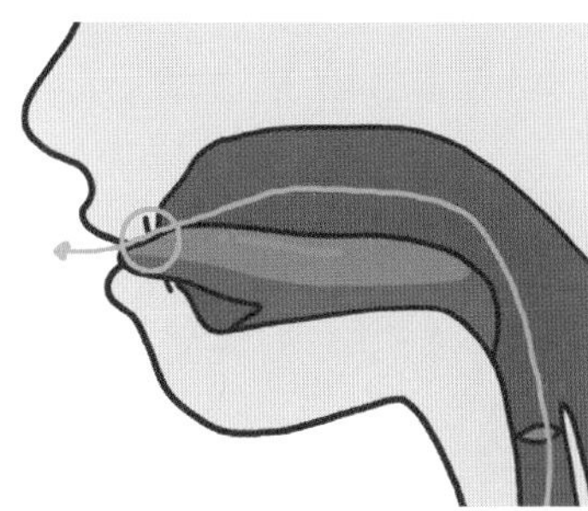

2. 그 상태에서 혀와 앞니가 닿아 있는 틈 사이로 폐에서 올라온 공기를 길게 빼낸다.

정확한 [θ] 발음을 위해서는 혀의 앞 부분을 위 치아 쪽으로 올리되, 위 치아와 맞닿는 혀 사이에 공기가 새어 나올 수 있을 정도의 틈이 생기도록 살포시 포개야 합니다. 여기서 중요한 점은 그 좁은 틈에서 공기가 지속적으로 새어 나오게 하려면 [θ] 발음이 끝나고 다음 소리가 나올 때까지 치아와 입술의 모양을 일정하게 유지해야 한다는 것이죠.

[θ] 발음을 할 때 혀가 위 치아 앞으로 나오지 않으면 우리말 'ㅅ, ㅆ'과 비슷하게 발음되고, 혀와 위 치아가 닿을 때 과도하게 힘을 주어 발음하면 'ㄸ' 또는 [t]와 비슷하게 발음되어 thin(얇은)이 '씬(scene)' 또는 '띤/틴(teen)'으로 발음되니 주의해야 합니다.

[θ] 발음이 가능한 스펠링

스펠링	예
th	think, mouth

[θ] 단어 연습

동영상 038

어두 – Initial		어간 – Medial		어미 – Final	
theme [θíːm]	thank [θǽŋk]	athlete [ǽθliːt]	Luther(발음 주의) [lúːθər]	both [bóʊθ]	health [hélθ]
theater [θíːətər]	thought [θɔ́ːt]	author [ɔ́ːθər]	Matthew (발음 주의) [mǽθjuː]	death [déθ]	with [wíθ]
theory [θíːəri]	thigh [θáɪ]	toothbrush [túːθbrʌʃ]	Nathan(발음 주의) [néɪθən]	growth [gróʊθ]	mouth [máʊθ]
thin [θín]	thousand [θáʊzənd]	aesthetic [æsθétɪk]	Ethan(발음 주의) [íːθən]	length [léŋθ]	breath [bréθ]
therapy [θérəpi]	thumb [θʌ́m]	Athens(발음 주의) [ǽθəns]	Dorothy(발음 주의) [dɔ́ːrəθi]	faith [féɪθ]	breadth [brédθ]
		Kathy(발음 주의) [kǽθiː]	Catholic [kǽθəlɪk]		
			Gothic [gáːθɪk]		

[θ] 문장 연습

MP3-038

원어민의 발음을 듣고 천천히 정확하게 발음해 보세요.

1 Beth works for an aesthetic massage shop, and Keith is an athlete playing for South Korea.

2 Theo thought that Ethan should have gone with a thick pen rather than a thin one to the theater.

3 The authentic author of the book, *The Gothic Catholic Music*, was born in Athens and was dead on his thirtieth birthday in his filthy house.

4 Nathan is very thankful to Kathy because she provided Nathan with thorough methods to earn a thousand dollars.

5 The thirty-three thieves thought that they thrilled the throne throughout Thursday.

1 Beth는 피부 관리실에서 일하고, Keith는 대한민국을 대표해 뛰는 운동선수이다.

2 Theo는 Ethan이 얇은 펜보다 두꺼운 펜을 가지고 극장으로 갔어야 했다고 생각했다.

3 '고딕 시대의 가톨릭 음악(The Gothic Catholic Music)'이라는 책의 원 저자는 아테네에서 태어나 서른 번째 생일에 자신의 너저분한 집에서 생을 마감했다.

4 Nathan은 Kathy에게 매우 고마워한다. 왜냐하면 Kathy가 Nathan에게 1000달러를 벌 수 있는 치밀하게 계획된 방법을 알려주었기 때문이다.

5 서른 세 명의 도둑들은 목요일 내내 자신들이 그들의 제왕을 긴장감 넘치게 했다고 생각했다.

LISTENING TEST

[θ]와 [s] 구분하여 듣고 말하기

우리말에는 [θ] 발음이 없어서 가장 비슷한 소리인 'ㅆ[s]'으로 대신 발음하곤 합니다. 그래서 think - sink / thin - sin 같은 단어들을 '씽크/씬'으로 발음해 상대방에게 혼동을 줄 때가 많죠. [θ]와 [s] 소리가 비슷해 구분하기 쉽진 않지만, 소리의 높낮이 부분에서는 차이가 납니다.

[s]와 [θ] 발음을 비교해 보면 [s]가 [θ]에 비해 소리가 보다 높은 음으로 들립니다. 우리말은 'ㅅ'이 [θ]보다는 높고 [s]보다는 낮은 애매한 소리라서 한국인은 구분해서 듣기가 어렵습니다. 지속적으로 반복 훈련을 해서 얼마나 소리가 낮아야 [θ]이고, 얼마나 높아야 [s]인지 그 경계를 머릿속에 명확하게 그릴 수 있어야 [θ]와 [s]를 정확하게 구분해 듣고 말할 수 있습니다.

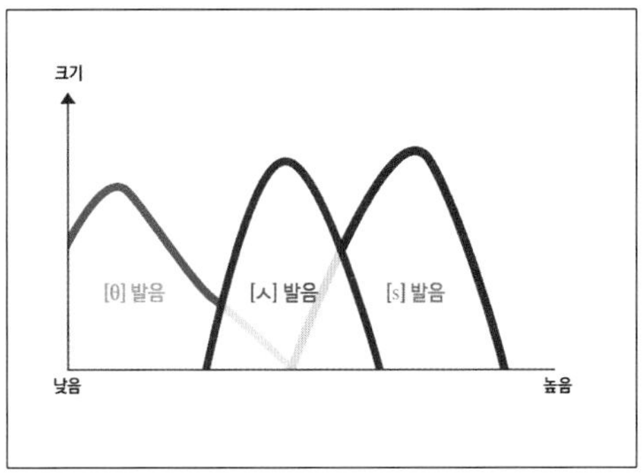

자, [θ]와 [s] 발음을 정확하게 들을 수 있게 됐는지 테스트를 해 볼까요?

1 다음 두 단어 중 원어민이 말한 단어에 표기하세요. 정답은 p. 321

thank – sank	thin – sin	thumb – some
faith – face	worth – worse	theme – seem
thing – sing	math – mass	growth – gross
mouth – mouse	thick – sick	think – sink
path – pass	tenth – tense	thigh – sigh
thought – sought	Beth – Bess	forth – force

2. 다음 문장을 듣고 원어민이 말한 단어에 표기하세요.

Tom never thought / sought it.

The sailor can't think / sink that.

That seems very thick / sick.

I want to know his faith / face.

They ran across the path / pass.

Jamie is the tenth / tense girl.

Episode | mouth와 mouse는 같은 '마우스'가 아니에요!

동영상 039

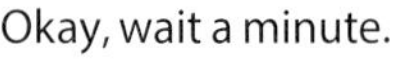

Okay, wait a minute.
알겠어. 잠깐만!

아, 설레라. 가슴이 두근두근 미치겠네…. ㅎㅎ
ok!
?

뜨아! 이게 뭐야? 왜 쥐가 나랑 뽀뽀하고 있는 거지?

Teacher's Advice

저런, **mouth**(입)를 마우스(**mouse**)라고 말하니 여자친구가 아니라 쥐와 뽀뽀를 해 버렸네요.

한국 사람들은 왜 자기 입(mouth)을 가리키면서 쥐(mouse)를 보라고 하는 거죠? 정말 이해할 수 없어요.

Teacher's Advice

mouth[máuθ]와 **mouse**[máus]를 구분하지 못해서 그래요. 이제 여러분들은 정확하게 구분해서 말할 수 있겠죠?

[ð][d] 발음을 구분하라!

though와 dough는 둘 다 '도우'?

난이도 70 | 듣기 향상 80 ↑ | 호감도 80 ↑

[ð]의 정확한 발음법

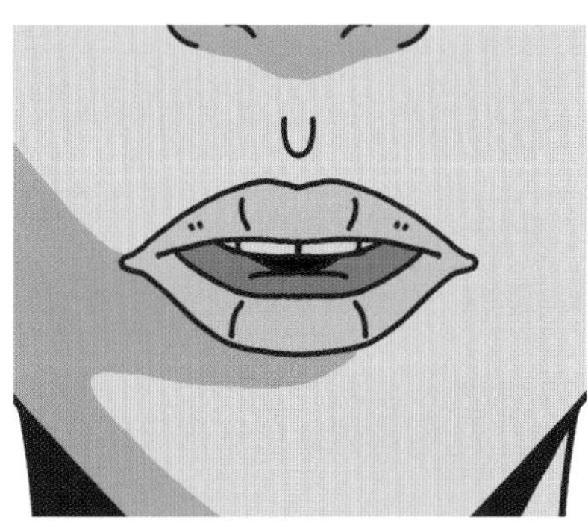

1. 혀의 위치를 [θ]와 같은 위치로 이동한다.

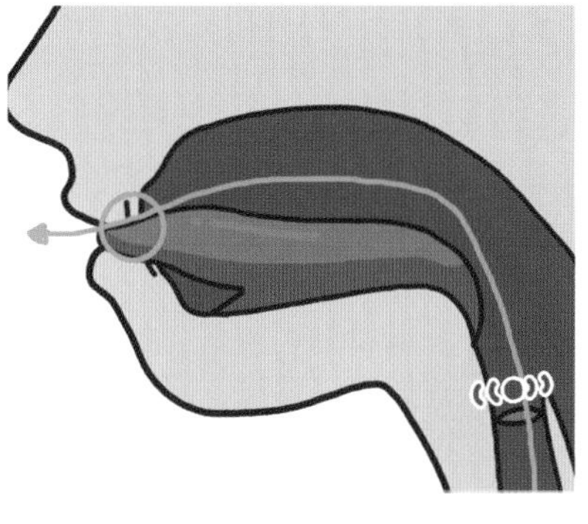

2. 그 상태에서 목을 울리면서 혀와 위의 치아 틈 사이로 공기를 길게 빼낸다.

[ð] 발음은 [θ]와 혀의 위치가 동일합니다. 유일한 차이는 [ð]는 유성음이라 발음할 때 목이 울려야 하는 거죠. [ð]를 발음할 때는 목이 울리게 되면서 [θ] 발음에서는 없었던 진동이 두 군데에서 일어납니다. 성대, 그리고 위 치아와 맞물려 있는 혀에서 떨림이 생기는 것이죠.

[ð]를 발음하면서 위 치아와 혀가 닿을 때 과도하게 힘을 주거나 폐에서 올라오는 공기의 흐름을 너무 빠르게 힘을 주어 내뱉게 되면 [ð]가 [d]와 비슷해져 though(비록 ~할지라도)를 dough(반죽)로 발음하게 되니 주의해야 합니다.

[ð] 발음이 가능한 스펠링

스펠링	예	스펠링	예
th	the, mother	-the	breathe

[ð] 단어 연습

동영상 040

어두 - Initial		어간 - Medial		어미 - Final	
these [ðí:z]	that [ðǽt]	although [ɔ:lðóʊ]	either [í:ðər]	bathe [béɪð]	soothe [sú:ð]
this [ðís]	those [ðóʊz]	bother [bɑ́:ðər]	clothing [klóʊðɪŋ]	breathe [brí:ð]	loathe [lóʊð]
they [ðéɪ]	the [ðʌ́]	father [fɑ́:ðər]	withdraw [wíðdrɔ:]	clothe [klóʊð]	mouth(동사) [máʊð]
them [ðém]	thy [ðáɪ]	mother [mʌ́ðər]	rhythm [ríðm]	teethe [tí:ð]	smooth [smú:ð]
then [ðén]	there [ðér]				

[ð] 문장 연습

MP3-040

원어민의 발음을 듣고 천천히 정확하게 발음해 보세요.

1 This terribly cold weather even bothers me when changing my clothing.

2 My father, mother, and brother got together and went to the southern town to buy smoothies.

3 Although they came here with soap and towels, they loathe lathering and bathing their babies.

4 Thy feather is bigger than theirs, so gather all of the feathers and breathe them out.

5 There, those three thousand thinkers were thinking where those other three thieves went through.

1 이 끔찍이도 추운 날씨가 내가 옷을 갈아 입을 때조차도 신경 쓰이게 한다.

2 우리 아버지 어머니 그리고 남동생이 함께 모여 스무디를 사러 남쪽에 있는 마을로 갔다.

3 그들이 비누와 수건을 가지고 여기에 왔지만, 자신들의 아기를 비누칠하고 목욕 시키는 것은 완전 싫어한다.

4 그대의 깃털은 그들 것보다 크니, 그 깃털들을 모두 모아 훅 불어 보시오.

5 거기서 그 3천 명의 사상가들은 다른 도둑 세 명이 어디를 지나갔었는지 생각하는 중이었다.

LISTENING TEST

[ð]와 [d] 구분하여 듣고 말하기

우리말에는 [ð]가 없어서 비슷한 소리인 'ㄷ[d]'으로 대신 발음하곤 합니다. 그래서 they - day / those - doze 같은 단어들을 '데이/도즈'처럼 발음해 상대방에게 혼동을 줄 때가 많죠.

[d]는 혀가 잇몸을 막고 있다가 목이 울리면서 단번에 쏟아내어 발음하기 때문에 소리가 짧고 터뜨리는(burst) 느낌이 강한 소리입니다. 반면, [ð]는 목이 울리면서 위 치아와 혀가 맞닿는 틈 사이에서 공기가 지속적으로 새어 나오기에 소리가 작고 길게 들리는 부드러운 느낌의 소리입니다. 이 두 발음을 정확하게 할 수 있으면 쉽게 구분해서 들을 수 있습니다. 자, 지금부터 여러분의 [ð]와 [d] 청취 테스트를 해보세요.

1 다음 두 단어 중 원어민이 말한 단어에 표기하세요. 정답은 p. 321-322

than – Dan　　they – day　　thy – die

breathe – breed　　their – dare　　those – doze

lather – ladder　　loathe – load　　then – den

though – dough　　worthy – wordy　　soothe – sued

2 다음 문장을 듣고 원어민이 말한 단어에 표기하세요.

When will they / day come?

It's forbidden to those / doze in class.

The mother loathes / loads her children.

The fish breathe / breed quickly.

th로 끝나는 단어의 마지막에 e가 붙으면 동사가 돼요

MP3-042

다음 단어들은 문맥상 명사 · 동사로 쓰이는지, 형용사 · 동사로 쓰이는지에 따라서 발음이 달라집니다. 명사나 형용사의 뜻일 때는 단어 마지막 부분의 th가 무성음 [θ]로 발음되지만, 동사의 뜻일 때는 단어 마지막 부분이 -the로 바뀌고 유성음 [ð]로 발음해야 합니다.

일부 단어들은 -the로 바뀌어 동사의 뜻이 되면 마지막 자음뿐 아니라 그 앞의 모음까지 바뀌는 경우도 있으니 주의하세요.

bath 명 목욕 [bǽθ]	bathe 동 씻다, 세척하다 [béɪð]
breath 명 숨, 호흡 [bréθ]	breathe 동 숨쉬다, 호흡하다 [brí:ð]
cloth 명 천, 옷감 [klɔ́:θ]	clothe 동 옷을 입히다 [klóʊð]
teeth 명 치아의 복수형 [tí:θ]	teethe 동 이가 나다 [tí:ð]
loath 형 꺼려하는 [lóʊθ]	loathe 동 혐오하다 [lóʊð]

MP3-042

[f], [v], [s], [z], [θ], [ð], [ʃ], [ʒ]는 우리말에 없거나 우리말 소리와 발음이 달라서 따라 하기 어려운 소리들입니다. [f]와 [v]는 윗니와 아랫입술을 살포시 포개고 그 틈 사이로 공기를 길게 빼내는 소리로 그 상태에서 성대가 울리지 않으면 [f]가 되고, 성대가 울리면 [v]가 됩니다. [s]와 [z]는 혀가 윗잇몸 쪽으로 올라가고 혀와 잇몸 틈 사이로 공기를 길게 빼내는 소리로 그 상태에서 성대가 울리지 않으면 [s]가 되고, 성대가 울리면 [z]가 됩니다.

[θ]와 [ð]는 혀가 위 치아 앞쪽으로 살짝 나오고 그 상태에서 윗니와 혀의 틈 사이로 공기를 길게 빼내는 소리로 그 상태에서 성대가 울리지 않으면 [θ]가 되고, 성대가 울리면 [ð]가 됩니다. [ʃ]와 [ʒ]는 혀가 앞쪽 입천장 쪽으로 올라가고 혀와 입천장의 틈 사이로 공기를 길게 빼내는 소리로 그 상태에서 성대가 울리지 않으면 [ʃ]가 되고, 성대가 울리면 [ʒ]가 됩니다.

다음 그림을 보면서 각 소리의 입술 모양과 혀의 위치를 확인하면서 연습해 보세요.

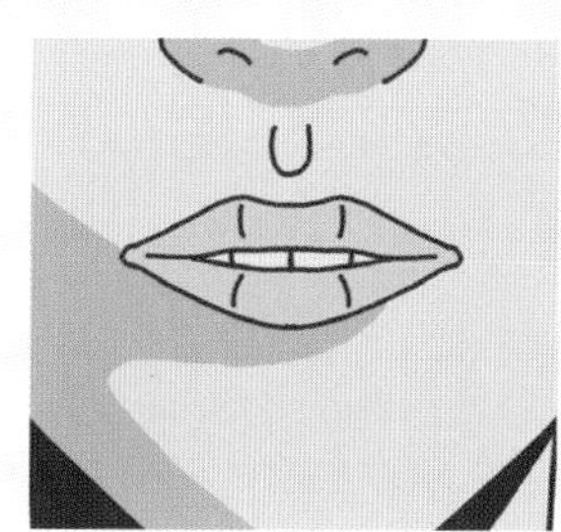
[f], [v]의 앞 모습

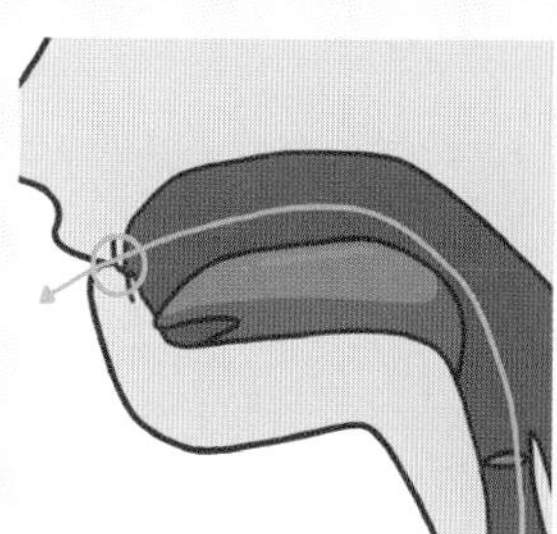
[f]의 옆 모습

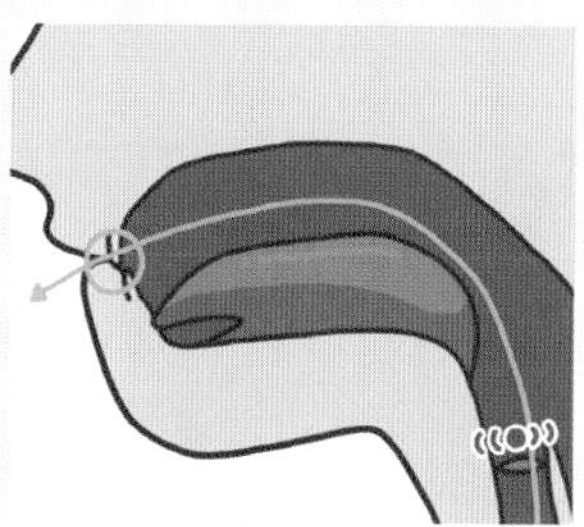
[v]의 옆 모습

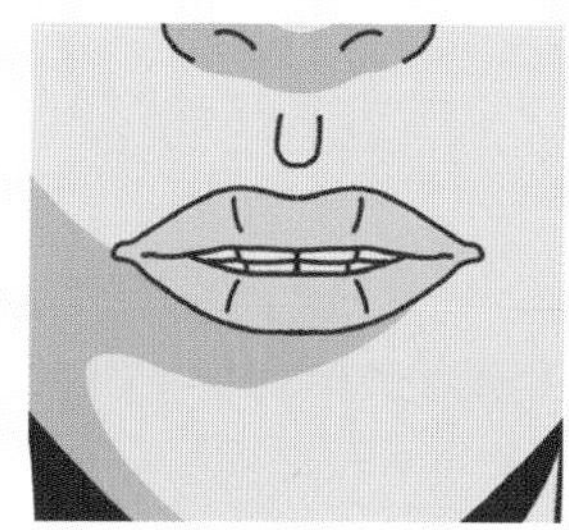
[s], [z]의 앞 모습

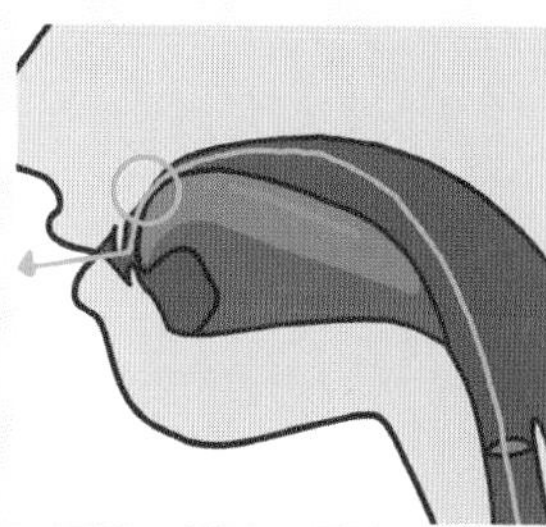
[s]의 옆 모습

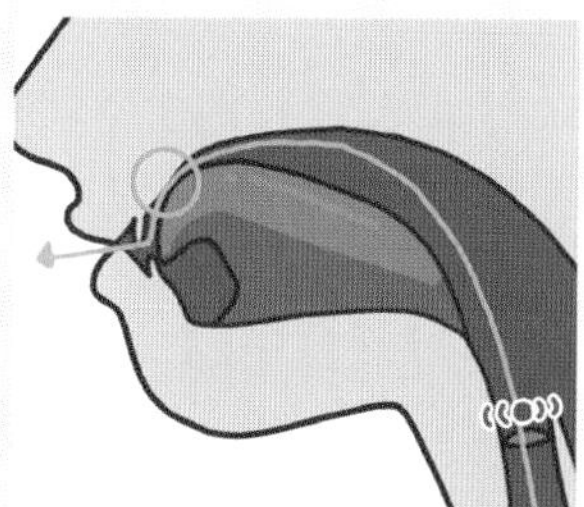
[z]의 옆 모습

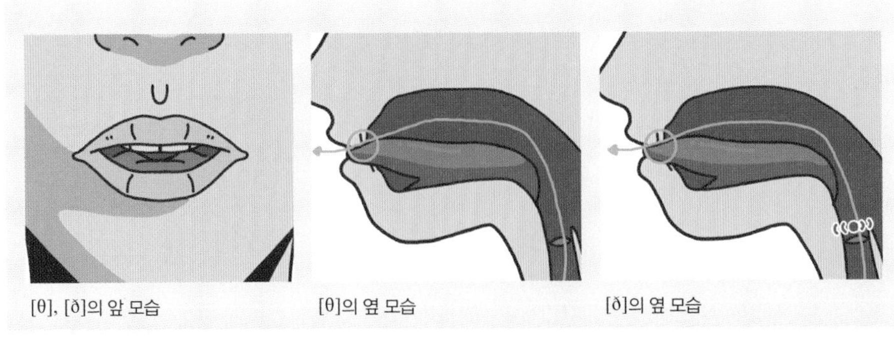

[θ], [ð]의 앞 모습　[θ]의 옆 모습　[ð]의 옆 모습

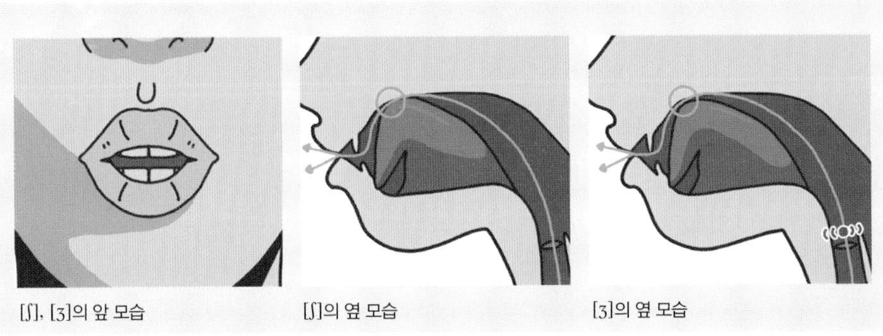

[ʃ], [ʒ]의 앞 모습　[ʃ]의 옆 모습　[ʒ]의 옆 모습

즉, [f]와 [v], [s]와 [z], [θ]와 [ð], [ʃ]와 [ʒ]는 발음하는 방법이 완전히 동일한데, 오직 성대의 울림이 있느냐 없느냐에 따라서 구분됩니다. 즉, 무성음 [f], [s], [θ], [ʃ]는 유성음 [v], [z], [ð], [ʒ]와 완전히 다른 별개의 소리로 단어를 만듭니다.

MP3-042

무성음 → 유성음	발음 비교
[f] → [v]	face [féɪs] / vase [véɪs]
[s] → [z]	sue [súː] / zoo [zúː]
[θ] → [ð]	thigh [θáɪ] / thy [ðáɪ]
[ʃ] → [ʒ]	luxury [lʌ́kʃəri] / luxurious [lʌgʒúriəs]

하지만 live, rise, teethe, rouge처럼 유성음 [v], [z], [ð], [ʒ]가 단어 마지막에 있을 때는 성대가 울리는 본래의 소리대로 발음하거나 [-f], [-s], [-θ], [-ʃ]처럼 각 소리의 무성음으로 발음하되 그 앞 모음의 길이를 길게 말하면 자연스런 발음이 됩니다.

마지막이 무성음	마지막이 유성음
life [láɪf]	live [láɪv] 또는 [láɪ-f]로 발음
rice [ráɪs]	rise [ráɪz] 또는 [ráɪ-s]로 발음
teeth [tíːθ]	teethe [tíːð] 또는 [tíː-θ]로 발음
rush [rʌ́ʃ]	rouge [rúːʒ] 또는 [rúː-ʃ]로 발음

PART 2-2

조금만 해 놓으면 혼동 없이 듣는다 (모음편)

이번 파트에서는 한국어에 없거나 리듬감의 차이로 다르게 들리는 영어 모음을 중심으로 학습하겠습니다. 영어 모음은 한국어와 다르게 강세를 받을 수 있으며, 이 강세의 유무에 따라서 모음 발음도 달라집니다. 영어의 모음을 이해하면 귀가 뚫리고 원어민처럼 입이 열리는 신기한 경험을 할 수 있습니다. 길고 짧은 건 대 봐야 하는 것처럼 우리말과 영어의 모음이 얼마나 다른지 지금부터 제대로 확인해 볼까요?

영어 좀 하려면 강세를 알아야죠

MP3-043

우리말은 단어를 읽을 때 특별히 힘을 더 주거나 덜 주는 부분 없이 일정한 박자로 또박또박 말하는 언어입니다. 하지만 영어는 우리말과 달리, 단어 안에 모음이 두 개 이상이면 강세가 있는 부분이 생깁니다. 때문에 강세가 있는 부분의 모음은 더 '크고 길게', 강세가 없는 부분의 모음은 더 '작고 짧게' 읽어서 올록볼록한 리듬감이 생기게 됩니다.

단어	model	tomato	engineer
한국어 강약장단의 차이가 없음	모델	토마토	엔지니어
영어 강약장단의 차이가 큼	마럴 [máːdəl]	트메이로우 [təméɪtoʊ]	엔쥐니이어r [endʒɪníːr]

자, 그럼 영어에서는 이 강세를 어디에 두는지 알아봅시다.

1. 1음절 단어

영어의 강세는 모음에 있기 때문에 모음이 1개인 1음절 단어는 단어 안의 유일한 모음이 강세를 받아서 스스로 커지고 길어집니다.

job [dʒáːb] hit [hít] meat [míːt]

rain [réɪn] bowl [bóʊl] mine [máɪn]

[eɪ], [oʊ], [aɪ], [aʊ], [ɔɪ] 같은 영어의 이중모음은 모음 발음기호가 두 개이지만 하나의 소리 덩어리로 보아 1음절로 간주합니다.

2. 2음절 단어

모음이 2개인 2음절 단어부터는 단어의 품사가 강세에 아주 중요한 역할을 합니다. 2음절 단어 중 약 90% 이상이 명사는 강세가 앞에 있고, 동사는 강세가 뒤에 있습니다.

명사	doctor [dɑ́:ktər]	teacher [tí:tʃər]	window [wíndoʊ]	basket [bǽskɪt]	condo [kɑ́:ndoʊ]
동사	believe [bɪlí:v]	improve [ɪmprú:v]	produce [prədú:s]	expect [ɪkspékt]	begin [bɪgín]

명사와 동사로 둘 다 쓰이는 단어

명사는 강세를 앞에, 동사는 강세를 뒤에 주어 구분합니다.

increase	명 증가 [ínkris]	동 증가하다 [ɪnkrí:s]
record	명 기록 [rékərd]	동 녹음·기록하다 [rɪkɔ́:rd]
progress	명 진보 [prɑ́:grəs]	동 진보하다 [prəgrés]

형용사

명사를 꾸며 주는 형용사의 경우, 2음절 단어의 약 70%는 강세가 앞에 있습니다.

extra	hungry	eager	happy	recent
[ékstrə]	[hʌ́ŋgri]	[í:gər]	[hǽpi]	[rí:sənt]

부사 1: 형용사+ly

강세의 위치가 원래의 형용사와 동일합니다.

usual	usually	actual	actually
[jú:ʒuəl]	[jú:ʒuəli]	[ǽktʃuəl]	[ǽktʃuəli]

부사 2: 빈도부사

어떤 일이 얼마나 자주 일어나는지 나타내는 빈도부사는 강세가 앞에 있습니다.

always [ɔ́ːlweɪz]	often [ɔ́ːfən]	sometimes [sʌ́mtaɪmz]
seldom [séldəm]	ever [évər]	never [névər]

이외 2음절 부사

동사와 비슷한 특징이 있어서 약 70% 단어들이 강세가 뒤에 있습니다.

again [əgén]	already [ɔːlrédi]	today [tədéɪ]	indeed [ɪndíːd]
ago [əgóʊ]	perhaps [pərhǽps]	before [bɪfɔ́ːr]	enough [ɪnʌ́f]

영어는 단어 안의 특정 음절에 강세를 주어서 강세가 없는 음절과 강약, 장단에 차이를 주어 발음합니다. 강세가 있는 부분의 소리는 더 크고 길게, 강세가 없는 부분의 소리는 더 작고 짧게 발음하는 것입니다. 품사가 명사, 동사, 형용사, 부사인 대부분의 2음절 단어들은 강세가 어디 있는지 유추할 수 있으니 지금까지 설명한 강세 규칙을 적용해서 단어 읽기 연습을 하세요.

영어 모음, 힘 주고 빼는 것만 알면 돼요

영어 모음을 발음할 때, 입술과 혀에 힘이 들어가는 모음(긴장모음)인지, 입술과 혀에 힘이 전혀 들어가지 않는 모음(이완모음)인지를 알면 강약, 장단, 철자 규칙 등 다양한 힌트를 얻을 수 있습니다.

긴장모음
: 혀와 입술에 힘을 주는 소리
[iː], [uː], [ɔː], [ɜːr], [eɪ], [oʊ], [aɪ], [aʊ], [ɔɪ]

1. 항상 강세가 있다.
2. 모음의 길이가 길다.
3. 여러 개 철자가 하나의 모음 소리를 만든다.
4. 단어의 마지막에 올 수 있다.

이완모음
: 혀와 입술에 힘을 빼는 소리
[ɪ], [e], [æ], [ɑː]

1. 강세가 있을 때도 있고 없을 때도 있다.
2. 모음의 길이가 짧다.
3. 보통 철자 하나가 하나의 모음 소리를 만든다.
4. 단어의 마지막에 올 수 없다.

주의: 영어의 슈와 [ə] 모음

영어 이완모음 중 '슈와'라고 불리는 [ə] 소리는 다음과 같은 특징이 있습니다.

1. 항상 강세가 없다.
2. 모음의 길이가 짧다.
3. 철자가 하나이든 여러 개든 강세가 없으면 슈와로 발음한다.
4. 단어의 마지막에 올 수 있다.

[iː] [ɪ] 발음 때문에 ❶

그러니까 얘들아! 장모음
[iː]는 우리말 '이'를 길게
읽으면 되는 거야.
따라해 봐. 리이~브.

리이~브

그리고 단모음 [ɪ]는
우리말 '이'를 짧게
읽으면 돼.
자, 다같이 리브.

리브

What? They sound the same!
뭐야, 똑같이 들리잖아요!

Teacher's Advice

저런, [iː]와 [ɪ]는 우리말 '이'를 길고 짧게 발음하는 것이 아니라 혀 위치를 다르게 해야 해요.

[iː] leave의 [iː]

leave와 live는 둘 다 '리브'?

난이도 70 | 듣기 향상 60 ↑ | 호감도 70 ↑

영국 미국 발음 동일 | 힘을 주는 소리 강세 O, 길게 발음 | 철자가 복잡함 단어 마지막에 올 수 있음

영어의 [iː]는 우리말 '이'와 비슷한 위치에서 소리가 나지만, 우리말과 달리 혀와 입술에 힘이 아주 많이 들어갑니다. 즉, 우리말 '이' 소리에서 약간의 변화를 주면 쉽게 발음할 수 있는 소리이죠. 그런데, 흔히들 장모음 '이'라며 우리말 '이'를 그냥 길게 발음하면 된다고 알고 있는데요, 단순히 길게 발음하기보다 혀의 위치를 영어식으로 바꾸고 혀에 힘을 주고 있으면 자연스럽게 길게 발음이 됩니다.

[iː]의 정확한 발음법

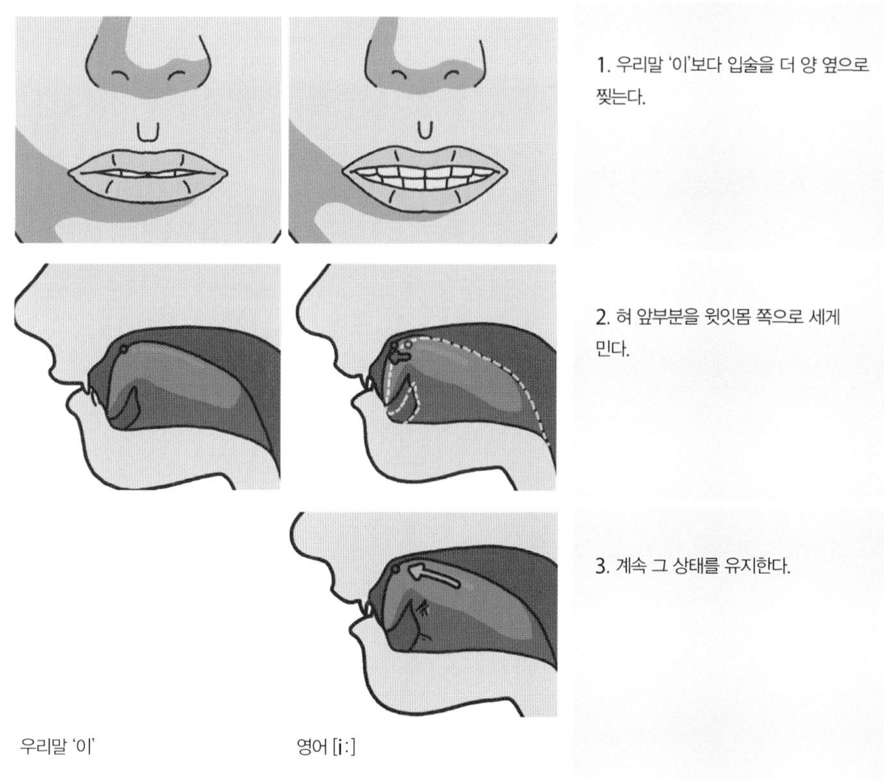

1. 우리말 '이'보다 입술을 더 양 옆으로 찢는다.

2. 혀 앞부분을 윗잇몸 쪽으로 세게 민다.

3. 계속 그 상태를 유지한다.

우리말 '이' 영어 [iː]

[iː] 발음이 가능한 스펠링

MP3-044

[iː]는 혀와 입술에 계속 힘이 들어가 있기 때문에 강세와 매우 친합니다. 그래서 대부분의 단어는 [iː]에 강세가 있습니다. 그렇다면 [iː]와 친한 영어 스펠링에는 어떤 것이 있을까요?

스펠링	예	스펠링	예
e	ego, be	-ie-	piece
ea	beat	-ei-	receive
ee	tree	-ique, -igue	unique / fatigue
e-e	these	-ine	machine

* 힘이 들어가는 소리이기 때문에 철자가 복잡합니다.

받는 입장이 되면 강세도 받는다!

동사 train(훈련하다)에 -er을 붙이면 trainer[tréɪnər] 즉, '훈련을 시키는 사람'이 되지만 -ee를 붙여 trainee[treɪníː]가 되면 '훈련을 받는 사람'이 됩니다. 재미있게도 시키는 사람(단어+er)일 때는 강세의 변화가 없지만 받는 사람(단어+ee)일 때는 강세가 마지막에 있는 -ee로 이동하는 패턴이 있습니다.

tráiner 훈련 시키는 사람
trainée 훈련 받는 사람

lésser 임대인
lessée 임차인

addrésser 발신인
addressée 수신인

dónor 기부자, 기증자
donée 증여자

méntor 가르침을 주는 사람
mentée 가르침을 받는 사람

ínterviewer 인터뷰 하는 사람
interviewée 인터뷰 받는 사람

[iː] 단어 연습

동영상 042

강세와 매우 친한 소리이니 강세에 유의하여 듣고 반복하여 연습해 보세요.

	스펠링	단어 연습
1	e	ego, ether, genome, secret
2	ea	eat, easy, increase, feast
3	ee	fee, degree, engineer, career
4	e_e	complete, Sweden, theme, Japanese, Chinese
5	ie	achieve, believe, chief, piece
6	ei	ceiling, leisure, protein, caffeine, either, neither *leisure는 영국 영어에서 [léʒə]로 발음 *either, neither의 'ei' 부분은 [iː/aɪ] 둘 다 발음 가능
7	ique, igue	technique, unique / fatigue, intrigue
8	ine	machine, marine, magazine, routine, vaccine

예외

다음 단어들은 색칠한 철자의 모음이 [iː]로 발음되는 예외적인 경우입니다.

chic　police　visa　elite　ski　kilo　kiosk　kiwi

casino　pizza　mosquito　suite　people　debris　amoeba

영어 단어의 -ae-는 '애'가 아닌 [iː]/[i]로 발음하는 경우가 많습니다.

Caesar　Aesop　aegis　Israel　Raphael

[iː]가 강세를 안 받으면 발음은 우리말 '이' [i]로

MP3-045

장모음 [iː]를 발음할 때는 보통 강세가 있기 때문에 발음이 끝날 때까지 혀와 입술에 힘을 주고 있어야 합니다. 그래서 우리말 '이'보다 혀 앞부분이 잇몸 쪽으로 더 조이고 있는 느낌이 들게 되죠. 하지만 happy, monkey, stereo 같은 단어 마지막에 오는 모음은 위치상 절대로 강세가 있을 수 없습니다. 이렇듯 강세가 있어야 하는 [iː]가 부득이하게 강세가 없을 때에는 소리가 약화되어 발음되는데 이럴 때 발음기호를 [i]로 표기합니다. 이렇게 강세가 없어서 약화된 [i]는 우리말 '이'와 발음이 동일하기 때문에 아주 발음하기가 쉽습니다.

-y [i]

happy	handy	funny	tiny
[hǽpi]	[hǽndi]	[fʌ́ni]	[táɪni]
really	army	only	lucky
[ríːəli]	[ɑ́ːrmi]	[óʊnli]	[lʌ́ki]

-ey [i]

money	journey	monkey	honey
[mʌ́ni]	[dʒə́ːrni]	[mʌ́ŋki]	[hʌ́ni]

-eo, -io [ioʊ]

stereo	stereotype	rodeo	cameo	Oreo
[stérioʊ]	[stériətaɪp]	[róʊdioʊ]	[kǽmioʊ]	[ɔ́ːrioʊ]
portfolio	radio	studio	audio	
[pɔːrtfóʊlioʊ]	[réɪdioʊ]	[stúːdioʊ]	[ɔ́ːdioʊ]	

[iː] 문장 연습

[iː]와 [i]가 들어 있는 단어에 유의하여 천천히 읽어 보세요.

MP3-046

1 The evil genius we met this evening is working for a genome project at Ethan's depot.

2 Steve and Dean need to meet a monkey eating honey and a piece of meat at the beach.

3 Jean received a receipt and believed that the employee, Pete, deceived her.

4 Cleo's unique technique in keeping the antique vase in the boutique intrigued me and relieved my fatigue.

5 Romeo bought a stereo audio player from a realtor and brought it to his video production studio.

6 The elite police officer ordered a cheese pizza and a glass of kiwi juice, but instead he received a weird Caesar salad and a greasy beef pilaf.

1 우리가 오늘 저녁에 만난 그 사악한 천재가 Ethan의 차고에서 게놈 프로젝트 관련 일을 하고 있다.

2 Steve와 Dean은 해변에서 꿀과 고기 조각을 먹는 원숭이를 만나야 한다.

3 Jean은 영수증을 받았고 고용인 Pete가 그녀를 속였다고 생각했다.

4 Cleo가 상점에서 골동품 화병을 보관하는 독특한 기술에 나는 흥미가 생겼고, 그것 덕분에 내 피로도 덜어졌다.

5 Romeo가 부동산 업자한테서 스테레오 오디오 플레이어를 사서 그것을 자기 비디오 프로덕션 스튜디오로 가져왔다.

6 엘리트 장교가 치즈 피자 한 판이랑 키위 주스 한 잔을 주문했다. 하지만 그것 대신 그는 이상한 시저 샐러드와 기름진 소고기 볶음밥을 받았다.

[iː] [ɪ] 발음 때문에 ❷

야호!
어학 연수 6개월 만에
드디어 나도 내 집에서
파티를 열어보는구나.

6개월 동안 쌓아 온
영어 실력을 제대로
보여주겠어.

엉, 근데 이게 뭐야?
이 녀석들이 자기들끼리만 놀고 있잖아!

나도 같이
놀고 싶은데
지들끼리만
얘기하고. 이거
너무들 하네.

Teacher's Advice

왜 이런 걸까요? 바로 **I am living here.**(내가 이 집 주인이야!)를 **I am leaving here.**(나 여기서 나갈 거야.)로 말했기 때문이죠. **Living**을 우리말 '리빙'으로 말하면 **leaving**으로 잘못 알아듣습니다. 그래서 발음이 중요한 것이죠.

[ɪ] live의 [ɪ]

leave와 live는 둘 다 '리브'?

난이도 70 | 듣기 향상 60 ↑ | 호감도 70 ↑

영국 미국 발음 동일 | 힘을 주는 소리 강세 O or X, 짧게 발음 | 철자가 단순함 단어 마지막에 올 수 없음

영어의 [ɪ]는 흔히들 단모음 '이'라며 '이'를 그냥 짧게 발음하면 된다고 알고 있습니다. 단순히 소리를 짧게 발음하기보다는 우리말 '이'와 '에'의 중간 정도만큼 혀와 턱을 내리고 힘을 뺀 후 짧게 툭툭 뱉듯이 발음하면 됩니다. 이는 마치 '이에'를 하나의 소리로 발음하는 것과 비슷합니다. [ɪ] 발음에 익숙하지 않은 대다수의 한국인들은 '이'와 '에' 사이에서 새로운 소리를 만들어내는 것에 어려움을 겪기도 하고, 소리를 들을 때도 어떨 때는 '이'로 어떨 때는 '에'로 듣는 등 잘 구분하지 못하곤 합니다.

[ɪ]의 정확한 발음법

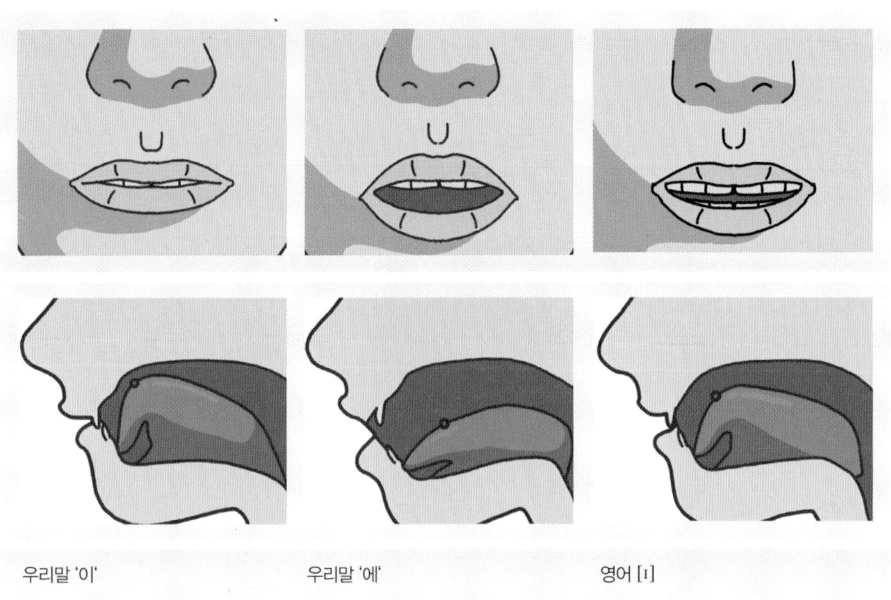

우리말 '이' | 우리말 '에' | 영어 [ɪ]

[ɪ] 발음이 가능한 스펠링

[ɪ]와 친한 영어 스펠링에는 어떤 것들이 있는지 확인해 볼까요?

	스펠링	예
1	i-, -i-	it / bit
2	-y-	gym
3	-ui-	build
4	-age[ɪdʒ]	image, message
5	-ted / -ded[ɪd]	wanted / wounded
6	-es[ɪz]	buses, wishes, teaches
7	be-, de- re-, pre- e-, ex-	begin / decrease return / predict engage / exam

* 단어 안의 e에 강세가 없으면 대부분은 [ɪ]로 발음합니다.

Recipe는 '레시피'가 아니에요

MP3-047

지금부터 내가 레시피를 알려줄게!
잠깐, 레시피가 아니고 '뤠써피'거든?

알파벳 i는 보통 [ɪ]로 발음하지만 i 바로 뒤에 b나 p가 있으면 [ɪ]가 아니라 [ə]로 발음됩니다.

participate [ə]	possible [ə]	anticipate [ə]	impossible [ə]
municipal [ə]	sensible [ə]	principle [ə]	recipe [ə]
responsible [ə]	visible [ə]		

The recipe is correct in principle.
원칙적으로는 그 조리법이 맞아요.

It is possible for you to responsibly participate in the meeting.
당신이 미팅에 책임감 있게 참여하는 건 물론 가능하죠.

The municipal government discourages the genome project while the civil government encourages the genome project.
시민 정부는 게놈 프로젝트를 권장하는 반면에 시 정부는 게놈 프로젝트 추진을 권장하지 않는다.

begin: 비긴? 베긴? 버긴?

be-, re-, pre-, de-, ne- 등 '자음+e'의 조합으로 만들어진 접두어들은 강세가 없으면 [ɪ], [ə], [i] 세 가지 형태로 발음됩니다. 그렇기 때문에 'begin'이 사전에는 발음기호가 [bɪgín]으로 되어 있지만 [bəgín]이나 [bigín]처럼 발음해도 괜찮습니다. 외국인들과 대화할 때 자주 경험하게 될 테니 이러한 변화를 알아둔다면 발음 때문에 못 알아듣는 경우는 없을 거예요.

원어민의 belong 발음 차이 비교: 이곳이 제가 일하는 곳이에요.

MP3-047

SELI EDU

This is where I belong.
베long [bɪlɔ́ːŋ]

SELI EDU

This is where I belong.
버long [bəlɔ́ːŋ]

SELI EDU

This is where I belong.
비long [bilɔ́ːŋ]

AHA!!

아하! 그래서 belong이, '베long', '버long'처럼 사람마다 다르게 들리는 거구나!

[ɪr]에 있는 [ɪ] 발음은 우리말 '이'로

near, beer, here, mirror, weird, zero처럼 사전에 발음기호가 [ɪr]로 되어 있는 단어들은 [ɪ] 발음을 발음기호대로 하지 않고 우리말 '이'로 발음합니다. 뒤에 나오는 [r]가 발음이 센 소리라서 앞소리에 영향을 미치게 되어 [이r]처럼 발음이 바뀌게 되죠. 사전에 발음기호가 [ir]로 표기되어 있다면 쉽게 알 수 있겠지만, 아쉽게도 [ɪr]로 표기되어 있어서 혼동을 느낄 수 있으니 기억해 두기 바랍니다.

[ɪ] 단어 연습

동영상 044

	스펠링	단어 연습
1	i	it, bit, finish, live, miss, sit
2	-y	gym, physics, symptom, system
3	-ui	build, biscuit, guilty, guitar
4	-age	damage, image, message, package
5	-ed	wanted, shouted, needed, recorded
6	-es	misses, wishes, churches, bridges
7	강세 없는 e	because, decide, reduce, predict, escape, expect

예외

다음 단어들은 색칠되어 있는 철자의 모음이 [ɪ]로 발음되는 예외적인 경우입니다.

been　women　Mr.　Mrs.　Ms.　busy　business

주의

been은 영국 영어에서는 bean(콩)과 같은 [bíːn]으로, 미국 영어에서는 bin(통)과 같은 [bɪn]으로 발음되니 주의해야 합니다.

[ɪ] 문장 연습

MP3-048

[ɪ]가 들어 있는 단어에 유의하여 천천히 읽어 보세요.

1 Mr. and Mrs. Kim have been living in this big city since Christmas.

2 The business manager in the store rejected my request to remove my employment records.

3 Vincent wanted to enroll in a physical training program at the university gym, but his instructor recommended him not to do it because of his symptoms in his ribs.

4 Tim wishes his sister to clean all the dishes in the kitchen, but she will refuse to do this.

5 Cindy decided to delay her marriage because of the message left in the mailed package without postage.

6 Mrs. Smith is one of the women who escaped from a hostage crime.

1 Kim 씨 부부는 크리스마스 이후로 이 대도시에서 살고 있다.

2 매장의 영업 담당자가 취업 기록을 삭제해 달라는 내 요청을 거절했다.

3 Vincent는 대학교 체육관의 신체 훈련 프로그램에 등록하고 싶었지만, Vincent의 강사가 Vincent의 갈비뼈에서 보이는 징후 때문에 등록하지 말라고 권유했다.

4 Tim은 여동생이 부엌에 있는 모든 접시를 깨끗이 해놓기를 바라지만 동생은 이 일은 하지 않으려고 한다.

5 Cindy는 우편 소인이 없는 배달 소포물에 남겨진 메시지 때문에 자신의 결혼을 연기하기로 결정했다.

6 Smith 부인은 인질 범죄에서 탈출한 여성 가운데 한 사람이다.

LISTENING TEST

[iː]와 [ɪ] 구분하여 듣고 말하기

[iː]와 [ɪ]는 단순히 길이가 다른 게 아니라 소리 자체가 다릅니다. 물론 기본적으로도 길이의 차이는 있습니다. 하지만 각 모음의 길이는 그 뒤에 오는 자음의 영향도 받지요. Beat와 bit을 구분해서 들어보면 길이의 차이가 명확하게 있지만, beat와 bid를 들어보면 두 소리의 모음 길이가 비슷해서 소리 길이로는 구분이 어렵습니다. 앞서 배웠듯이 모음 뒤에 유성음 자음이 올 때가 무성음 자음이 올 때보다 모음 발음이 길어지기 때문이죠.

Beat / bit
〈——〉 〈—〉

beat / bid
〈——〉 〈——〉

그래서 가장 효율적인 듣기 요령은 바로 [iː]와 [ɪ] 발음의 차이를 정확하게 이해해서 소리 자체를 듣고 구분하는 것입니다. 두 발음을 정확하게 할 수 있으면 듣는 것 또한 쉽게 구분해서 들을 수 있으니까요.

1 다음 두 단어 중 원어민이 말한 단어에 표기하세요. 정답은 p. 322–324

bead – bid	beat – bit	leak – lick
eat – it	seek – sick	beach – bitch
heat – hit	least – list	piece – piss
sheep – ship	leave – live	steal – still

2 다음 문장을 듣고 원어민이 말한 단어에 표기하세요.

Don't sleep / slip on the hill.

Are they leaving / living there?

Feel / Fill this basket.

The black peak / pig is hard to see.

3 질문을 듣고 맞는 답을 고르세요.

1 a)__________ b)__________ c)__________ d)__________

2 a)__________ b)__________ c)__________ d)__________

3 a)__________ b)__________ c)__________ d)__________

4 a)__________ b)__________ c)__________ d)__________

5 a)__________ b)__________ c)__________ d)__________

6 a)__________ b)__________ c)__________ d)__________

7 a)__________ b)__________ c)__________ d)__________

8 a)__________ b)__________ c)__________ d)__________

9 a)__________ b)__________ c)__________ d)__________

[e] [æ] 발음 때문에 ❶

동영상 045

bed / bad
set / sat
met / mat

뱃[béd] / 배앗 [bǽd]
쌧[sét] / 쌔앗 [sǽt]
맷[mét] / 매앳[mǽt]

어? 우리말은 '에' 두 단어
발음이 똑같은 것 같은데
원어민은 많이 다르네요.
왜 그런 거죠?

Teacher's Advice

우리말에서는 두 단어를 똑같이 '에'로 발음하지만 원어민은 [e]와 [æ]라는 우리말에 없는 소리로 구분해서 발음하기 때문이죠. 우리말과 많이 비슷한 영어의 [e] 발음부터 배워 보도록 해요.

bed의 [e]

bed와 bad는 둘 다 '베드'?

난이도 70 | 듣기 향상 60 ↑ | 호감도 70 ↑

영국 미국 발음 동일 | 힘을 빼는 소리 | 강세 O 또는 X, 길게 발음 | 철자가 단순함 | 단어 마지막에 올 수 없음

[e]의 정확한 발음

영어의 [e]는 우리말 '애'와 같습니다. 하지만 큰 차이점이 있지요. 우리말은 딱히 특정 모음에 강세를 주는 소리가 아니기 때문에 다른 주변에 있는 모음들과 비슷한 크기와 길이로 발음되지만, 영어의 [e]는 강세가 있는 소리라서 주변에 있는 다른 모음보다 훨씬 크고 길게 발음해야 영어의 리듬감을 살리면서 말할 수 있습니다.

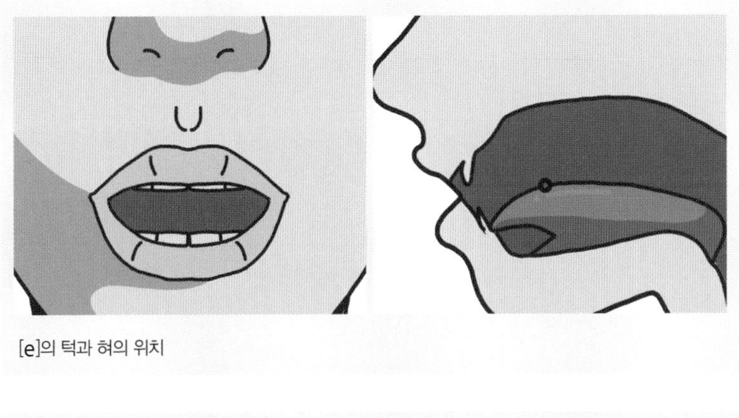

[e]의 턱과 혀의 위치

우리말	영어
개나리	empty

[e] 발음이 가능한 스펠링

MP3-050

[e]와 친한 영어 스펠링에는 어떤 것들이 있는지 확인해 볼까요?

	스펠링	예
1	e	exit, fed, convention
2	ea	head, meant, pleasant
3	-air, -are, -eir, -ear	hair / rare / their / bear

발음과 강세에 주의해야 할 단어들

다음 단어들은 강세 위치에 따라서 발음과 의미가 달라질 수 있으니 주의해서 연습해야 합니다. 이때 꼭 기억할 것은 알파벳 e는 강세가 있으면 [e]로, 강세가 없으면 [ɪ]로 발음된다는 것입니다.

export		extract	
명 수출	동 수출하다	명 발췌, 추출	동 발췌하다, 추출하다
[ékspɔrt]	[ɪkspɔ́:rt]	[ékstrækt]	[ɪkstrǽkt]
escort		**desert**	
명 호위대	동 호위하다	명 사막	동 버리다, 포기하다
[éskɔrt]	[ɪskɔ́:rt]	[dézərt]	[dɪzɜ́:rt]
present		**refuse**	
명 현재, 선물	동 보여주다, 제시하다	명 쓰레기	동 거절하다
[prézənt]	[prɪzént]	[réfjuz]	[rɪfjú:z]
rebel		**record**	
명 반역자, 저항 세력	동 반역하다	명 기록, 레코드	동 기록하다, 녹음하다
[rébəl]	[rɪbél]	[rékərd]	[rɪkɔ́:rd]

접미사가 붙으면 [iː], [ɪ]가 [e]로 바뀐다

접미사가 붙으면 발음기호 [iː]나 [ɪ]가 [e]로 바뀌게 되니 주의해서 발음하세요.

athlete [ǽθliːt]	→	athletic [əθlétɪk]	convene [kənvíːn]	→	convention [kənvénʃən]
compete [kəmpíːt]	→	competitive [kəmpétətɪv]	please [plíːz]	→	pleasant [plézənt]
recede [rɪsíːd]	→	recession [rɪséʃən]	meter [míːtər]	→	metric [métrɪk]
prefer [prɪfə́ːr]	→	preference [préfərəns]	prepare [prɪpér]	→	preparation [prepəréɪʃən]
refer [rɪfə́ːr]	→	reference [réfərəns]	succeed [səksíːd]	→	succession [sәkséʃən]

Teacher's Advice

이렇게 접미사가 붙어 단어의 길이가 길어지면 알파벳 **e**나 **ea**가 [**e**]로 발음됩니다.

[e] 단어 연습

동영상 046

[e]는 과거시제와 매우 친한 발음입니다.
강세에 유의하여 듣고 반복하여 연습해 보세요.

	스펠링	단어 연습
1	e	effort, empty, gender, bled(←bleed), fed(←feed), met(←meet)
2	ea	bread, sweat, meant(←mean), read(←read), feather, pleasure
3	air, are, eir, ear	chair / care / heir / bear

예외

다음 단어들은 색칠되어 있는 철자들이 [e]로 발음되는 예외적인 경우입니다.

*again *against said says any many bury guess

guest question leopard jeopardy friend X-ray

* 미국 영어에서 again의 발음은 [əgén], against는 [əgénst]이지만, 영국 영어에서는 again[əgéɪn]과 against[əgéɪnst]이니 주의하세요.

[e] 문장 연습

MP3-051

[e]로 발음되는 단어들을 신경 써서 듣고 천천히 소리내어 읽어 보세요.

1 Ted met Betty and Kevin yesterday, and he asked them whether they could get a chance to meet the chef.

2 The seven heavy men went inside the empty bedroom where bread and blueberry were prepared for their breakfast.

3 Many of Jenny's friends said against her that she'd better not get any kinds of red wedding dress again at the wedding fair.

4 One of my relatives, Kenny was pleasant to visit a convention for athletic scholarship preparation.

1 Ted는 어제 Betty와 Kevin을 만났고, 그들에게 그들이 주방장을 만날 기회를 얻을 수 있었는지 물었다.

2 몸집이 육중한 일곱 남자가 빈 침실에 들어갔다. 침실에는 그들의 아침 식사로 빵과 블루베리가 준비되어 있었다.

3 Jenny의 친구 중 많은 사람들이 웨딩 박람회에서 어떤 종류이건 붉은색 웨딩드레스는 다시 사지 않는 게 좋겠다며 Jenny의 의견에 반대해 말했다.

4 내 친척 중 하나인 Kenny는 운동 특기 장학생 준비 모임에 가게 되어 기뻐했다.

[e][æ] 발음 때문에 ❷

동영상 047

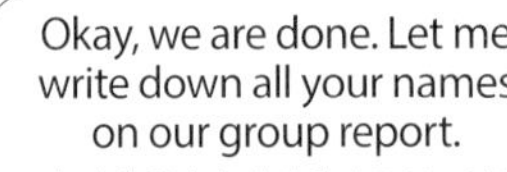
Okay, we are done. Let me write down all your names on our group report.
자, 이제 끝났다. 내가 우리 조 보고서에 너희들 이름 적을게.

REPORT

Oh! Kevin.
What is your last name?
어! Kevin. 너 성이 뭐지?

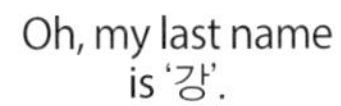
Oh, my last name is '강'.
아, 내 성은 '강'이야.

Justin b
Brad Pi
Britney
Kevin

종이에 Kong이라고 적는다.

Kevin Kong
(뭐야, 케빈 '콩'?)
Hey! I am not '콩', 'K,' 'A,' 'N,' 'G.'
야, 내 성은 '콩'이 아니라 'K''A''N''G'야.

Ah-ha '캐앙'

어! 난
콩 씨도 아니고
캥 씨도 아닌
'강' 씨인데
다들 왜 저러죠?

Teacher's Advice

왜냐하면 사실 영어 철자에서 '**a**'가 '아'가 아니기 때문이지요. 여러분이 '**a**=아'라고 잘못 알고 있는 고정관념을 바꾸어야 합니다

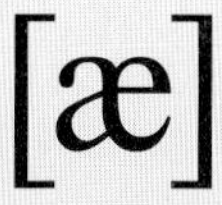

bad의 [æ]

bed와 bad는 둘 다 '베드'?

난이도 70 | 듣기 향상 60 ↑ | 호감도 70 ↑

영국 미국 발음 동일 | 힘을 빼는 소리 강세 O 또는 X, 길게 발음 | 철자가 단순함 단어 마지막에 올 수 없음

영어의 [æ] 발음은 우리말 '애'와 '아'의 중간 정도에서 납니다. 때문에 우리말 '애'보다 턱을 아래로 내리면서 '아' 소리를 낸다고 생각하면 자연스럽게 발음이 됩니다. 또 [æ]는 강세가 있는 소리라서 주변에 있는 다른 모음보다 훨씬 크고 길게 발음해야 영어의 리듬감을 살리면서 말할 수 있습니다.

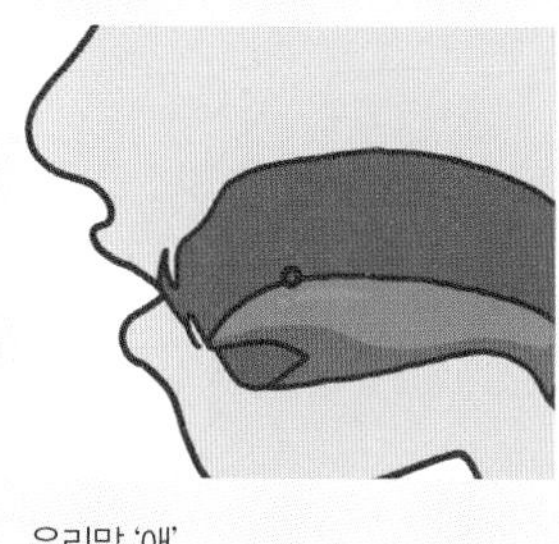
우리말 '애'

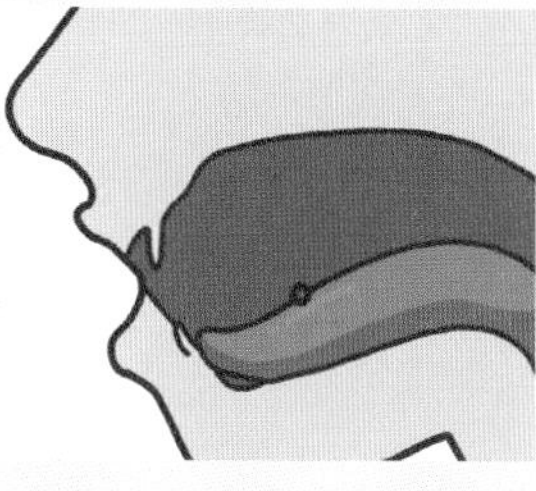
영어 [æ]

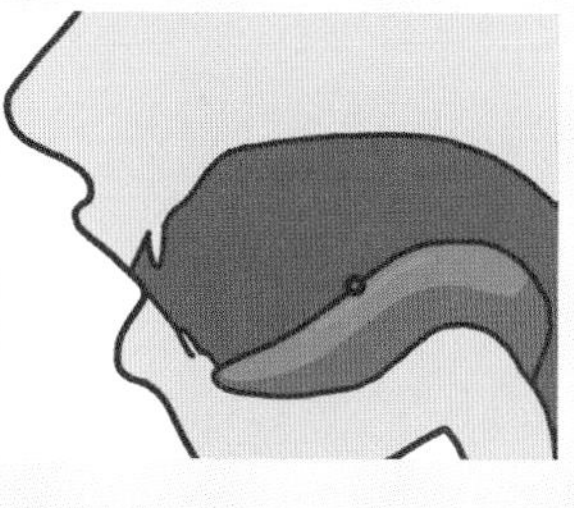
우리말 '아'

[æ] 발음이 가능한 스펠링

MP3-052

[æ]는 오직 철자 하나에서만 발음됩니다. 바로 알파벳 a이죠.

	스펠링	예
1	a+자음	add, ash, apple
2	자음+a+자음	bat, map, catch

알파벳 'a'의 영어 발음 빈도

여기서 꼭 짚고 넘어갈 부분이 있습니다. 우리나라 사람들은 보통 알파벳 a를 보면 '아'라고 생각해요. 사실 전세계 영어권 국가를 보면 a는 [æ]로 발음하는 것이 가장 일반적입니다.

		미국/캐나다 영어		영국/호주 영어
1순위	[æ]	bat have after bath can't past	[æ]	cap tab cat had back bag have
2순위	[ə]	(강세가 없을 때) about soda	[ə]	(강세가 없을 때) about soda calendar
3순위	[eɪ]	ace name	[ɑː]	spa calm after bath can't past
4순위	[ɑː]	spa calm massage watch	[eɪ]	ace name

특히 미국 영어에서 알파벳 a가 '아[ɑː]'처럼 발음되는 경우는 영국 영어에 비해 극히 일부이므로 영어 단어에 적용해서 발음 연습할 때 '아'로 읽지 않도록 주의해야 합니다.

발음과 강세에 주의해야 할 단어들

MP3-052

다음 단어들은 강세 위치에 따라서 발음과 의미가 달라집니다. 즉, 알파벳 a에 강세가 있으면 [æ]로, 강세가 없으면 [ə]로 발음됩니다.

address	addict	invalid
명 [ǽdres] 주소	명 [ǽdɪkt] 중독자	형 [ɪnvǽlɪd] 효력이 없는
동 [ədrés] 말하다, 연설하다	동 [ədíkt] 중독되다	형 [ínvəlɪd] 병약한, 아픈

알파벳 a가 들어간 단어들은 미국 영어에서는 대부분 [æ]로 발음하지만, 영국 영어에서는 흥미롭게도 a + f, s, th, nce, nt, nch 같은 철자가 따라 나올 때는 [ɑː]로 발음하는 경우도 많습니다. 단어 연습에 나오는 오디오 파일을 자세히 들어보세요.

[æ] 단어 연습

동영상 048

알파벳 a를 보고 무의식적으로 읽으면 '아'라고 읽는 실수를 범할 수 있습니다. 주의해서 듣고 [æ]로 발음하도록 연습합시다. [æ]로 발음되는 알파벳 a에는 보통 강세가 있으니 강약과 장단에 유의하여 여러 번 훈련하도록 합니다.

미국 영어

	스펠링	단어 연습
1	a-	Alps, alpha, aloe, amateur, Africa, allergy
2	-a-	* banana, balance, battery, France, mask, master, ** pastel, café, ballet * 미국 영어에서는 강세가 있는 a를 [æ]로 발음하지만 영국 영어에서는 [ɑː]로 발음 ** 프랑스어에서 유래한 단어들로 영국 영어와 미국 영어의 강세가 다름

예외

다음 단어들은 밑줄 친 철자가 [æ]로 발음되는 예외적인 경우입니다.

*laugh aunt half halve calf salmon

* au가 [ɔː]가 아닌 [æ]로 발음되며, al의 l은 발음하지 않고 묵음 처리함

MP3-052

영국 영어

	스펠링	예
1	a-	Alps, alpha, aloe, amateur, add, allergy
2	-a-	balance, battery, map, catch, pastel, café, ballet

[æ] 문장 연습

MP3-053

원어민의 발음을 듣고 천천히 정확하게 발음해 보세요.

1 Pack your sack and bring your magnet.

2 Patty was sad when she crashed into her pal at the bank.

3 Adam got some aloe, bananas, mangos, a pack of Camel cigarettes, jasmine teas and a bottle of shampoo at the pantry.

4 The aunt laughed at my dad because half of the salmon he bought was not guaranteed to return.

1 네 가방을 싸고 자석을 가져와.

2 Patty는 은행에서 자기 친구와 부딪혔을 때 슬펐다.

3 Adam은 알로에, 바나나, 망고, Camel 담배 한 갑, 재스민차와 샴푸 한 통을 식료품 저장실에 마련해 두었다.

4 고모가 우리 아빠를 비웃었다. 왜냐하면 아빠가 사 오신 연어 절반은 환불이 보장되지 않기 때문이었다.

Episode | 발음 교정 전과 후의 놀라운 변화

발음 교정 전

발음 교정 후

LISTENING TEST

[e]와 [æ] 구분하여 듣고 말하기

영어에서 [e]와 [æ]를 구분할 때, 흔히 [e]는 '애'를 짧게, [æ]는 '애'를 길게 발음하는 것으로 생각합니다. 기본적인 길이의 차이는 있지만 각 모음의 길이는 뒤 자음의 영향을 받을 수 있어요. bet와 bat은 길이의 차이가 명확하게 있지만, bed와 bat은 모음 길이가 비슷하기 때문에 구분이 어렵습니다. 모음 뒤에 유성음 자음이 오면 무성음 자음이 올 때보다 모음 소리가 길어지기 때문이죠. 그래서 소리 길이로 발음을 구분하면 잘못 들을 때가 많습니다.

bet / bat

bed / bat

가장 효율적인 듣기 요령은 [e]와 [æ] 발음의 차이를 정확하게 이해해서 소리 자체를 구분하는 것입니다. 두 발음을 정확하게 할 수 있으면 쉽게 구분해서 들을 수 있기 때문입니다.

1 다음 두 단어 중 원어민이 말한 단어에 표기하세요. 정답은 p. 324-325

bed – bad

guess – gas

men – man

said – sad

dead – dad

bet – bat

bend – band

met – mat

send – sand

pen – pan

trek - track

vest - vast

2 다음 문장을 듣고 원어민이 말한 단어에 표기하세요.

The gem / jam is falling into the bin.

The men / man will come.

This pen / pan looks weird.

He got hurt on the trek / track.

She didn't want to talk about the pest / past.

Teacher's Advice

왜 빨간색 프라이팬을 빨간 펜으로 알아듣는 걸까요? 우리말로 할 때는 **pen**과 **pan** 모두 [pen]으로 발음하기 때문이에요. [e]와 [æ] 발음을 구분하지 못하면 정확하게 듣고 말할 수 없어요.

3 다음 질문을 듣고 맞는 답을 고르세요.

1 a)________ b)________ c)________ d)________

2 a)________ b)________ c)________ d)________

3 a)________ b)________ c)________ d)________

4 a)________ b)________ c)________ d)________

5 a)________ b)________ c)________ d)________

[uː] [ʊ] 발음 때문에 ❶

동영상 049

Pool Pull
[uː] [ʊ]
그러니까 얘들아! 장모음 [uː]는 우리말 '우'를 길게 읽으면 되는 거야. 따라해 봐. 푸울.

푸울

Pool Pull
[uː] [ʊ]
그리고 단모음 [ʊ]는 우리말 '우'를 짧게 읽으면 돼. 자, 다같이 풀.

풀

What? They still sound the same!
뭐야, 똑같이 들리잖아요!

Teacher's Advice

저런! [uː]와 [ʊ]는 단순히 길이의 차이가 나는 게 아니라 혀의 위치가 다른 소리예요. 한국 사람들이 가장 어려워하는 발음 중 하나죠. 자, 이제 정확히 구분해서 발음해 볼까요?

[uː] pool의 [uː]

pool과 pull은 둘 다 '풀'?

난이도 70 | 듣기 향상 60 ↑ | 호감도 80 ↑

힘을 주는 소리 강세 O, 길게 발음 | 철자가 복잡함 단어 마지막에 올 수 있음

영어의 [uː]는 우리말 '우'와 달리 혀와 입술에 힘이 아주 많이 들어갑니다. 흔히 우리말 '우'를 길게 발음하면 된다고 알고 있는데, 혀의 위치를 영어식으로 제대로 바꾸고 혀에 힘을 주면 자연스레 길게 발음됩니다.

[uː]의 정확한 발음법

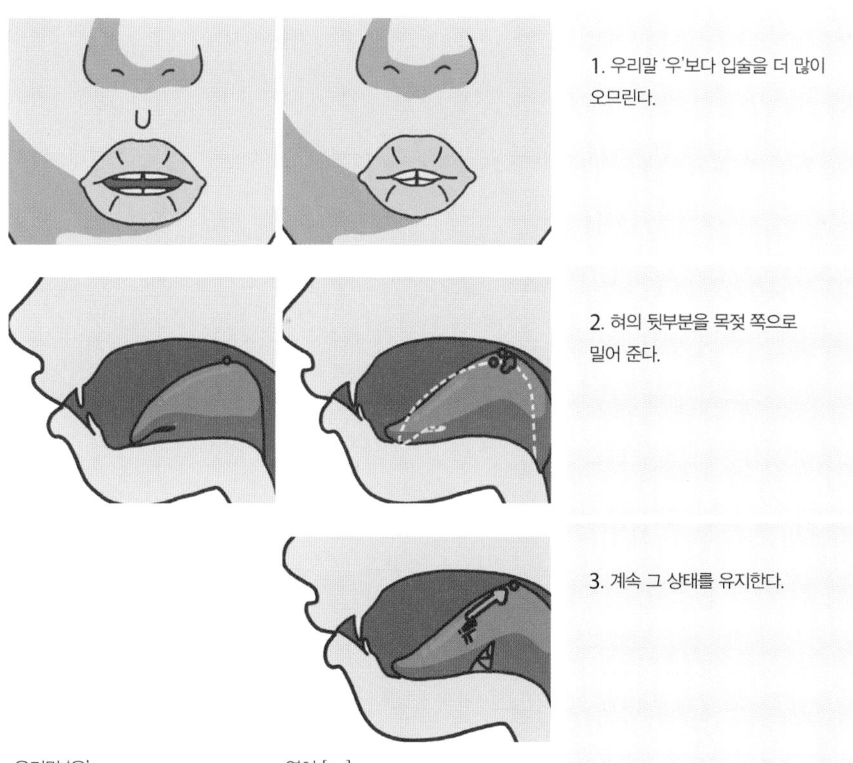

1. 우리말 '우'보다 입술을 더 많이 오므린다.

2. 혀의 뒷부분을 목젖 쪽으로 밀어 준다.

3. 계속 그 상태를 유지한다.

우리말 '우'

영어 [uː]

[uː] 발음이 가능한 스펠링

MP3-055

[uː] 발음은 혀와 입술에 계속해서 힘이 들어가기 때문에 강세와 매우 친합니다. 그래서 대부분의 단어들은 [uː]로 발음되는 부분에 강세가 있습니다. 그렇다면 [uː]와 친한 영어 스펠링에는 어떤 것이 있는지 살펴보겠습니다.

	스펠링	예
1	oo(m, l, n)	too / room / cool / noon
2	-u-, -u-e	flu / rule
3	ew, eu	new / neutral
4	ue	blue
5	ou	soup
6	ui	suit

미국 영어 [u:]와 영국 영어 [ju:] 발음 비교

Teacher's Advice

미국 영어와 영국 영어의 발음이 달라서 그런 거예요. 영국인들이 발음하는 [u:]와 미국인들이 발음하는 [u:]의 차이를 배워 볼까요?

알파벳 u, ew, eu가 들어 있는 단어들은 보통 모음 [u:] 앞에 움직이는 자음인 [j] 소리가 들어가게 되어 [ju:]로 발음이 됩니다. 우리말로 하면 '이유'와 비슷한 소리입니다.

use	few	Eugene
[jú:z]	[fjú:]	[ju:dʒí:n]

하지만 u, ew, eu 앞에 [t, d, s, z, n, l] 같은 윗잇몸 쪽에서 발음되는 자음이 있는 경우, 영국 영어에서는 원래대로 [ju:]로 발음하지만 미국 영어에서는 [u:]로 발음해야 합니다.

	stew	due	suit	zeus	news	lewd
영국 영어	[stjú:] ㅅ티유	[djú:] 디유	[sjú:t] 씨윳t	[zjú:s] z이유s	[njú:z] 니유z	[ljú:d] 리유ㄷ
미국 영어	[stú:] ㅅ투우	[dú:] 두우	[sú:t] 쑤웃t	[zú:s] z우우s	[nú:z] 누우z	[lú:d] 루우ㄷ

[uː] 단어 연습

동영상 050

강세와 매우 친한 소리이니 강세에 유의하여 듣고 반복해 연습해 보세요.

	스펠링	단어 연습
1	oo	boot, loose, food, mood, noodle, pool, room, noon, balloon, afternoon, cartoon
2	u	use, cute, human, fusion, computer, *tutor, tuna, student, duty, sushi, super, nuance, judo *u 부분이 영국 영어에서는 [juː], 미국 영어에서는 [uː]로 발음
3	ew, eu	few, view, *deuce, neutral, stew, dew, news, screw *ew 부분이 영국 영어에서는 [juː], 미국 영어에서는 [uː]로 발음
4	ue	fuel, argue, value,*Tuesday, due, avenue, blue, pursue *ue 부분이 영국 영어에서는 [juː], 미국 영어에서는 [uː]로 발음
5	ou	you, soup, route, through, coupon
6	ui	suit, juice, recruit, *fluid, ruin *ui 부분은 [uːɪ]로 발음되니 발음에 주의

예외

알파벳 o, oe가 [uː]로 발음되는 예외적인 경우

* do(강형), to(강형), who, tomb, whom, two, shoe, canoe, lose, move, prove

Teacher's Advice

사전을 보면 단어에 따라 '강형', '강세형'이라고 하여 발음기호가 여러 개 있는 경우가 있습니다. 이것은 단어의 의미 자체를 강조하려고 할 경우에만 강하게 발음하며, 일반적인 경우에는 ə로 약화시켜 발음됩니다.

[uː] 문장 연습

MP3-056

[uː]로 발음되는 단어들을 신경 써서 듣고 천천히 소리내어 읽어 보세요.

1 The classroom in the school was cool, but the roof in the swimming pool was hot.

2 The stupid tutor brought his students to his studio to show them numerous pictures of tunas.

3 The stupid student, Eugene Crews, thought that the music room in the school was cooler than Julie's living room.

4 Few stewards knew the news that all crew members had to eat the stew and soup before they flew to the Jewish village in Europe.

5 Two beautiful women wearing blue suits are canoeing without their shoes in a pool of the cruise ship.

1 학교 안의 그 교실은 시원했지만 수영장의 지붕은 뜨거웠다.

2 멍청한 과외 선생이 학생들을 자기 스튜디오에 데리고 가서 그들에게 참치 사진들을 많이 보여주었다.

3 멍청한 학생, Eugene Crews는 학교 안의 그 음악실이 Julie의 거실보다 더 시원하다고 생각했다.

4 모든 승무원들은 유럽 내 유태인 정착촌으로 비행하기 전에 스튜와 수프를 먹어야 한다는 소식을 아는 스튜어드들은 거의 없었다.

5 푸른색 정장을 입은 아름다운 두 여성이 신발을 신지 않고 크루즈 선박의 풀장에서 카누를 젓고 있다.

[uː] [ʊ] 발음 때문에 ❷

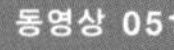

You are a fool.
너 멍청하구나.

I am really full.
나 진짜 배불러.

fool, full, pool, pull
어? 네 단어 다 '풀'
아닌가요? 헷갈리네!

This is a pool.
이건 웅덩이야.

Pull the door.
문을 당겨.

당기시오

Teacher's Advice

아니에요! 모두 다 다른 발음이에요. 흔히 우리말 '우'로 발음하면 된다고 잘못 알고 있는 [uː]와 [ʊ]의 발음 차이는 무엇인지 지금부터 제대로 배워 보겠습니다.

pull의 [ʊ]

pool과 pull은 둘 다 '풀'?

난이도 70 | 듣기 향상 60 ↑ | 호감도 80 ↑

힘을 빼는 소리 강세 O 또는 X, 짧게 발음 | 철자가 단순함 단어 마지막에 올 수 없음

영어의 [ʊ]는 우리말 '우'와 '어'의 중간 정도에 혀가 멈추어 있으며, 혀와 입술에 힘이 전혀 들어가지 않은 소리입니다. 그래서 마치 힘을 쭉 빼고 '우으어'를 하나의 음처럼 빠르게 이어서 발음하는 느낌의 소리입니다.

[ʊ]의 정확한 발음법

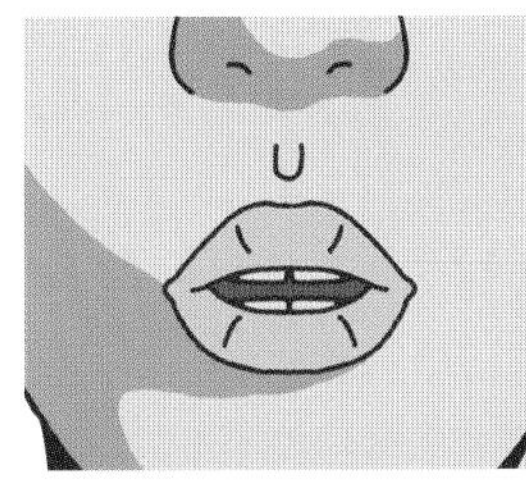

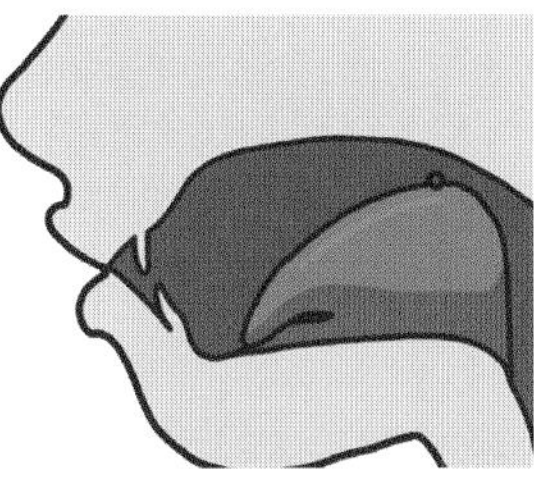

우리말 '우'

1. 입술과 혀를 우리말 '우' 발음 위치로 이동시킨다.

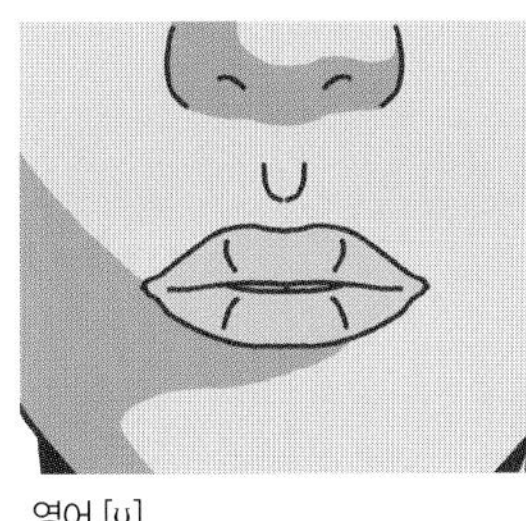

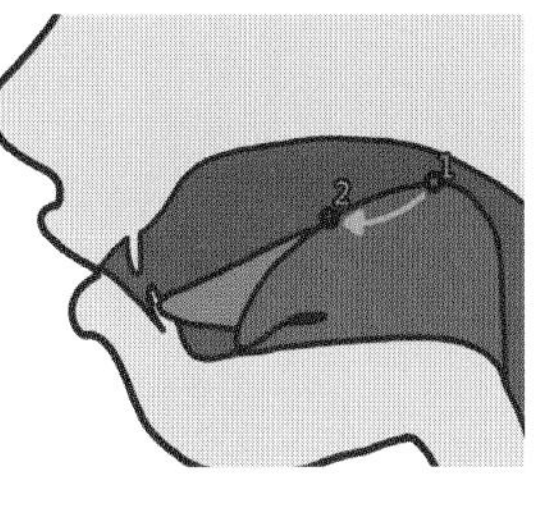

영어 [ʊ]

2. 그 상태에서 혀에 힘을 빼고 '우으어' 처럼 소리를 빠르게 이어서 발음한다.

[ʊ] 발음이 가능한 스펠링

[ʊ]는 영어의 모든 모음 중에서 가장 빈도가 떨어지는 소리입니다. 그 중 가장 빈번히 사용하는 단어들은 단어 연습에 정리해 놓았습니다. 이 중에 일상생활에서 자주 사용하는 단어들이 많으므로 꼭 연습해야 합니다.

	스펠링	예
1	oo + 자음	book
2	u, ull	push / bull
3	ould	could
4	wo-	woman, wood, would
5	*[ʊr] oor, ure, ury	poor / secure / sure / jury

wo[wʊ]로 된 단어 제대로 발음하기

Wolf, wool, wood, would, woman 같은 wo[wʊ]로 시작되는 단어들은 앞의 자음 w를 발음하기 위해 평상시의 [ʊ] 발음보다 입술을 더 많이 오므린 상태에서 입술과 혀가 '움직이듯이' 발음해야 합니다.

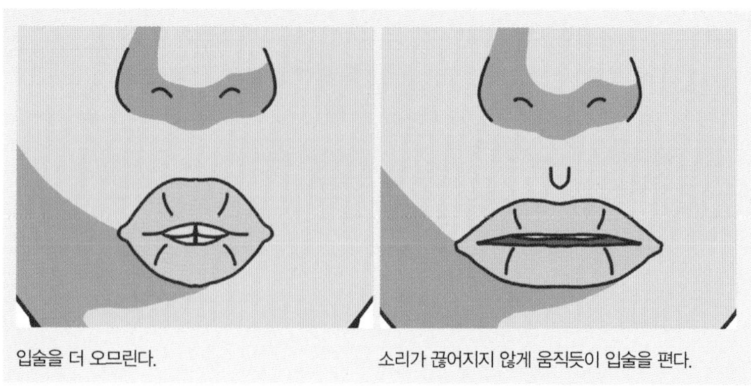

입술을 더 오므린다.

소리가 끊어지지 않게 움직듯이 입술을 편다.

그래서 woman이 '우먼'도 '워먼'도
아닌 '우워먼'으로, wood, would가
'우드'도 '워드'도 아닌 '우워ㄷ'처럼
들리는 거로군요.

[ʊr]은 우리말 [우r]로 발음한다

Poor, sure, tour, during처럼 뒤에 r이 따라 와서 발음기호가 [ʊr]로 되어 있는 단어들은 앞의 [ʊ]를 발음기호대로 하지 않고 우리말 '우'로 발음해야 합니다. 뒤에 나오는 [r]가 힘이 센 소리라서 앞소리에 영향을 미치게 되어 [우r]처럼 발음이 바뀌는 것이죠. 영어 사전에 발음기호가 [ur](발음기호 [u]는 우리말 '우'와 동일)로 표기되어 있다면 쉽게 알 수 있겠지만, 아쉽게도 [ʊr]로 표기되어 있어서 혼동을 느낄 수 있으니 기억해 두기 바랍니다.

[ʊ] 단어 연습

동영상 052

단어 내에 [ʊ]가 들어 있는 부분을 신경 써서 연습해 보세요.

	스펠링	단어 연습
1	-oo-	oops, foot, good, hood, book, took, soot
2	-u-	put, pudding, sugar, cushion, push, bush, bull, full, pull
3	ou	would, could, should
4	wo	wolf, wool, wood, woman

[ʊ] 문장 연습

MP3-058

[ʊ]로 발음되는 단어들을 유의해서 듣고, 천천히 소리 내어 읽어 보세요.

1 The butcher put the pudding and sugar on a cushion, and then he tried to push them into the bush.

2 The bully pulled the trigger, so the bullet in his gun threw to the fully enraged bull.

3 Oops! A good man wearing a hoodie stood up on the wooden floor and put his foot on the goods.

4 The cook looked over the cooking book and made cookies with a cooker hooked up to a range hood.

5 I would say the crook should meet the woman at the brook before his wolf gets out of the wooden cage.

1 정육점 주인이 푸딩과 설탕을 쿠션 위에 놓은 다음 그것들을 수풀 안으로 밀어 넣으려고 했다.

2 그 불량배가 방아쇠를 잡아당겨서 총 안에 있던 총알이 화가 엄청 나 있던 수소에게로 날아갔다.

3 이런! 후드 티를 입은 착한 사람이 나무 마룻바닥 위에 서서 그의 발을 물건 위에 놓았네.

4 요리사는 요리책을 휘리릭 살펴보고는 레인지 후드에 걸려 있던 조리기로 쿠키를 만들었다.

5 나라면 그 사기꾼이 자기 늑대가 나무 우리 밖으로 나오기 전에 개울가에서 그 여자를 만나라고 말하겠어.

LISTENING TEST

MP3-059

[u:]와 [ʊ]를 구분할 때 보통 [u:]는 우리말 '우'를 길게, [ʊ]는 '우'를 짧게 발음하는 것으로 생각합니다. 하지만 발음 길이로만 생각하기에는 두 소리 자체가 많이 다릅니다.

pool [pú:l]　　　　pull [pʊ́l]

[u:]는 발음할 때 혀의 뒷부분이 목젖 근처까지 올라가 그 상태에서 계속 힘을 주어 혀 위치를 유지하면서 발음하기 때문에 소리의 흔들림이 없습니다. 하지만 [ʊ]는 혀에서 움직임이 일어나 소리 자체에 변화가 생기게 되어 마치 '우으어'처럼 들립니다.

1 다음 두 단어 중 원어민이 말한 단어에 표기하세요. 정답은 p. 325-326

cooed – could　　fool – full　　who'd – hood

stewed – stood　　Luke – look　　pool – pull

shoed – should　　suit – soot　　food - foot

2 다음 문장을 듣고 원어민이 말한 단어에 표기하세요.

The black suit / soot was dirty.　　The birds cooed / could.

They stewed / stood it on the stove.　　It was a long pool / pull.

3 다음 질문을 듣고 맞는 답을 고르세요.

1 a)________ b)________ c)________ d)________

2 a)________ b)________ c)________ d)________

3 a)________ b)________ c)________ d)________

4 a)________ b)________ c)________ d)________

5 a)________ b)________ c)________ d)________

[oʊ] [ɔː] 발음 때문에 ❶

Joe and Jones don't know
where the hole is on the mobile phone.

조우 앤 조운s 도운 노
우 웨어r 더 호울 이s 언
더 모우벌 f오운.

Teacher's Advice

같은 문장을 읽어도 느낌이 많이 다르죠? 한국인은 각 단어의 크기와 길이에 차이를 두지 않고 읽지만, 외국인은 단어 안에서도 소리의 크기와 길이가 많이 차이나게 읽기 때문입니다.

coast의 [oʊ]

coast와 cost는 둘 다 '코스트'?

난이도 70 | 듣기 향상 60 ↑ | 호감도 70 ↑

미국 [oʊ] / 영국 [əʊ] | 힘을 주는 소리 강세 O, 길게 발음 | 철자가 복잡함 단어 마지막에 올 수 있음

알파벳 'o'가 있는 영어 단어를 읽을 때 미국 영어에서는 [oʊ]로 많이 발음하지만 영국 영어에서는 같은 단어를 [əʊ]라는 다른 소리로 발음해야 합니다. 미국 영어 [oʊ]와 영국 영어 [əʊ]는 움직임이 있는 이중 모음이라 우리말 '오'보다 소리가 더 길고 굴곡이 있습니다. 이러한 차이를 모르고 우리말 '오'처럼 발음하면 외국인들은 알아듣지 못하거나, 지나치게 단호하고 퉁명스럽게 성의 없이 말하는 어투로 들릴 수 있으니 주의해야 합니다. 다시 말해 우리말 '오우'의 경우, '오'와 '우' 소리의 크기와 길이의 차이가 없지만 미국 영어 [oʊ], 영국 영어 [əʊ]는 강세가 앞소리에 있기 때문에 앞소리는 훨씬 크고 길게, 뒤의 소리는 작고 짧게 발음해야 합니다.

미국 영어 [oʊ]의 발음법

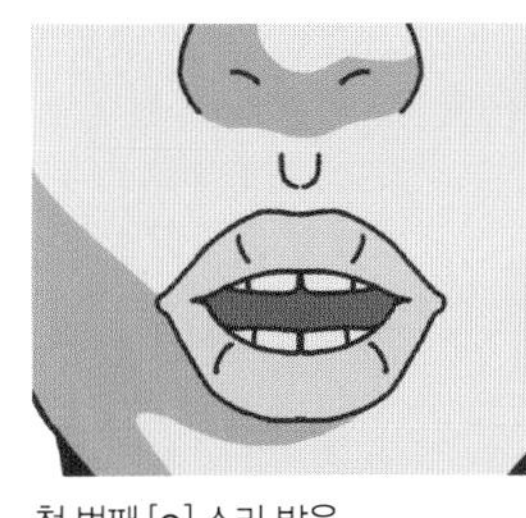

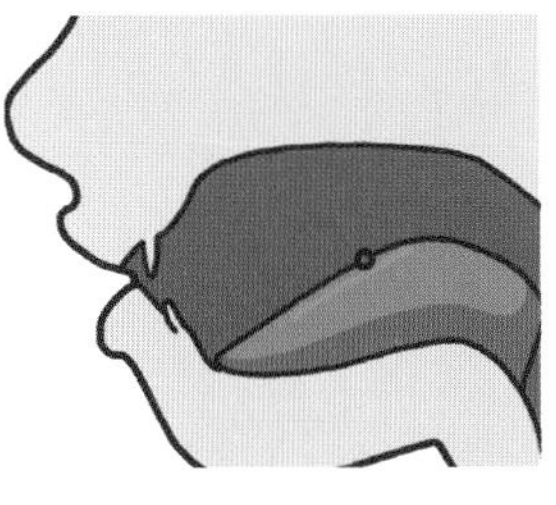

첫 번째 [o] 소리 발음

1. 입술을 오므린 상태에서 우리말 '어' 소리를 낸다. 이때 입술은 마치 뽀뽀할 때처럼 과장돼 보일 정도로 오므려야 한다.

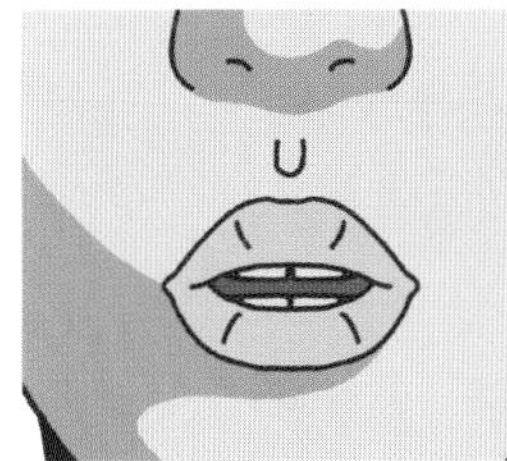

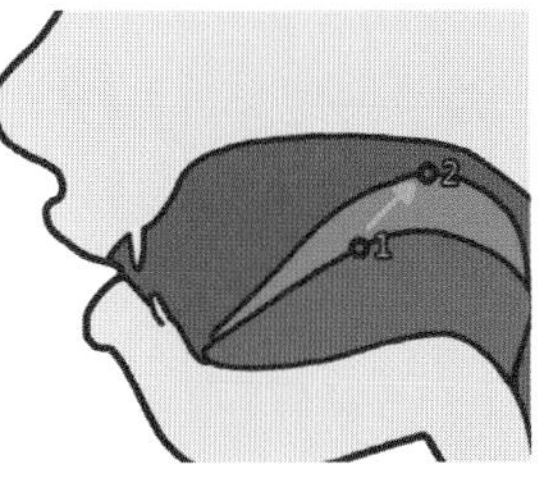

두 번째 [ʊ] 소리 발음

2. 첫소리보다 작게 우리말 '우'를 발음한다.

반드시 1, 2번 순서가 중간에 끊기지 않고 이어지듯이 발음해야 한다.

영국 영어 [əʊ]의 발음법

MP3-060

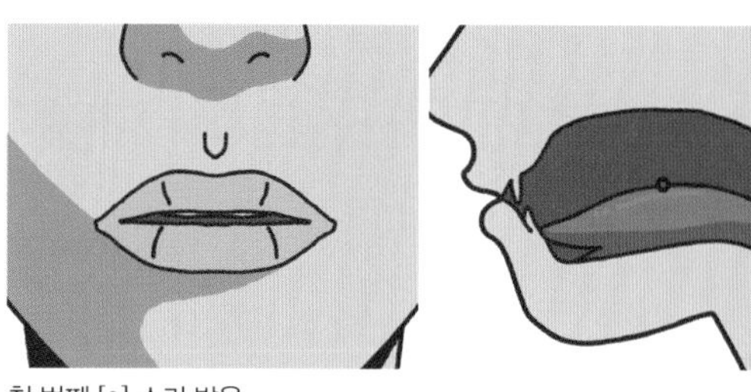

첫 번째 [ə] 소리 발음

1. 입술을 오므리지 않고 편안한 상태에서 우리말 '으' 소리를 낸다.

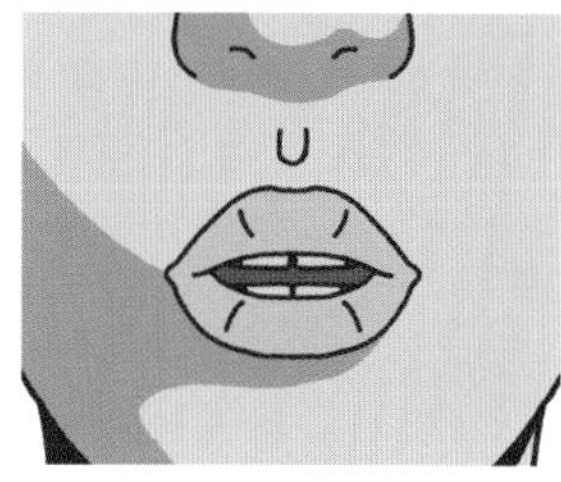

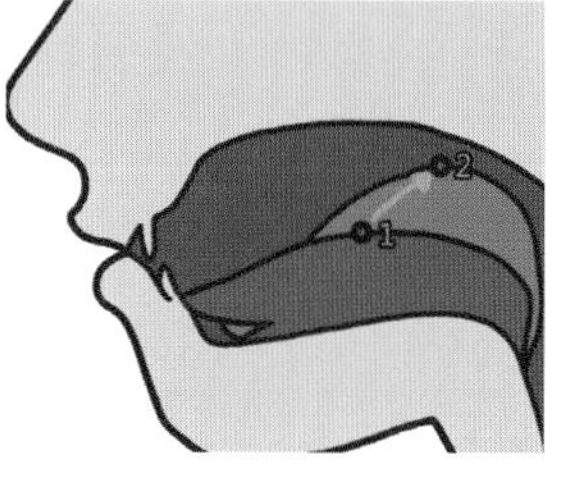

두 번째 [ʊ] 소리 발음

2. 첫소리보다 작게 우리말 '우'를 발음한다.

반드시 1, 2번 순서가 중간에 끊기지 않고 이어지듯이 발음해야 한다.

다음 단어들의 미국 영어 발음[oʊ]과 영국 영어 발음[əʊ]을 비교해서 들어보세요.

go	bolt	cold	toll
alone	know	boat	coat
toe	sew	folk	soul

Teacher's Advice

영어에서 이중모음은 항상 강세가 앞소리에 있기 때문에 두 소리의 강약과 장단의 차이가 확실히 느껴지게 발음해야 합니다.

한국말	영어
오우	[oʊ] / [əʊ]

[oʊ](미) / [əʊ](영) 발음이 가능한 스펠링

[oʊ](미국) / [əʊ](영국)와 같은 이중모음은 계속해서 혀와 입술에 힘이 들어가 있기 때문에 강세와 매우 친합니다. 그래서 대다수의 단어들은 [oʊ] / [əʊ] 발음이 있는 부분에 강세가 있습니다. [oʊ] / [əʊ]와 친한 영어 스펠링에는 어떤 것들이 있는지 알아볼까요?

	스펠링	예
1	o, -o-+모음	no / bonus
2	o+lt, +ld, +ll	volt / cold / toll
3	o_e	rose
4	ow	show
5	oa	boat
6	ou, ough	soul / dough
7	oe	toe

MP3-061

'No'를 우리말 '노'처럼 짧게 말하면 안 돼요

영어의 No를 말할 때, 앞소리에 강세를 주지 않고 우리말 '노'처럼 짧게 말하면 완강한 거절을 의미하는 Nope!과 매우 비슷하게 들립니다. 상대방 입장에서는 강하게 거부하는 것으로 오해하여 서운하게 생각할 때가 많으니 주의해서 발음해야 합니다.

Ma'am, your meal will be ready in about 5 minutes.
손님, 음식은 5분 정도 후에 나올 겁니다.

OK, thanks.
네, 감사합니다.

Hey, you can eat first.
저기요, (기다리지 말고) 먼저 식사하셔도 돼요.

노!(Nope!) 아임 *오케이!
아뇨! 괜찮다고요!

Good Job!

하하, 난 역시 젠틀맨!

혼자 먹기 싫으면 그만이지 왜 이렇게 쌀쌀맞은 거야? 내가 맘에 안 드나?

Teacher's Advice

'오케이'도 강약 차이 없이 발음하면 외국인에게는 퉁명스러운 대답으로 들립니다.

MP3-061

cocoa	aloe	oboe
코코아 X → [kóukou]	알로에 X → [ǽlou]	오보에 X → [oúbou]
oasis	**Joel**	**Joan**
오아시스 → [ouéisis]	조엘 X → [dʒóuəl]	조안/조앤 X → [dʒóun]

코코아 앤
알로에 드링크.

I am sorry.
What did you say?
죄송한데 뭐라고 하셨죠?

아하!
코우**코**우 앤
애알**로**우 쥬링ㅋ!
코코아랑 알로에 음료요!

Here we go!
여기 있습니다.

Thank you!
고마워요!

[oʊ](미) / [əʊ](영) 단어 연습

동영상 054

강세와 굴곡진 리듬을 신경 쓰면서 듣고 정확히 따라해 보세요.

	스펠링	단어 연습
1	o	go, no, don't, won't, ocean, bonus, solo, yoga, yogurt
2.	o+lt, ld, ll	bolt, volt / cold, hold / poll, enroll
3	o_e	alone, cone, dome, Rome, open, rose, stone
4	ow	bowl, low, pillow, show
5	oa	oak, coach, roast, toast, foam, cocoa
6	ou	soul, shoulder, dough, although
7	oe	aloe, oboe, toe, *poem, poet *여기서는 oe가 [oʊə]으로 발음됩니다.

예외

다음 단어들은 색칠되어 있는 철자가 [oʊ]로 발음되는 예외적인 경우들입니다.

sew	folk	yolk	plateau
bureau	depot	faux	faux pas

[oʊ](미) / [əʊ](영) 문장 연습

MP3-062

[oʊ]/[əʊ]로 발음되는 단어들을 신경 써서 듣고 천천히 소리내어 읽어 보세요.

1 The donor opened the photo box and noticed that there were no clovers taken in his photos.

2 The bold yoga instructor folded up his golden yoga mat and rolled it to his strollers.

3 I don't know where the hole is on the coat, so let's go back home and get another coat.

4 A poet, Joe Oreo, bought an oboe, aloe soaps, a box of cocoa, and doughnuts in a depot near the oasis.

5 The folks sewed a taupe yolk logo on their clothes and visited the tourist bureau near the plateau.

1 기증자는 사진 상자를 열었고, 그의 사진에 찍힌 클로버 잎들이 하나도 없다는 것을 알아챘다.

2 용감한 요가 강사가 그의 황금색 요가 매트를 접더니 그의 유모차 안쪽으로 돌돌 말아갔다.

3 구멍이 코트 어디에 있는지 모르겠어. 그러니 집에 돌아가서 다른 코트를 가져오자.

4 시인 Joe Oreo는 오보에, 알로에 비누, 코코아 가루 한 상자와 도넛을 오아시스 근처 차고에서 구입했다.

5 사람들은 자기들 옷에 회갈색 노른자 로고를 바느질해서 달고 고원 근처에 있는 관광국을 방문했다.

[oʊ][ɔː] 발음 때문에 ❷

sauna [sɔ́ːnə]

audio [ɔ́ːdioʊ]

balsamic sauce [bɔːlsǽmik sɔːs]

launching [lɔ́ːntʃɪŋ]

외국인은 알파벳 au를 [ɔː] 소리로 똑같이 발음하는데, 왜 우리나라 사람들은 '아우', '오', '아', '어'처럼 다양한 소리로 말하는 걸까요?

Teacher's Advice

[ɔː]는 우리말에는 없는 소리라서 비슷한 여러 소리로 발음하곤 해요. 그러다 보니 다양한 형태로 바꾸어 발음하게 된 것이죠. 게다가 미국 사람과 영국 사람이 [ɔː]를 다르게 발음하기 때문에 소리를 듣고 따라할 때 특히 헷갈리는 발음이에요.

[ɔː] cost의 [ɔː]

coast와 cost는 둘 다 '코스트'?

난이도 70 | 듣기 향상 60 ↑ | 호감도 70 ↑

미국 영어와 영국 영어의 발음이 상이 | 힘을 주는 소리 강세 O, 길게 발음 | 철자가 복잡함 단어 마지막에 올 수 있음

[ɔː]는 미국 영어와 영국 영어에서 발음의 차이가 있는 소리입니다. 미국 영어는 우리말 '어', 영국 영어는 우리말 '오'와 비슷한 위치에서 소리가 납니다. 우리말에 없는 소리이다 보니 실제로 [ɔː]로 발음해야 할 단어들을 우리는 '아우, 오, 아, 어' 등 다양한 소리로 발음해 외국인이 알아듣기가 어렵습니다. 그렇지만 우리말에 비슷한 위치의 소리들이 있어서 차이점만 이해하면 쉽게 고쳐서 발음할 수 있습니다.

[ɔː]의 정확한 발음법

미국 영어

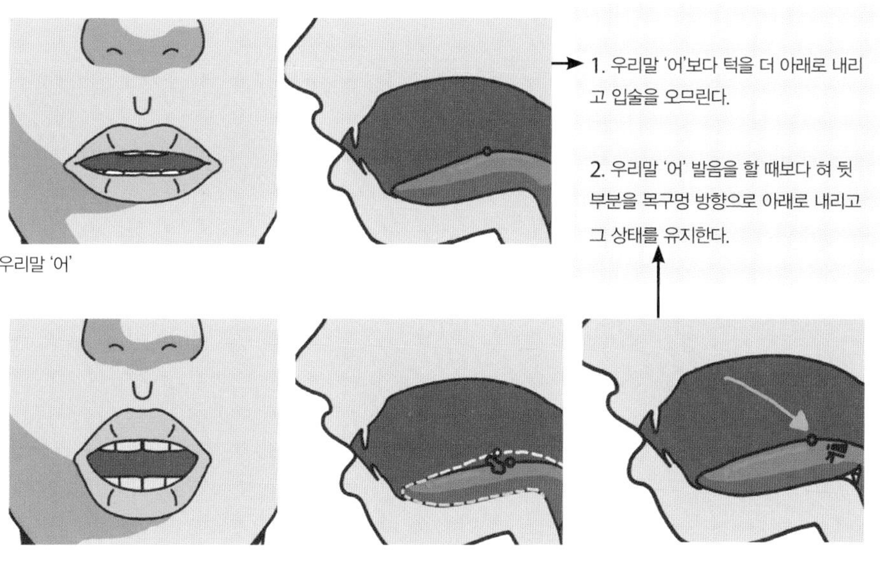

1. 우리말 '어'보다 턱을 더 아래로 내리고 입술을 오므린다.
2. 우리말 '어' 발음을 할 때보다 혀 뒷부분을 목구멍 방향으로 아래로 내리고 그 상태를 유지한다.

우리말 '어'

영어 [ɔː]

영국 영어 [ɔː]

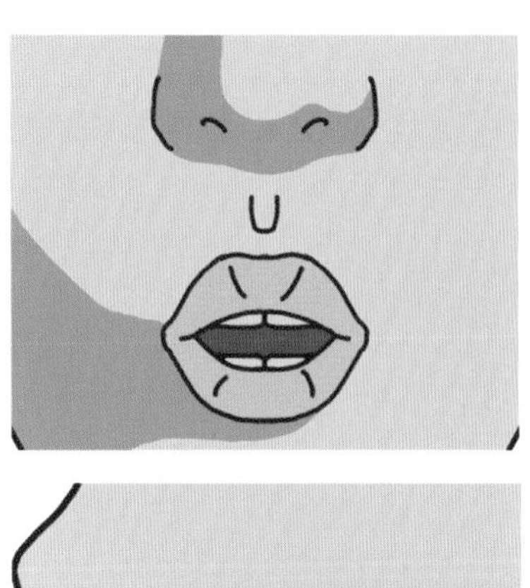

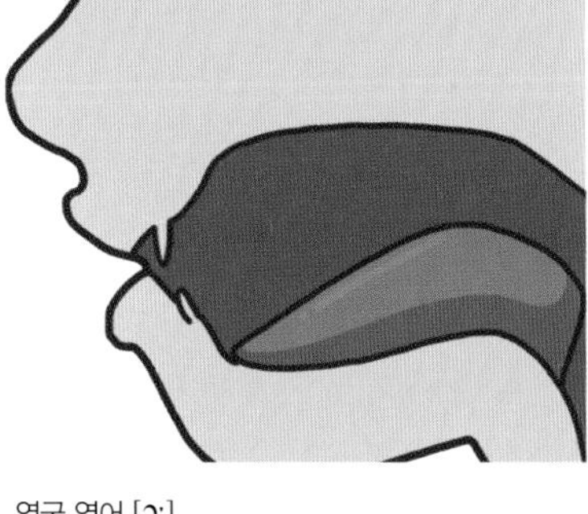

영국 영어 [ɔː]

우리말 '오오'처럼 '오'를 길게 발음한다.

[ɔː] 발음이 가능한 스펠링

[ɔː]를 발음할 때는 계속해서 혀와 입술에 힘이 들어가기 때문에 강세와 매우 친합니다. 그래서 대부분의 단어들은 [ɔː] 발음이 나는 부분에 강세가 있습니다. 미국 영어와 영국 영어에서 [ɔː]와 친한 영어 스펠링에는 어떤 것들이 있는지 확인해 봅시다.

미국 영어 [ɔː]

	스펠링	예
1	au	audio
2	aw	law
3	al(l)	always / all
4	o+ff, ft, ss, st, ng, g	off / soft / boss / cost / long / dog
5	ought, aught	ought / caught
6	or-, war-	orange / warm

영국 영어 [ɔː]

	스펠링	예
1	au	audio
2	aw	law
3	al(l)	always / all
4	or-, war-	orange / war

미국 영어 [ɔː]와 영국 영어 [ɔː]의 소리 차이

미국 영어에서 [ɔː]는 입술을 오므리고 우리말 '어'를 발음하는 것과 비슷한 소리이지만, 영국 영어의 [ɔː]는 우리말 '오오' 같은 느낌의 소리입니다. 항상 정확하게 [r] 발음을 해주는 미국 영어와 달리 영국 영어는 단어 마지막의 모음 뒤에 r이 나올 때 [r] 발음을 하지 않고 앞의 모음을 조금 더 길게 끌어주면서 발음합니다. 심지어 미국 영어에서는 [ɔː]로 발음되는 알파벳 o가 있는 단어들이 영국 영어에서는 [ɔː]가 아닌 [ɒ]라는 영국 영어에만 있는 소리로 발음되기도 합니다. 참고로 [ɒ]는 짧게 말하는 우리말 '오'와 비슷한 발음으로 됩니다.

다음 [ɔː]가 들어간 단어들과 문장을 영국 영어와 미국 영어에서는 어떻게 발음하는지 잘 들어보세요.

MP3-063

auto	law	always	ball	talk
bought	caught	board	morning	war

Four horses were born near the door of the store in the morning.

말 네 마리가 아침에 가게 문 근처에서 태어났어요.

[fɔːr hɔːrsɪs wər bɔːrn
nɪr ðə dɔːr ʌv ðə
stɔːr ɪn ðə mɔːrnɪŋ]

미국 영어 [ɔː] 발음

[fɔː hɔːsɪs wə bɔːn
nɪə ðə dɔː ʌv ðə
stɔː ɪn ðə mɔːnɪŋ]

영국 영어 [ɔː] 발음

우리나라에서 1980년대까지는 영어의 한글 발음을 영국 영어식으로 표기하다가 1980년대 중반 이후로는 미국 영어 발음과 혼용하기 시작했습니다. 현재는 대다수의 영어 학습 서적들이 미국 영어 발음으로 표기하고 있지요. 그러다 보니 80년대 중반 이전에 들어온 [ɔː] 발음이 있는 외래어들은 대부분 [오]로 표기하고 있어요.

다음은 '오'로 표기하는 외래어의 대표적인 예입니다.

audio	sausage	auction	sauce	law	hawk
오디오	소시지	옥션	소스	로	호크
[ɔ́ːdioʊ]	[sɔ́ːsɪdʒ]	[ɔ́ːkʃən]	[sɔ́ːs]	[lɔ́ː]	[hɔ́ːk]
always	all	ball	call	mall	hall
올웨이즈	올	볼	콜	몰	홀
[ɔ́ːlweɪz]	[ɔ́ːl]	[bɔ́ːl]	[kɔ́ːl]	[mɔ́ːl]	[hɔ́ːl]
orange	board	pork	course	morning	store
오렌지	보드	포크	코스	모닝	스토어
[ɔ́ːrɪndʒ]	[bɔ́ːrd]	[pɔ́ːrk]	[kɔ́ːrs]	[mɔ́ːrnɪŋ]	[stɔ́ːr]

[ɔː] 단어 연습

동영상 056

미국 & 영국 영어 공통

	스펠링	단어 연습
1	au	audio, auto, auction, sauce, sauna, sausage
2	aw	awesome, paw, dawn, jaw, law, straw, hawk
3	al(l)	always, almost, also, salt, stalk, ball, mall
4	ough, augh	ought, bought, thought / caught, taught, daughter
5	or[ɔːr], war	order, orange, morning / war, warm, warn

미국 영어에서만 가능(영국 영어에서는 [ɒ]로 발음)

	스펠링	단어 연습
1	o	office, soft, boss, cost, song, dog

예외

다음 단어들은 색깔로 된 철자가 [ɔː]로 발음되는 예외적인 경우입니다.

gone broad door floor pour

[ɔː] 문장 연습

MP3-064

[ɔː]가 들어 있는 단어에 신경쓰면서 천천히 읽어 보세요.

1 Paul bought an audio tape and a bottle of balsamic sauce at an auction held in August.

2 You ought to tell the officer that you brought a wallet and lost it on Walnut Street.

3 All the tall basketball players walked to the mall while the small baseball player was stalking a woman named 'Jaws'.

4 The naughty slaughterer taught my daughter how to become a fraud.

5 The guy who used to go to the coffee shop on Broadway Avenue has gone away.

1 Paul은 8월에 열린 한 경매에서 오디오 테이프와 발사믹 소스 한 병을 샀다.

2 장교에게 네가 지갑을 가져왔는데 Walnut Street에서 분실했다고 말해야 해.

3 키 큰 농구 선수 모두가 그 쇼핑몰에 걸어갔다. 작은 야구 선수가 Jaws라는 이름의 여자를 스토킹하고 있는 동안에 말이다.

4 버릇없고 외설적인 도살업자가 내 딸에게 사기꾼이 되는 법을 가르쳤다.

5 Broadway가에 있는 그 커피숍에 다니던 그 사람이 멀리 가 버렸다.

LISTENING TEST

[oʊ]와 [ɔː] 구분하여 듣고 말하기

영어에서 [oʊ]/[əʊ]와 [ɔː]는 한국어로 모두 '오'로 표기할 때가 많고, 정확하게는 우리말에 없는 소리들이라 신경 쓰지 않고 들으면 모두 '오'처럼 들려서 구분하기 어렵습니다. 그나마 [oʊ]/[əʊ]는 이중모음이라서 약간의 움직임이 느껴지는 소리이고, 앞소리가 뒷소리보다 크고 길게 들리기라도 합니다. 하지만 [ɔː]는 발음할 때 움직임이 전혀 없는 일정한 소리이고, [oʊ]/[əʊ]에 비해 미국 영어에서 [ɔː]는 '어어', 영국 영어에서 [ɔː]는 '오오' 같은 느낌으로 들리기도 하죠. 이 두 발음을 정확하게 구분해서 말할 수 있으면 듣는 것 또한 쉽게 구분해서 들을 수 있으니 발음 연습을 꾸준히 해야 합니다.

1 다음 두 단어 중 원어민이 말한 단어에 표기하세요. 정답은 p. 327–328

bowl – ball	low – law	pose – pause
row – raw	boat – bought	coat – caught
toll – tall	so – saw	hole – hall
woke – walk	flow – flaw	loan – lawn

2 다음 문장을 듣고 원어민이 말한 단어에 표기하세요.

This is a big hole / hall.

Do you know the coast / cost?

We sometimes woke / walk early.

They won't / want fish.

3 다음 질문을 듣고 맞는 답을 고르세요.

1 a)________ b)________ c)________ d)________

2 a)________ b)________ c)________ d)________

3 a)________ b)________ c)________ d)________

4 a)________ b)________ c)________ d)________

5 a)________ b)________ c)________ d)________

6 a)________ b)________ c)________ d)________

7 a)________ b)________ c)________ d)________

8 a)________ b)________ c)________ d)________

[ɑ:] [ʌ] 발음 때문에

동영상 057

How was your trip to Seoul?
서울 여행 갔던 건 어땠어?
That was really great. We ate steak.
정말 좋았지. 스테이크도 먹고.

Hey! Catch me if you can.
야! 나 잡아 봐라!

I will catch you.
꼭 잡을 거야.

앗!
[ɑ:]
아아아아악!!

Teacher's Advice

네! 바로 이 발음이에요! [ɑ:]는 갑작스럽게 통증을 느낄 때 내는 '아' 소리처럼 크고 정확하게 발음하면 되는 아주 쉬운 소리입니다. 소리는 쉽지만 알파벳 철자 규칙이 기존에 알고 있던 것과 다른 것도 있으니 지금부터 차근차근 배워 봅시다.

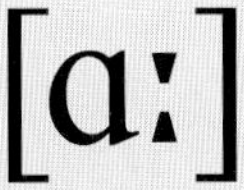

collar의 [ɑː]

collar와 color는 둘 다 '칼라'?

난이도 40 | 듣기 향상 60 ↑ | 호감도 60 ↑

영국 미국 발음 동일 | 힘을 빼는 소리 강세 O 또는 X, 짧게 발음 | 철자가 단순함 단어 마지막에 올 수 없음

영어의 [ɑː]는 우리말 '아'와 유사합니다. 단, 우리말은 특정 모음에 강세를 주는 소리가 아니라서 단어 안에 있는 '아'를 발음할 때 주변의 다른 모음과 비슷한 크기와 길이로 합니다. 하지만 영어의 [ɑː]는 항상 강세가 있는 소리이기 때문에 주변에 있는 다른 모음들보다 훨씬 크고 길게 발음해야 합니다.

우리말 '아'와 영어 [ɑː]의 발음 비교

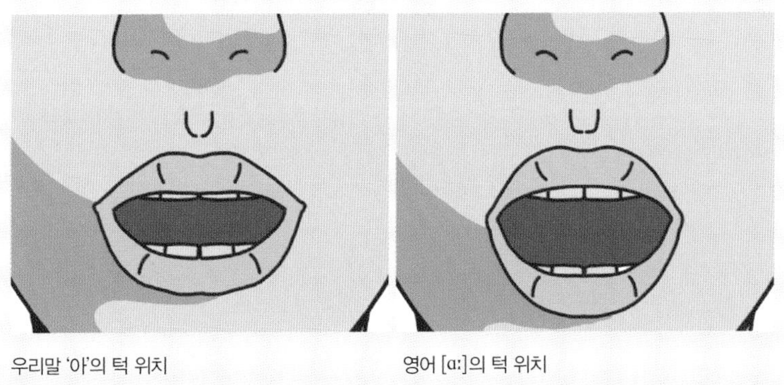

우리말 '아'의 턱 위치 영어 [ɑː]의 턱 위치

우리말	영어
하버드	Harvard
• • •	● •

[ɑː] 발음이 가능한 스펠링

MP3-066

[ɑː] 관련해서 주의해야 할 것이 있어요.

미국 영어에서는 알파벳 o에 강세가 있으면 [ɑː]로 발음될 때가 많지만, 영국 영어의 경우에는 [ɒ] 소리로 발음해야 합니다.

	스펠링	예
1	o (+ b, m, p, t, d, ck, n, nd)	rob, mom, stop, pot, lock, on, pond
2	ar	car, park
3	wa-	watch, swallow
4	-alm, -age	calm / massage
5	a가 있는 일부 외래어	pasta, taco

* 1번의 철자 o의 [ɑː] 발음은 미국 영어에서만 가능합니다.

'a'를 '아[ɑː]'로 발음하는 경우는 거의 없어요!

영어에서 철자 a를 [ɑː]로 발음하는 경우는 극히 제한적인데, 다음 단어들이 [ɑː]로 발음됩니다.

ar로 된 1음절 단어들	car park part scarf
wa-로 된 일부 단어들	watch wander wand waffle swap swat swab swan swallow

alm, **-age** 형태의 일부 단어들	almond balm calm palm garage massage mirage sabotage
b/**m**/**p** 다음에 **a**로 이어지는 외래어들	Macho Mach Obama spa pasta
기타 **a**를 [ɑː]로 발음하는 예외적인 경우들	father nacho salsa taco yacht Yahoo

*표 내용 중에 wa-로 된 일부 단어의 경우, 영국 영어에서는 [ɑː]가 아닌 [ɒ]로 발음합니다.

영국 영어의 [ɒ] 발음

여기서 꼭 집고 넘어가야 할 점이 있습니다. 우리나라 사람들은 보통 알파벳 o를 보면 '오'라고 생각할 때가 많아요. 영국 영어에서는 o를 '오[ɒ]'처럼 발음하는 것이 맞지만, 미국 영어에서 o는 강세가 있으면 [ɑː]로 발음되는 경우가 많다는 겁니다.

미국 영어에서 o가 [ɑː]로 발음되는 단어들과 wa-를 [wɑː]로 발음하는 단어들이 영국 영어에서는 모두 [ɒ]라고 짧게 말하는 우리말 '오'와 비슷한 발음으로 되는 것이죠.

[ɑː]의 정확한 발음법

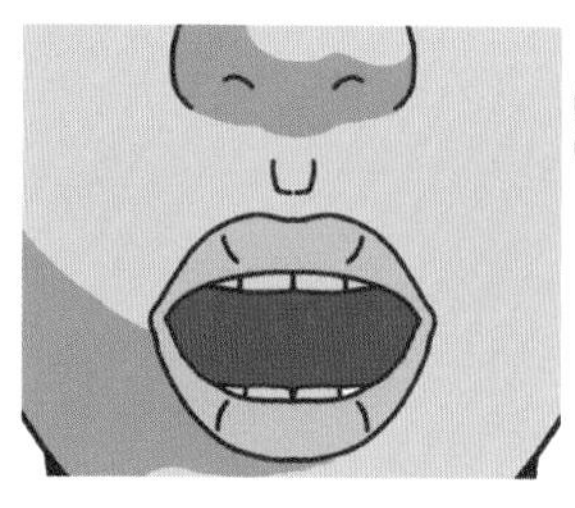
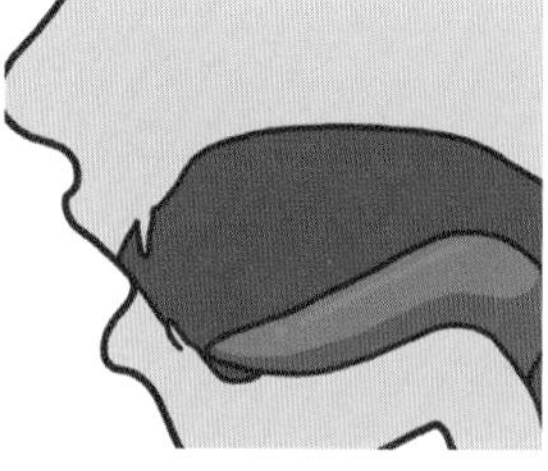

우리말 '아'보다 턱과 혀를 더 아래로 내리면서 발음한다.

영국 영어 [ɒ]의 정확한 발음법

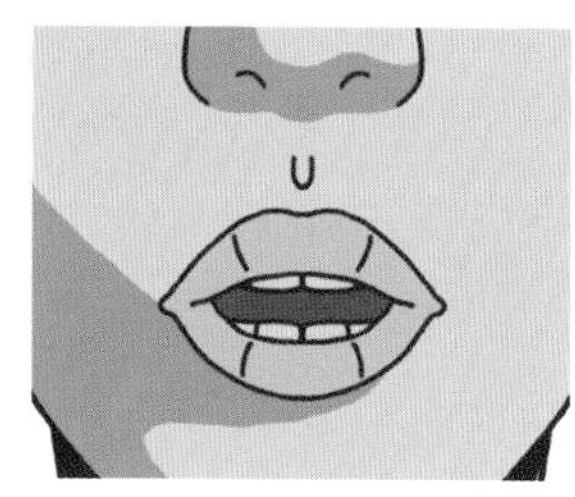
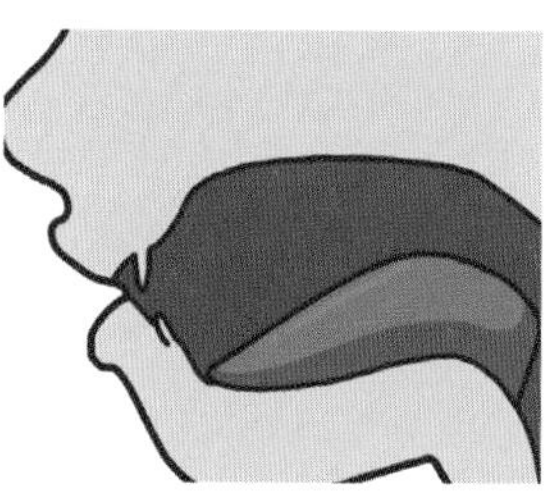

영어 [ɑː]와 혀 위치는 비슷하지만 입술을 오므리고 발음한다.

여기까지 오다 보니 앞에서 배운 것까지 마구 헷갈리죠? 한번에 정리해 드립니다.

MP3-066

철자에 따른 발음 규칙	미국 영어 발음	영국 영어 발음
o, o-e, o-+모음, o+lt, ld, ll no, rose, bonus, volt, cold, toll	[oʊ]	[əʊ]
au, aw, al(l), ought, aught audio, law, always, ball, bought, caught	[ɔː] '어어'에 가까운 소리 (영국 영어와 발음기호는 동일하지만 발음이 다름)	[ɔː] '오오'에 가까운 소리 (미국 영어와 발음기호는 동일하지만 발음이 다름)
o+b, p, t, d, ck, n, nd Bob, stop, pot, god, lock, on, pond	[ɑː]	[ɒ]
o+ff, ft, ss, st, ng, g off, soft, boss, cost, long, dog	[ɔː]	[ɒ]

다음 단어들은 우리말에서 표기할 때 영국 발음 [ɒ]가 적용되어 '오'로 씁니다. 미국 영어에서는 [ɑː]로 발음해야 하니 주의해서 연습하세요! 아래에 미국 영어 발음기호를 달았으니 비교해 보세요.

MP3-066

lobby 로비 [lá:bi]	omelet 오믈렛 [á:mələt]	comedy 코미디 [ká:mədi]	opera 오페라 [á:prə]
option 옵션 [á:pʃən]	shopping 쇼핑 [ʃá:pɪŋ]	boycott 보이콧 [bɔ́ɪkɑ:t]	motto 모토 [má:toʊ]
robot 로봇 [róʊbɑ:t]	bodyguard 보디가드 [bá:digɑ:rd]	model 모델 [má:dəl]	modern 모던 [má:dərn]
concert 콘서트 [ká:nsərt]	monitor 모니터 [má:nɪtər]	Toronto 토론토 [tərántou]	cholera 콜레라 [ká:lərə]
closet 클로짓 [klá:zət]	olive 올리브 [á:lɪv]	golf 골프 [gá:lf]	cosmos 코스모스 [ká:zmoʊs]
font 폰트 [fá:nt]	bond 본드 [bá:nd]	beyond 비욘드 [bɪjá:nd]	condo 콘도 [ká:ndoʊ]
respond 리스폰드 [rɪspá:nd]	pocket 포켓 [pá:kɪt]	chocolate 초콜릿 [tʃá:klət]	boxing 복싱 [bá:ksɪŋ]

미국 영어 [ɑː] vs. 영국 영어 [ɒ] 비교 듣기

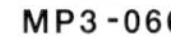

John used to be a golf player and boxer. His new job is a bodyguard caring opera actresses and models working in Oxford shopping center.

John은 골프 선수 겸 복싱 선수였어요. 그의 새로운 직업은 Oxford 쇼핑 센터에서 일하는 오페라 여배우들과 모델들을 관리하는 보디가드이죠.

John [dʒάːn]
golf [gάːlf]
boxer [bάːksər]
job [dʒάːb]
bodyguard [bάːdigaːrd]
opera [άːprə]
model [mάːdəl]
Oxford [άːksfərd]
shopping [ʃάːpɪŋ]

John [dʒɒ́ːn]
golf [gɒ́lf]
boxer [bɒ́ksə]
job [dʒɒ́b]
bodyguard [bɒ́digaːd]
opera [ɒ́prə]
model [mɒ́dəl]
Oxford [ɒ́ksfəd]
shopping [ʃɒ́pɪŋ]

MP3-066

다음 단어들은 강세 위치에 따라 발음과 의미가 달라질 수 있으니 유의하여 연습합니다. 알파벳 o는 강세가 있으면 [ɑː](미)/[ɒ](영)로 발음하고 강세가 없으면 [ə]로 발음합니다. 여기서는 미국 영어 발음기호를 기준으로 제시합니다.

object

명 물건, 물체	동 반대하다
[ɑ́ːbdʒekt]	[əbdʒékt]

conduct

명 행동	동 행동하다
[kɑ́ːndʌkt]	[kəndʌ́kt]

contrast

명 대조, 차이	동 대조하다
[kɑ́ːntræst]	[kəntrǽst]

progress

명 진전, 진행	동 진행하다
[prɑ́ːgres]	[prəgrés]

contract

명 계약	동 수축하다
[kɑ́ːntrækt]	[kəntrǽkt]

conflict

명 충돌, 갈등	동 상충하다, 충돌하다
[kɑ́ːnflikt]	[kənflíkt]

convict

명 죄를 지은 사람	동 유죄를 선고하다
[kɑ́ːnvikt]	[kənvíkt]

project

명 계획, 프로젝트	동 계획하다, 앞으로 나오다
[prɑ́ːdʒekt]	[prədʒékt]

접미사가 붙으면 [oʊ] 소리가 [ɑː](미)/[ɒ](영)로 바뀐다

접미사가 붙으면 발음기호 [oʊ]가 [ɑː](미)/[ɒ](영)로 바뀌게 되니 주의해서 발음하세요.

cone → conical
[oʊ] [ɑː]

diagnosis → diagnostic
[oʊ] [ɑː]

know → knowledge
[oʊ] [ɑː]

provoke → provocative
[oʊ] [ɑː]

phone → phonics
[oʊ] [ɑː]

joke → jocular
[oʊ] [ɑː]

microscope → microscopic
[oʊ] [ɑː]

sole → solitude
[oʊ] [ɑː]

알파벳 o는 단어의 길이가
길어지면 [ɑː](미)/[ɒ](영)로
발음되는군요.

[ɑː] 단어 연습

동영상 058

강세와 매우 친한 소리이니 강세에 유의하여 발음을 들어보고 따라 합니다. 또 알파벳 o와 wa- 철자는 미국 영어에서는 [ɑː]로 발음하고 영국 영어에서는 [ɒ]로 발음하는 차이가 있으니 주의해서 연습하세요.

미국 영어에서는 [ɑː] / 영국 영어에서는 [ɒ] 발음

	스펠링	단어 연습
1	o	shop, opera, pot, model, pocket, monitor, bond
2	wa[wɑː]	watch, wander, wand, waffle, swap, swat, swab, swan, swallow

미국 영어, 영국 영어 모두 [ɑː]로 발음

	스펠링	단어 연습
3	ar [ɑːr](미) [ɑː](영)	bar, card, park, star
4	a	father, salsa, taco, pasta, spa, almond, balm, calm, palm, garage, massage, mirage, sabotage, yacht, yahoo

예외

다음은 대부분 프랑스어에서 유래한 단어들로 색깔 친 철자의 모음이 [ɑː](미)/[ɒ](영)로 발음되는 예외적인 경우입니다.

entrée　encore　ensemble　entrepreneur　genre

suave　lingerie　knowledge　bureaucracy

[ɑː] 문장 연습

MP3-067

[ɑː]가 들어 있는 단어에 유의해 천천히 읽어 봅니다.

특히 알파벳 o가 들어 있는 단어들과 일부 단어들은 미국 영어에서는 [ɑː]로 발음하고, 영국 영어에서는 [ɒ]로 발음하니 주의해야 합니다.

1 Bob opened the box and followed the instructions.

2 Tom put some cotton, rocks, and a doorknob in his locker.

3 His mom made a pack of popcorn, tacos and almond cakes covered with salsa sauce.

4 My father ate the pasta, Obama ate the tart cake and the macho guy ate the lobster pilaf together. Then, they talked about the sabotage that started from a college in a calm town called "An-sung".

5 The entrée for the ensemble performance for today is here. Don't forget to shout encore after the last song called 'Knowledge of All Genres in Modern Rock Music'.

1 Bob은 상자를 열어서 설명서대로 따라 했다.

2 Tom은 목화, 바윗돌, 손잡이를 자기 라커에다 넣었다.

3 그의 엄마는 팝콘 한 통과 타코, 그리고 살사 소스를 얹은 아몬드 케이크를 만드셨다.

4 우리 아버지는 파스타를 드셨고, Obama는 타르트 케이크를 먹었고, 그 마초맨은 바닷가재 필라프를 함께 먹었다. 그런 다음 그들은 '안성'이라는 조용한 마을에 있는 한 대학교에서 시작된 노동 방해 공작에 관해 이야기를 나눴다.

5 오늘 앙상블 공연 출입은 여기예요. 마지막 노래 'Knowledge of All Genres in Modern Rock Music(현대 록 뮤직 내 모든 장르에 관한 지식)'이 끝나고 '앙코르'라고 외치는 것 잊지 마세요.

color의 [ʌ]

collar와 color는 둘 다 '칼라'?

난이도 40 | 듣기 향상 60 ↑ | 호감도 60 ↑

영국 미국 발음 동일 | 힘을 빼는 소리 강세 O, 짧게 발음 | 철자가 단순함 단어 마지막에 올 수 없음

영어의 [ʌ]는 슈와 [ə]와 혀의 위치는 매우 비슷하지만 항상 강세가 있기 때문에 [ə]에 비해서 소리가 정확하게 들립니다. 또 강세가 있어서 힘이 들어가다 보니 [ə]보다 자연스럽게 턱이 약간 아래로 내려가고, 혀도 약간 더 아래로 내려가게 됩니다. 그러다 보니 우리말 '어'와 비슷한 느낌이 들기도 합니다. 정확하게 말하면 우리말 '어'를 평소보다 힘을 약간 빼고 짧게 발음하면 영어의 [ʌ]처럼 발음됩니다. [ʌ]는 항상 강세가 있는 소리라서 단어 안에 [ʌ]가 있는 부분은 항상 크고 길게 정확한 발음으로 해야 합니다.

[ʌ]의 정확한 발음법

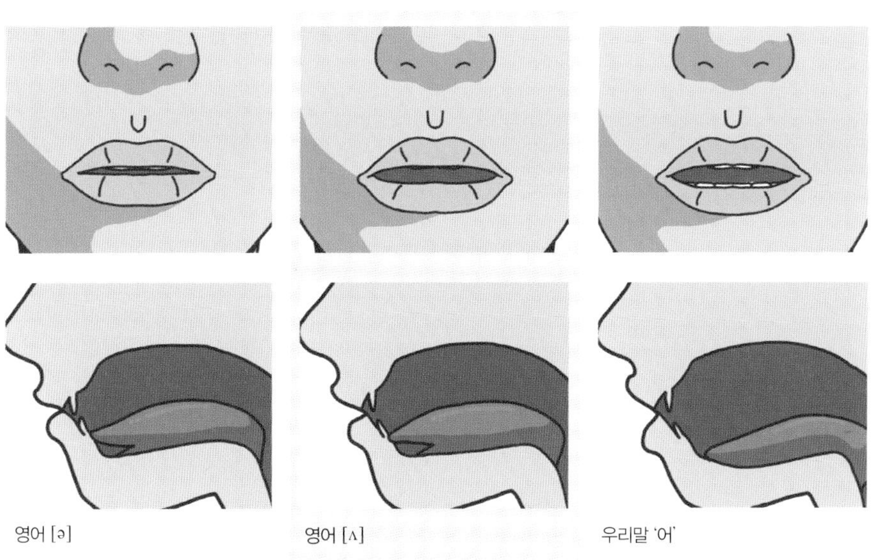

영어 [ə] 영어 [ʌ] 우리말 '어'

[ʌ] 발음이 가능한 스펠링

MP3-068

	스펠링	예
1	u-, -u-	up / but, buddy
2	o(+n, ther)	son, money / other
3	o-e(극히 일부 단어들), -ove	come / love
4	-ou-	enough, tough

[ʌ] 단어 연습

동영상 059

항상 강세가 있는 소리이므로 [ʌ]가 있는 부분을 다른 부분보다 크고 길게 발음해야 합니다.

	스펠링	단어 연습
1	u	ultra, but, cut, duck, gum, mud, jump
2	o	one, onion, son, ton, color, other, mother, money
3	o_e (극히 일부 단어들), -ove[ʌv]	some, none, done, come / love, glove, above, dove, oven, cover
4.	-ou-	enough, couple, country, tough, touch

예외

다음은 -ove가 [oʊ]로 발음되는 극히 일부 단어들입니다.

stove   over   clover

다음 단어들은 색칠되어 있는 철자가 [ʌ]로 발음되는 예외적인 경우입니다.

blood   flood   was   what   does   the   of

[ʌ] 문장 연습

MP3-069

[ʌ]가 들어 있는 단어에 유의하여 천천히 읽고 연습해 보세요.

1 I bumped into one of my buddies at the study room, and then we hung out together in Bo-Ryung where the mud festival is scheduled in August.

2 Justice loves his mother and brother, but he hates his cousin Justin because Justin won the lottery and did not give Justice any money.

3 Some doves loved to come to the governor's house, because the governor put some delicious seeds on his glove covers hanging above his oven.

4 The young woman is good enough to leave this country without tough exams.

5 The flood caused Gun-Young and other buddies in the study group to hurt and spill a lot of blood. It was not what they wanted to experience on their travel.

1 나는 독서실에서 내 친구 하나랑 우연히 만났고, 8월에 머드 축제가 열리기로 되어 있는 보령에서 함께 어울려 놀았다.

2 Justice는 엄마, 남동생을 사랑한다. 하지만 사촌인 Justin은 아주 싫어하는데 Justin이 복권에 당첨되었지만 Justice에게 돈을 하나도 안 주었기 때문이다.

3 몇몇 비둘기는 주지사의 집에 오는 걸 아주 좋아했다. 왜냐하면 주지사가 오븐 위에 걸려 있는 장갑 덮개 위에 맛난 씨앗들을 올려 놓았기 때문이다.

4 그 젊은 여성은 어려운 시험을 치르지 않고 이 나라를 떠날 정도로 형편이 괜찮다.

5 홍수로 인해 건영이와 스터디 그룹의 다른 친구들이 다쳐서 피를 많이 쏟게 되었다. 그건 그들이 여행에서 경험하고 싶었던 게 아니었다.

LISTENING TEST

[ʌ]와 [ɑː](미)/[ɒ](영) 구분해서 듣고 말하기

MP3-070

[ʌ]와 [ɑː](미)/[ɒ](영)를 정확하게 구분해서 들으려면 소리 차이를 이해해야 합니다. 사실 [ʌ]와 [ɑː](미)/[ɒ](영)는 발음할 때 혀 위치가 매우 비슷한 편입니다. [ʌ]에서 턱과 혀가 아래로 내려가면 [ɑː]가 되고 입술을 오므리고 턱과 혀를 아래로 내리면 [ɒ]처럼 발음이 되죠. 그렇다 보니 이 두 발음이 들어 있는 단어를 구분해서 듣고 말하는 것은 은근히 어렵습니다. 영어의 [ɑː]/[ɒ]를 발음할 때 그냥 작고 짧게 '아'라고 발음하면 [ʌ]와 비슷해져 원어민이 이해하지 못할 때가 많으니 신경 써서 연습하세요.

1 다음 두 단어 중 원어민이 말한 단어에 표기하세요. 정답은 p. 329

bucks – box　　cup – cop　　luck – lock

rub – rob　　buddy – body　　duck – dock

hut – hot　　come – calm　　stuck – stock

2 다음 문장을 듣고 원어민이 말한 단어에 표기하세요.

He has a nice buddy / body.

She's standing by the duck / dock.

Are the cups / cops over there?

He tried to rub / rob them.

LISTENING TEST

[ʌ]와 [ɔː] 구분하여 듣고 말하기

MP3-071

[ʌ]와 [ɔː] 구분해서 듣기

LISTENING TEST

[ʌ]와 [ɔː] 구분하여 듣고 말하기

[ʌ]와 [ɔː]는 한국인이 가장 구분하기 어려워하는 모음입니다. 실제로 bus[bʌ́s]와 boss[bɔ́ːs]가 우리말에서는 '버스'와 '보스'로 명확하게 구분되지만, 영어로 들어보면 매우 비슷합니다. [ʌ]와 [ɔː]가 들어 있는 유사 단어를 우리가 구분하기 힘든 이유는 우리말 '어'가 [ʌ]와 [ɔː] 중간에 위치한 모호한 소리이기 때문입니다.

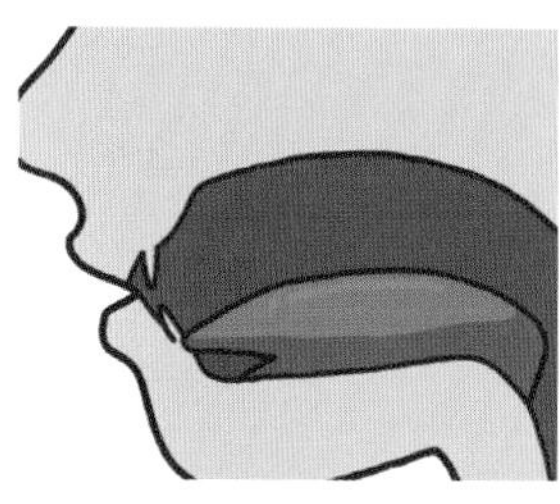

영어 [ʌ]

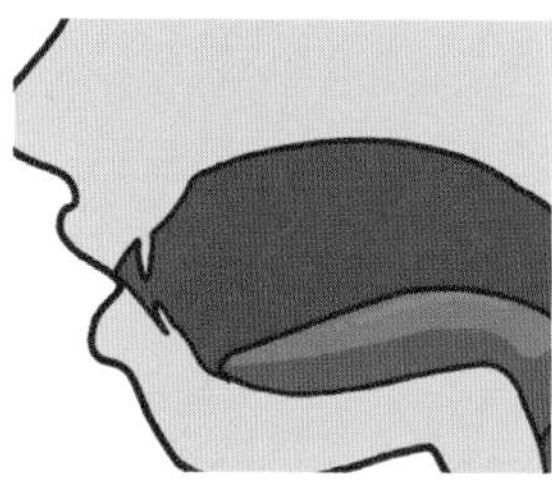

우리말 '어'

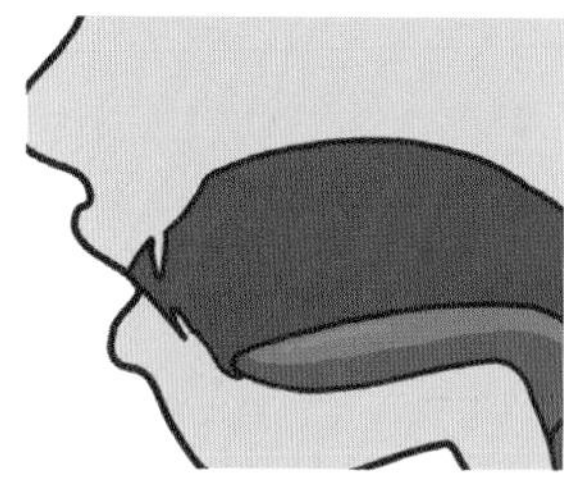

영어 [ɔː]

그렇기 때문에 '점심 식사'를 의미하는 lunch[lʌ́ntʃ]와 '개시하다/출시하다'를 의미하는 launch[lɔ́ːntʃ]가 둘 다 '런치'로 들리고, 또 두 단어를 동일하게 '런치'로 발음하는 오류도 생기게 됩니다. 따라서 [ʌ]와 [ɔː]의 발음 차이를 정확히 이해해서 구분하는 훈련이 필요합니다. 두 발음을 정확하게 할 수 있으면 듣는 것 또한 쉽게 구분해서 들을 수 있겠죠. 자, 그러면 지금부터 여러분의 [ʌ]와 [ɔː] 구분 청취 능력이 얼마나 좋아졌는지 테스트해 보세요.

3 다음 두 단어 중 원어민이 말한 단어에 표기하세요. 정답은 p. 329

cut – caught	done - dawn	lung – long
but – bought	fun - fawn	lust – lost
lunch – launch	hunt - haunt	bus - boss

4 다음 문장을 듣고 원어민이 말한 단어에 표기하세요.

They cut / caught it.

When will it be done / dawn?

She's standing by the duck / dock.

I know it was but… / bought.

PART 3

리듬을 타면 원어민처럼 보인다

이번 파트에서는 영어 리듬을 잘 타기 위한 방법을 학습하겠습니다. 영어는 힘을 주어야 할 부분과 힘을 빼야 할 부분이 확실해야 합니다. 이것이 한국어와 영어를 가르는 리듬의 핵심인데요, 어디에 힘을 주고 빼야 할지 지금부터 배워 볼까요?

[ə] 발음 때문에

동영상 060

영어발음 공부
오늘로 3일째
잠도 안 자고 푹 빠져 있던
영어 발음 공부에 끝이
보이는구나!

드디어 다 읽었다!
두 번 정도 더 읽으면
완벽해지겠지?

아우 졸려.
뜨거운 물에
몸 좀 푸욱
담근 다음에
슬슬 자야지.
영어발음 공부

əəəəəəəəəəəə~
개운하다.

Teacher's Advice

목욕탕에서 몸을 담그고 쉴 때 나오는 소리가 바로 영어 발음 [ə]랍니다.
슈와(**schwa**)로 불리는 이 [ə]는 사람이 가장 편안한 상태에서 발음하는 소리예요.

schwa(슈와)

허가 가장 편안한 상태에서 내는 소리

난이도 50 | 듣기 향상 80 ↑ | 호감도 90 ↑

힘을 완전히 빼는 소리 | 강세 절대 없음, 짧게 발음 | 철자가 단순함 강세가 없으면 어느 위치든 올 수 있음

흔히 '슈와(schwa)'라고 하는 영어의 [ə]는 우리말 '으'와 '어', 그리고 '아'의 중간 정도 혀 위치에서 발음하는 소리입니다. 그러다 보니 우리에게는 '으'도, '어'도, '아'도 아닌 정체불명의 아주 애매한 소리로 들립니다. 실제로 우리나라 영어학자들은 '애매 모음'으로 부르기도 합니다.

[ə]의 정확한 발음법

흔히 우리말 '어'를 짧게 끊어서 발음하면 된다고 알고 있는데요, 단순히 '어'를 짧게 발음하기보다는 '으어'를 힘을 빼고 빠르게 이어지듯 하면 더 자연스럽게 발음할 수 있습니다.

[ə] 발음은 혀와 입술에 힘이 전혀 들어가지 않기 때문에 강세가 없습니다. 그래서 단어 안의 [ə]는 항상 상대적으로 약하게 발음해야 합니다.

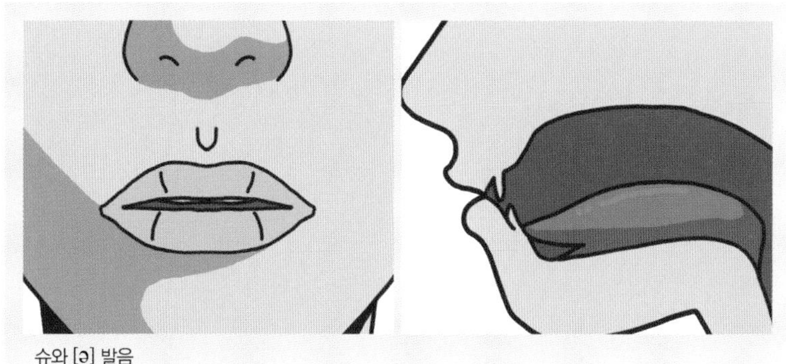

슈와 [ə] 발음

[ə] 발음이 가능한 스펠링

MP3-073

	스펠링	예
1	a	about. soda
2	-e-. -e (be, de, re)	violent / believe
3	o. -ous	occur / precious
4	-i-	participate. civil
5	u	unhappy. fortune
6	-ion. -ian[ən]	nation / physician

All about 슈와 [ə]

슈와 [ə] 발음이 중요한 이유

영어에서 슈와 발음이 중요한 이유는 가장 자주 말하는 모음이기 때문입니다. 영어에서 [ə] 발음만 정복해도 영어 모음의 1/3 정도를 완성했다고 할 정도지요. 보통 모음이 여러 개인 단어에는 최소 한 개의 [ə]가 포함되어 있습니다. 그렇다면 왜 [ə] 발음이 빈도가 가장 높을까요?
영어 알파벳에서 모음은 a, e, i, o, u 다섯 개 밖에 없지만, 사실 강세가 없는 모든 모음은 [ə]가 될 수 있기 때문에 빈도가 높을 수 밖에 없습니다. 즉, 영어 단어에서 강세가 없는 모음 발음의 약 80%가 슈와 [ə]로 발음됩니다.

MP3-073

강세는 '강약'일까?

그렇다면 강세는 단순한 강하고 약하게 읽는 것을 뜻하는 걸까요? 아닙니다. 강세는 소리를 통째로 바꾸기도 합니다. 영어 단어나 문장에서 강세가 없으면 약 80%의 모음은 슈와 [ə]로 발음되고, 15% 정도는 [ɪ]로 발음이 됩니다.

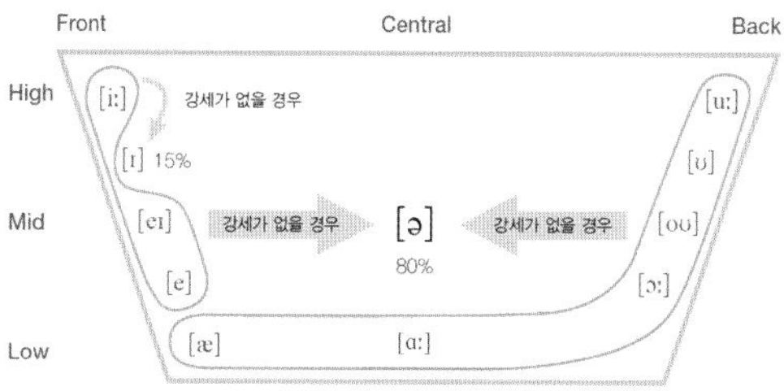

한 단어가 명사의 뜻일 때는 앞에 강세가 오고, 동사의 뜻일 때는 뒤에 강세가 올 때 원래 있던 강세가 없어지면 슈와 [ə]로 변화합니다. 다음 표를 보세요.

address		addict	
명 주소 [ǽdres]	동 말하다, 연설하다 [ədrés]	명 중독자 [ǽdɪkt]	동 중독되다 [ədíkt]
contract		**contrast**	
명 계약 [kɑ́:ntrækt]	동 줄이다, 수축하다 [kəntrǽkt]	명 대조, 차이 [kɑ́:ntræst]	동 대조하다 [kəntrǽst]
produce		**progress**	
명 생산품, 농산품 [prɑ́:dus]	동 생산하다 [prədú:s]	명 진전, 진행 [prɑ́:grəs]	동 진행하다 [prəgrés]
conduct		**conflict**	
명 행동 [kɑ́:ndəkt]	동 행동을 하다 [kəndʌ́kt]	명 충돌, 갈등 [kɑ́:nflɪkt]	동 상충하다, 충돌하다 [kənflíkt]
convict		**object**	
명 죄를 지은 사람 [kɑ́:nvɪkt]	동 유죄를 선고하다 [kənvíkt]	명 물건, 물체 [ɑ́:bdʒəkt]	동 반대하다 [əbdʒékt]
protest		**project**	
명 항의, 시위 [próʊtest]	동 항의하다, 저항하다 [prətést]	명 계획, 프로젝트 [prɑ́:dʒekt]	동 계획하다, 앞으로 나오다 [prədʒékt]

슈와 [ə]는 영어의 리듬을 살리는 일등공신

우리말과 다르게 영어는 문장을 읽을 때 강약과 장단의 차이가 큽니다. 영어는 문장에서 중요한 의미를 가지는 단어와 상대적으로 중요하지 않은 단어를 구분하여 중요한 단어는 강하게, 중요하지 않은 단어는 아주 약하게 발음합니다. 그렇다면 어떤 단어가 중요하고, 어떤 단어가 그렇지 않을까요?

영어에서는 주어, 동사, 목적어, 보어 자리에 들어가서 문장의 핵심 요소를 이루는 단어들을 '내용어'라고 합니다. 주어, 동사, 목적어, 보어 자리에 들어가지 않고 문법적인 연결 고리로 쓰이는 단어들을 '기능어'라고 하지요. 대체로 내용어를 중요한 단어라고 생각하고, 기능어를 중요하지 않은 단어라고 여깁니다. 그래서 문장에서 기능어를 읽을 때는 모음을 [ə]로 발음해야 더 자연스러운 읽기가 가능합니다.

MP3-073

내용어의 종류

명사	house, desk, Jamie, Seoul 등
일반동사	like, get, have, give 등
형용사	big, small, blue, fat, thin, nice, more 등
부사	fast, well, hard, soon, up, down, on, off, back 등

기능어의 종류

다음 단어들은 보통 문장 내에서는 약화되어 [ə]로 발음됩니다.

전치사, 접속사	to [tə]	than [ðən]	that [ðət]	at [ət]	on [ən]
	as [əz]	and [ənd]	for [fər]	or [ər]	nor [nər]
be동사, 조동사	are [ər]	do [də]	does [dəz]	can [kən]	will [wəl]
	would [wəd]	should [ʃəd]	could [kəd]		
완료시제의 have 동사	have / has / had + p.p. [həv] [həz] [həd]				
관사, 대명사	a [ə]	the [ðə]	you / your [jə] / [jər]	her [hər]	them [ðəm]

문장의 핵심 의미인 내용어들은 항상 강세를 받기 때문에 상대적으로 크고 길게 읽어야 합니다. 반면에 기능어의 경우에는 강세를 받지 않기 때문에 보통 작고 짧게 [ə]로 발음하고, 기능어 앞의 내용어와 연결되어 한 덩어리처럼 붙어서 발음되기도 합니다. 영어의 리듬감을 잘 살리려면 이러한 기능어들을 문장에서 약화시켜 발음해야 합니다. 심지어는 he, his, him, her 또는 have/has/had + p.p. 같은 'h'로 시작되는 기능어들은 [h] 발음을 생략하고 앞 단어와 연결하여 읽기도 합니다.

다음 문장의 리듬 변화선을 참고하여 영어의 강약과 장단에 변화를 주는 연습도 같이 해보시기 바랍니다.

What do you want me to say?
[wʌdəyə wʌntmitə seɪ]
내가 뭐라고 말하면 좋겠어?

MP3-073

I have been waiting for the bus at the corner for 3 hours.
[aɪəbɪn weɪtɪŋfərðə bʌs ətðə kɔːrnər fər θriaʊrz]
나 저기 모퉁이에서 세 시간 동안 버스 기다리고 있어.

I know that he is nice because he gave me a lot of advice.
[aɪnoʊ ðədiz naɪs bɪkʌzi geɪvmɪə lɑːtəv ədvaɪs]
그 사람이 나한테 조언을 많이 해줘서 착하다는 건 나도 알아.

I need someone to go up and down with me on the crane.
[aɪ niːd sʌmwəntə goʊ ʌpən daʊnwɪθmiənðə kreɪn]
크레인으로 나랑 같이 위아래로 오르락내리락 할 사람이 필요해.

MP3-073

기능어도 강하게 읽어야 할 때가 있다

보통 약하게 읽는 기능어를 힘 주어 읽어야 하는 경우가 있습니다. 바로 기능어를 강조할 때입니다. 이때는 기능어라도 강하게 발음합니다.

a 미국·영국 [ə;강형eɪ]
[부정관사] 글 속에 처음 언급되는 단수형 명사 앞에 쓰임

as 미국·영국 [əz강형æz]
[전치사] …처럼[같이]

than 미국·영국 [ðən드물게강형ðæn]
[전치사, 접속사] …보다(비교의 대상이 되는 것을 나타냄)

do[1] 미국·영국 [də;du강형duː]
[동사] ACTION | (어떤 동작이나 행위를) 하다

you 미국식 [jə]
[대명사] 너, 당신; 너희(들), 당신들, 여러분(you는 동사의 주어나 목적어로 쓰이고 전치사 뒤에도 쓰임)

could 미국·영국 [kəd강형kʊd]
[조동사] can의 과거형

출처: 네이버 영한사전

사전은 기능어들을 약하게 발음할 때의 발음기호뿐만 아니라, 강조하여 말할 때의 발음기호(강형)도 함께 정리해 놓고 있습니다. 일반적으로 기능어는 문장에서 가장 약하게 읽지만, 이러한 기능어를 강조하고 싶으면 그 부분을 강하게 발음해 의미를 전달해야 합니다.

[ə]: 문장에서 a의 의미가 중요하지 않을 때

I bought a ticket for you.
당신을 위해서 이 표를 샀어요.
Oh, thank you!
오, 고마워요!

[ə]로 약화시켜 발음: 일반적인 의미 → 강조(×)

[eɪ]: 문장에서 a의 의미가 중요할 때

Sorry, I bought A ticket for you guys. There is only one ticket left.
미안하지만, '한 장' 밖에 못 샀어요. 한 장밖에 안 남아 있더라고요.
Okay, but we need TWO tickets.
알았어요. 그렇지만 우리는 두 장이 필요한 걸요.

[eɪ]로 발음: '하나'의 의미를 강조해 의미 전달

[tə]: 문장에서 to의 의미가 중요하지 않을 때

[tu:]: 문장에서 to의 의미가 중요할 때

I came here TO save you guys.
너희들을 구해 주기 위해서 내가 왔도다!

Police Office
Let's run to the police office.
경찰서로 뛰어가자.

[tə]로 약화시켜 발음: 일반적인 의미 → 강조(×)

Wow! Thank you very much!
와, 정말 감사합니다.
You saved our lives!
경찰관 아저씨 덕분에 살았어요.

[tu:]로 발음:
일반적인 [tə]가 아닌 'to' 부분을 강조하여 의미를 전달

Teacher's Advice

여기서 잠깐! 영어의 리듬감은 문장을 읽을 때 기능어를 잘 죽여야 가능합니다. 불필요하게 기능어에 힘을 주어 말하면 그 부분이 강조돼 들려서 오해를 받을 수가 있어요. 한국어는 문장에서 특별히 더 죽이는 소리가 없기 때문에 이러한 영어 리듬감에 적응하는 데 많이 힘듭니다. 앞으로는 문장을 읽을 때 기능어를 약화시키면서 말해 보세요.

[ə] 단어 연습

동영상 061

[ə]는 항상 강세가 없는 소리이니 단어를 읽을 때 다른 부분보다 '작고' '짧게' 발음해야 합니다. 듣고 따라해 보세요.

	스펠링	단어 연습
1	a	about, machine, gentleman, America, banana, soda
2	e	*begin, *record, problem, level, talent, movement *접두어 be-, de-, re-, pre-, ne- 등으로 시작하는 단어들은 강세가 없으면 [ə], [ɪ], [i] 이 세 가지 중 하나로 발음 (p.186 참조)
3	i	principle, possible, visible, recipe, civil
4	o	occur, together, today, tomorrow, proceed, lemon
5	u	unhappy, unusual, beautiful, success, instrument, status
6	-ion, -ian [ən]	nation, relation, fusion / musician, physician

예외

다음은 색칠되어 있는 철자들이 [ə]로 발음되는 예외적인 경우입니다.

parliament　　surgeon　　ocean

[ə] 문장 연습

MP3-074

강세와 영어 리듬감에 신경쓰면서 [ə] 부분을 약화시켜 따라 읽어 보세요.

1 I agree to the idea that Tina and Lisa should take the advanced computer system class.

2 The jealous adjunct professor wanted to be named the associate professor, so she suddenly modified her job position on her business card without any permission.

3 The secretary began to record unbelievable amounts of data about the level of violence when facing a problem.

4 The unhappy musician unusually played the song 'Happy Virus' successfully with his instrument.

5 I noticed that the two nations have relations in producing televisions and fusion electronics.

1 Tina와 Lisa가 고급 컴퓨터 시스템 수업을 들어야 한다는 생각에 난 동의해.

2 그 질투심 많은 겸임 교수는 부교수로 불리고 싶어서 누구의 허락도 없이 자기 명함에 있는 직위를 갑자기 조작했다.

3 비서는 어떤 문제에 직면했을 때의 폭력 수준에 관한 엄청난 양의 데이터를 기록하기 시작했다.

4 불행한 그 음악가는 자기 악기로 'Happy Virus' 노래를 평소와 달리 성공적으로 연주했다.

5 나는 두 나라가 TV 생산과 융합 전자 기술에서 서로 유대 관계가 있다는 걸 알아챘다.

[eɪ][aɪ][aʊ][ɔɪ]
이중모음 발음 때문에

동영상 062

하이! 마이 네임 이즈 최민재,
앤드 나우 아이 앰 고잉 투 세이
어바웃 하우 투 메이크 파이브
싸우전드 달러즈 인 온리 원 데이.

Hi! My name is Michael Powel, and now
I am going to say about how to make five
thousand dollars in only one day.

안녕하세요. 제 이름은 Michael Powel입니다.
지금부터 딱 하루 만에 5,000달러를 벌 수 있는
방법을 알려드릴게요.

선생님, 왜 이렇게 느낌이 다르죠?
한국 사람이 하는 말은 왠지
심심하게 들려요.

우리말과 영어 이중모음의 리듬감 때문에
그래요. 영어는 이중모음의 경우, 항상
앞소리에 강세를 주고 발음하니까 우리말에
없는 굴곡진 느낌이 계속 드는 거죠.

Teacher's Advice

지금부터 강세와 함께 가장 영어다운 리듬감을 만들어 주는 이중모음 발음을 배워 볼까요?

[eɪ] 발음을 한눈에!

영어 리듬감의 핵심, 이중모음

난이도 30 | 듣기 향상 40 ↑ | 호감도 80 ↑

힘을 주는 소리 | 강세 O, 길게 발음 | 철자가 복잡함 | 단어 마지막에 올 수 있음

영어에는 다섯 개의 이중모음이 있으며, 이런 이중모음들은 우리말과 발음은 매우 비슷하지만 우리말과 달리 항상 첫소리에 힘을 주고 발음합니다. 그래서 강약과 장단의 차이가 생기게 되죠.

영어의 [eɪ]는 우리말 '에이'와 소리가 비슷해 쉽게 배울 수 있는 발음입니다. 하지만 [eɪ]는 우리말 '에이'와 다르게 강약과 장단에 신경 써서 발음해야 합니다. 우리말 '에이'의 경우에는 '에'와 '이' 소리의 크기와 길이의 차이가 없지만 [eɪ]는 강세가 앞소리에 있기 때문에 '에'를 훨씬 크고 길게, '이'는 작고 짧게 발음해야 합니다.

[eɪ]의 정확한 발음법

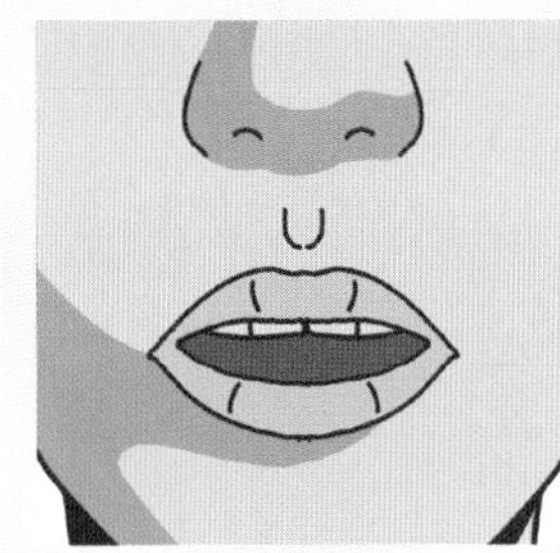

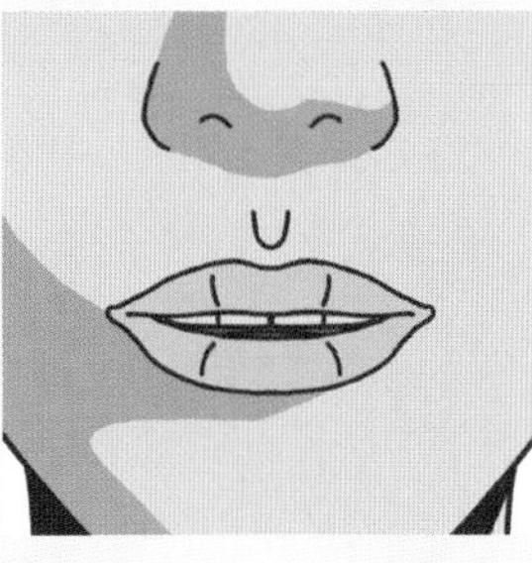

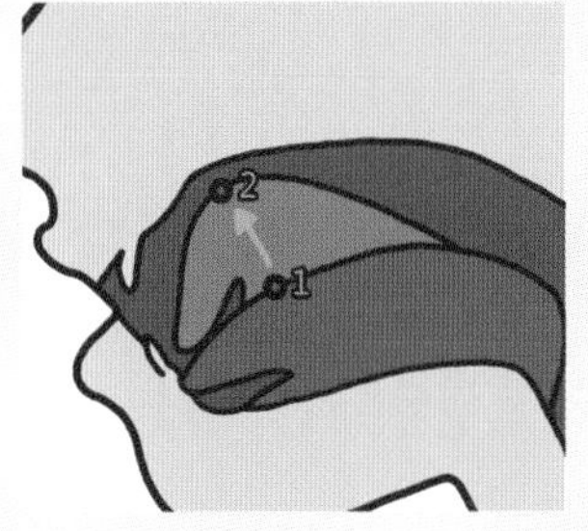

	한국말	영어
[eɪ]	에이	에이

[eɪ] 발음이 가능한 스펠링

MP3-075

[eɪ] 발음은 혀와 입술에 계속 힘이 들어가 있기 때문에 강세와 매우 친합니다. 그래서 대부분의 단어들은 [eɪ] 발음에 강세가 있습니다. [eɪ]와 친한 영어 스펠링에는 어떤 것이 있는지 한번 확인해 볼까요?

	스펠링	예
1	a-e, a	came / famous
2	ai	wait
3	-ay	say
4	-e, -et	latte / ballet
5	-eigh	weigh
6	-ey	they

영어는 절대로 '애'로 끝날 수 없다

MP3-075

영어는 단어 마지막 부분이 모음으로 끝날 경우, 그 마지막 모음 자리에는 힘이 들어가는 긴장 모음만이 올 수 있습니다. 물론 schwa인 [ə]는 예외지만요. 다시 말해, [e]나 [æ]처럼 우리말 '애'와 비슷한 소리들은 발음할 때 힘을 주지 않는 모음이라서 단어 마지막 부분에 올 수 없고, 그래서 가장 비슷한 소리인 [eɪ]로 발음되는 것입니다. 그 결과, 우리가 우리말로 알고 있는 소리와 영어의 발음이 많이 달라지게 됩니다. 다음 그림처럼 말이죠.

카페라떼를 못 알아듣네!!!

현대(Hyundai) 발음을 못하는 원어민 발음 패턴

[eɪ] 단어 연습

동영상 063

강세와 매우 친한 소리이니 강세에 유의하여 듣고 반복하여 연습해 보세요.

	스펠링	단어 연습
1	a+자음+(자음)+모음	ace, create, ancient, data
2	ai	aid, claim, maid, praise
3	-ay	away, day, lay, spray
4	-e	latte, café, coupe, fiancé, beret, ballet, valet, fillet, buffet, bouquet, gourmet, bidet
5	-eigh	weigh, freight, eight, neighbor 예외: height[háɪt]에서는 eigh를 [áɪ]로 발음
6	-ey	hey, prey, obey, survey

예외

다음 단어들은 색칠되어 있는 철자들이 [eɪ]로 발음되는 예외적인 경우입니다.

break great steak veil vein

reign rein beige chaos gauge bass

beta 미[béɪtə] 영[bíːtə]

theta 미[θéɪtə] 영[θíːtə]

debut 미[deɪbjúː] 영[déɪbjuː]

[eɪ] 문장 연습

MP3-076

[eɪ]가 들어 있는 단어에 유의하여 천천히 읽어 보세요.

1 A famous play named *The Crazy Baseball Players* is going to take place on this stage in eight days.

2 All of the crayons and tomatoes are on sale on the stage in Kate's cave.

3 Based on the survey data, the outbreak of BSE was created from fillet steaks in a restaurant near the Great Lake.

4 At the all-you-can-eat café, the ballet player, valet, and young gourmet ate a buffet style lunch together. Then, they enjoyed café latte and café au lait for dessert.

5 The beta test was successful, so the first debut of the bass sound level gauge will be arranged soon.

1 '미친 야구 선수들(The Crazy Baseball Players)'이라는 유명한 연극 공연이 8일 후에 여기 무대에서 열릴 것이다.

2 모든 크레파스와 토마토가 Kate의 동굴 안 무대에서 세일 중이다.

3 조사 데이터에 기반하여, 광우병 발발은 Great Lake 근처 레스토랑에서 판매한 허릿살 스테이크에서 된 것이었다.

4 먹고 싶은 대로 골라 먹을 수 있는 카페에서 발레 공연자, 주차원과 젊은 미식가가 뷔페 스타일의 점심을 함께 먹었다. 그리고 그들은 디저트로 카페라떼와 카페오레를 즐겼다.

5 베타 테스트는 성공적이어서 저음부를 측정하는 측정기의 첫 번째 데뷔가 곧 잡힐 예정이다.

영국 영어와 미국 영어에서 강세가 다른 단어들

MP3-077

단어 마지막에 있는 철자 s/t를 발음하지 않는 단어들과 massage처럼 단어 마지막이 -age로 끝나는 일부 단어들은 프랑스어에서 유래한 것들입니다. 본래 프랑스어 단어들은 대부분 강세가 단어의 마지막에 있어요. 역사적으로 프랑스와 좋은 관계를 유지하는 미국의 경우, 이런 프랑스어 유래 단어들을 프랑스어식으로 강세를 뒤로 주면서 발음합니다 하지만, 역사적으로 프랑스와 지속적인 대립을 겪었던 영국의 경우는 프랑스 스타일로 강세를 뒤로 주지 않고 본래의 영어 강세 패턴대로 2음절 명사는 강세를 앞에 주고 있습니다.

다음 프랑스에서 유래한 단어들의 미국 영어와 영국 영어의 강세 차이를 비교해 보세요.

café fiancé beret ballet valet fillet

buffet bouquet gourmet bidet debut debris

massage garage

영어 사전에서 미국 영어와 영국 영어의 발음 강세가 다르다면 대부분 프랑스어에서 유래된 단어들이니 강세에 유의하면서 연습하세요.

출처: 네이버 사전

[aɪ] 발음을 한눈에!

영어 리듬감의 핵심, 이중모음

난이도 30 | 듣기 향상 40 ↑ | 호감도 70 ↑

힘을 주는 소리 | 강세 O, 길게 발음 | 철자가 복잡함 단어 마지막에 올 수 있음

[aɪ] 발음은 우리말 '아이'와 같습니다. 하지만 우리말의 '아이'는 '아'와 '이' 소리 크기와 길이에 차이가 없지만, 영어의 [aɪ]는 이중모음이기 때문에 강세가 앞에 있습니다. 그래서 앞소리 '아'는 훨씬 크고 길게, 뒤의 소리 '이'는 작고 짧게 발음해야 한다는 것입니다.

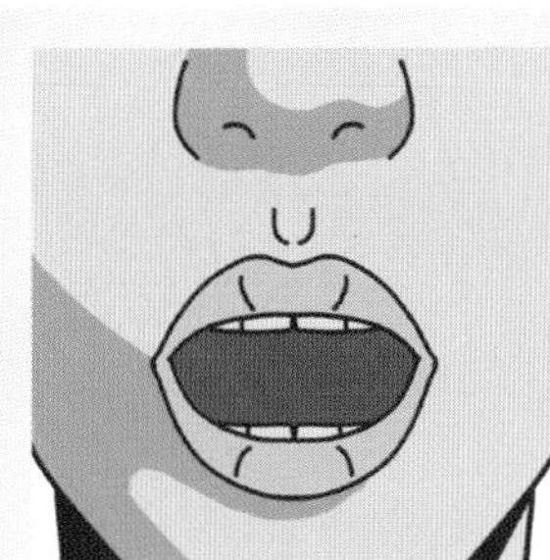

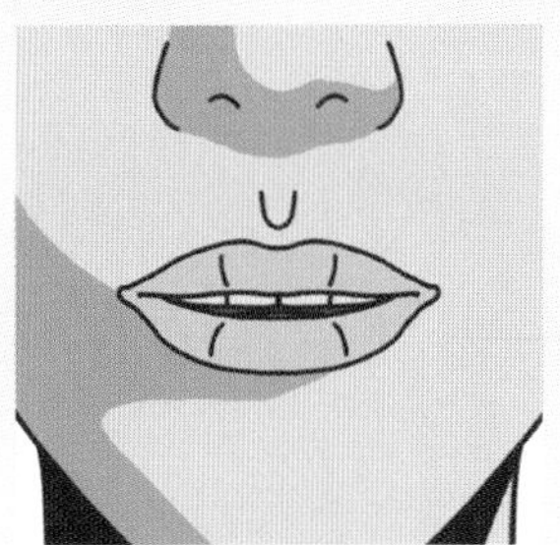

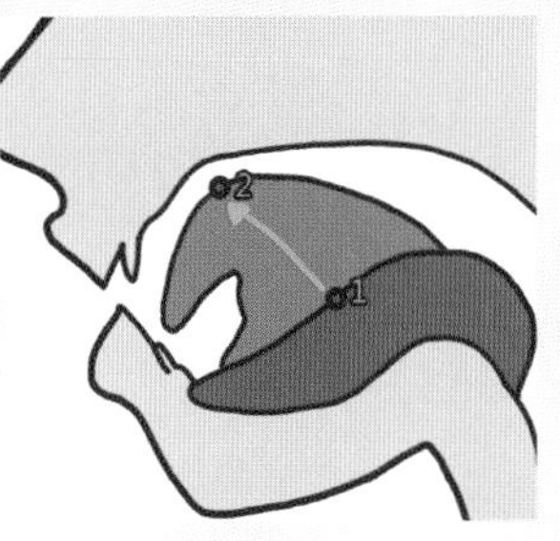

	한국말	영어
[aɪ]	아이 • •	아이 ● •

[aɪ] 발음이 가능한 스펠링

MP3-078

[aɪ] 같은 영어의 이중모음은 혀와 입술에 힘이 들어가는 발음이라서 강세와 친합니다. 그래서 대부분의 단어들은 [aɪ] 부분에 강세가 있습니다. [aɪ]와 친한 영어 스펠링에는 어떤 것들이 있는지 알아볼까요?

	스펠링	예
1	I, i-e, -ind	I / decide / mind
2	-y, -y-e	cry / type
3	-igh	high
4	-ie	lie

콩글리시로 발음하면 안 돼요

MP3-078

다음 단어들은 우리가 알고 있는 대로 발음하면 원래 발음이랑 너무 많이 달라져서 원어민이 제대로 알아듣지 못하는 것들이니 주의해서 발음해야 합니다.

alkali 알칼리 X → [ǽlkəlaɪ]	Midas 미다스 X → [máidəs]	vitamin 비타민 X → [váitəmɪn]
ideology 이데올로기 X → [aɪdiá:lədʒi]	profile 프로필 X → [próʊfaɪl]	wily 윌리 X → [wáɪli]
ion 이온 X → [áɪɑ:n]	vinyl 비닐 X → [váɪnəl]	xylophone 실로폰 X → [záɪləfoʊn]

영어 발음 교정 전

Hey, Tom!
Put the 비타민 워터 앤
이온 드링크 in the 비닐 백!
What? What
did you say?
뭐? 뭐라고 한 거야?

영어 발음 교정 후

아하!
Put the v와이러민 워러r
(vitamin water) 앤
아이언 쥬륑ㅋ (ion drink)
in the plastic bag!
비타민 워터랑 이온 음료수
비닐 봉지에 넣으라고.
OK. I got it.
응. 알았어.

Teacher's Advice

참고로, 비닐봉지는 **vinyl bag**이 아니라 **plastic bag**이라고 해야 합니다. **vinyl bag**이라고 하면 원어민들은 못 알아듣습니다.

접미사가 붙으면 [aɪ]였던 발음이 [ɪ]로 바뀐다

MP3-078

영어 알파벳 i나 y가 [aɪ]로 발음되는 단어 뒤에 접미사가 붙으면 모음 [aɪ]가 [ɪ]로 바뀌게 됩니다. 접미사가 붙었을 때의 소리 변화를 신경 쓰면서 다음 단어들을 소리내어 읽어 보세요.

crime → criminal
[kráɪm] [krímɪnəl]

sign → signal
[sáɪn] [sígnəl]

decide → decision
[dɪsáɪd] [dɪsíʒən]

divide → division
[dɪváɪd] [dɪvíʒən]

revise → revision
[rɪváɪz] [rɪvíʒən]

type → typical
[táɪp] [típɪkəl]

mine → mineral
[máɪn] [mínərəl]

cycle → cyclical
[sáɪkl] [síklɪkəl]

[aɪ] 단어 연습

동영상 064

강세와 이중모음의 리듬감에 신경 쓰면서 연습하세요.

	스펠링	단어 연습
1	i	idol, bias, mice, decide, diverse, mind, ideology
2	-y	by, my, reply, type, psycho, hygiene
3	-igh	high, sight, light, night
4	-ie	lie, pie, died, cried, fried

예외

다음 단어들은 색칠되어 있는 철자들이 [aɪ]로 발음되는 예외적인 경우입니다.

eye	buy	guy	guide	maestro	sign
design	island	aisle	height	choir	coyote

[aɪ] 문장 연습

MP3-079

이중모음은 앞소리에 힘이 들어갑니다. 영어의 리듬감을 신경 쓰면서 듣고 읽어 보세요.

1 I will buy a white lion for a dime from a guy who has decided not to raise him because the lion keeps biting the guy's thigh.

2 My reply to the typist was denied by a psycho who always sighs and cries.

3 The knight made a pie and gave it to the child who dyed his white tie red.

4 A coyote from Cheju-island might sit on an aisle that one of the choir members designed for me.

1 나는 사자가 계속 허벅지를 물어서 키우지 않겠다고 결심한 남자한테서 10센트에 흰 사자 한 마리를 살 것이다.

2 내가 전산 입력 요원에게 한 답신이 항상 한숨을 쉬고 울기만 하는 정신병자한테서 거부당했다.

3 기사가 파이를 만들어서 그의 흰 넥타이를 빨간색으로 염색한 아이에게 그 파이를 주었다.

4 제주도에서 온 코요테 한 마리가 합창단원 하나가 날 위해 디자인해 준 통로 위에 앉을 지도 모른다.

발음을 한눈에!

영어 리듬감의 핵심, 이중모음

난이도 30 | 듣기 향상 40 ↑ | 호감도 70 ↑

힘을 주는 소리 | 강세 O, 길게 발음 | 철자가 복잡함 단어 마지막에 올 수 있음

[aʊ] 발음은 우리말 '아우'와 같습니다. 하지만 우리말과 한 가지 큰 차이가 있지요. 우리말 '아우'는 '아'와 '우' 소리의 크기와 길이에 차이가 없습니다. 하지만, 영어의 [aʊ]는 이중모음이기 때문에 강세가 앞에 있어서 앞소리 '아'는 훨씬 크고 길게, 뒤의 소리 '우'는 작고 짧게 발음해야 합니다.

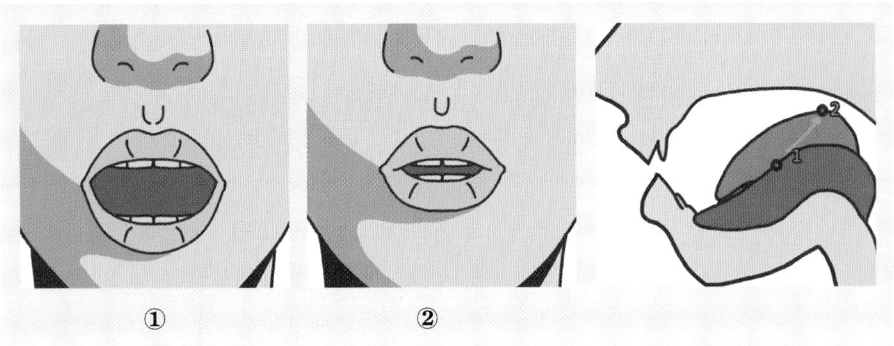

	한국말	영어
[aʊ]	아우 • •	아우 ● •

[aʊ] 발음이 가능한 스펠링

MP3-080

[aʊ] 같은 영어의 이중모음은 혀와 입술에 힘이 들어가는 발음이라서 강세와 친합니다. 그래서 대부분 단어들은 [aʊ] 부분에 강세가 있습니다. [aʊ]와 친한 영어 스펠링에는 어떤 것들이 있는지 알아볼까요?

	스펠링	예
1	ou-, -ou-	out / loud
2	ow	downtown

[aʊ] 단어 연습

동영상 065

강세와 이중모음의 리듬감을 신경쓰면서 연습하세요.

	스펠링	단어 연습
1.	ou	out, ounce, couch, sound, flour
2.	ow	now, down, town, owl, growl, coward, flower

예외

drought는 ough가 [ɔː]이 아닌 [aʊ]로 발음됩니다.

[aʊ] 문장 연습

MP3-081

이중모음은 앞소리에 힘이 들어갑니다. 영어 리듬감을 신경 쓰면서 듣고 읽어 보세요.

1 Her house is on the South side of the mountain.

2 I was proud of the sounds that came out of my mouth.

3 Now you need to know how to go downtown to give the coward a bunch of flowers.

1 그녀의 집은 산의 남쪽에 있다.

2 나는 내 입에서 나온 그 소리가 자랑스러웠다.

3 너는 이제 그 겁쟁이에게 꽃 한 다발을 전해 주기 위해 시내에 가는 법을 알아야 해.

[ɔɪ]

발음을 한눈에!

영어 리듬감의 핵심, 이중모음

난이도 30 | 듣기 향상 40 ↑ | 호감도 70 ↑

힘을 주는 소리 | 강세 O, 길게 발음 | 철자가 복잡함 | 단어 마지막에 올 수 있음

[ɔɪ] 발음은 우리말 '오이'와 같습니다. 하지만 우리말 '오이'의 경우, '오'와 '이' 소리의 크기와 길이에 차이가 없지요. 그렇지만 영어의 [ɔɪ]는 이중모음이라 강세가 앞에 있어서 앞소리 '오'는 훨씬 크고 길게, 뒤의 소리 '이'는 작고 짧게 발음해야 합니다.

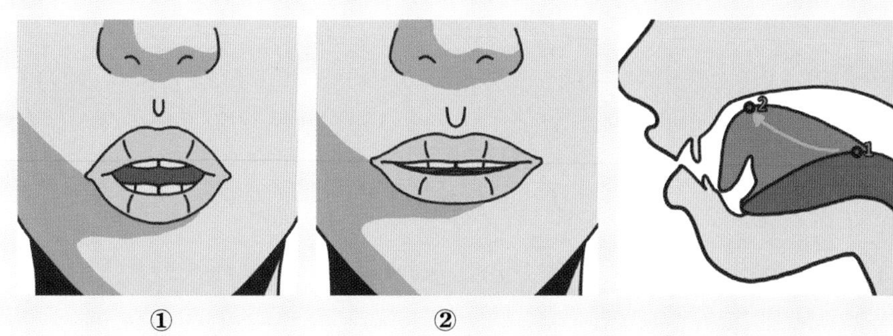

	한국말	영어
[ɔɪ]	오이 • •	오이 ● •

[ɔɪ] 발음이 가능한 스펠링

MP3-082

[ɔɪ] 같은 영어 이중모음들은 혀와 입술에 힘이 들어가는 발음이라서 강세와 매우 친합니다. 그래서 대부분의 단어들은 [ɔɪ] 부분에 강세가 있습니다. [ɔɪ]와 친한 영어 스펠링에는 어떤 것들이 있는지 알아볼까요?

	스펠링	예
1	oi	join
2	oy	soy

[ɔɪ] 단어 연습

동영상 066

강세와 이중모음의 리듬감을 신경쓰면서 연습하세요.

	스펠링	단어 연습
1.	oi	choice, coin, point, noise, poison, voice
2.	oy	boy, soy, toy, enjoy, royal

[ɔɪ] 문장 연습

MP3-083

이중모음은 앞소리에 힘이 들어갑니다. 영어의 리듬감을 신경 쓰면서 듣고 읽어 보세요.

1 Choi joined in a spoiled royal family and inherited from the family the soils that are already contaminated by poisonous oil.

2 The lawyer enjoyed drinking the soy milk with a boy who played with an oyster toy.

1 Choi는 버릇 없이 자란 왕가의 일원이 되어 이미 유독성 기름에 오염된 왕가의 토양을 상속 받았다.

2 그 변호사는 굴 모양의 장난감을 가지고 놀던 소년과 함께 두유를 마시는 게 좋았다.

영어에서 'Choi'는 최가 아니에요!

MP3-082

Mr. Choi? Mr. Choi?
Is Mr. Choi here?
초이 선생님? 초이 선생님?
여기 혹시 초이 씨 성이신 분 계세요?
아아!
초이란 사람은 어디 간 거야?
바빠 죽겠는데.

뭐야, 왜 나만
안 부르는 거지?

What is your last name?
환자분 성이 어떻게 되시죠?
최요, 최!
CHOI '최'요.
CHOI!

Aha, you are Mr. Choi.
I thought you weren't here.
아하, 최 선생님이셨군요.
여기 안 계신지 알았어요.
아하, 영어에서 oi는 [ɔɪ]로 발음되니
나를 초이라고 부른 거였네!

Teacher's Advice

영어에서 알파벳 **'oi'**는 [ɔɪ]로 발음되기 때문에 외국 사람들은 '최' 씨 성을 '최'가 아닌 [tʃɔ́ɪ] 즉, '초이'와 비슷하게 발음합니다.

영국 영어에만 있는 이중모음 [ɪə], [eə], [ʊə]

MP3-084

영국 영어에서는 beer[bír], bear[bér], poor[pʊ́r]처럼 단어 마지막에 r이 들어 있는 [ɪr], [er], [ʊr] 같은 소리의 경우, 뒤에 나오는 r을 발음하지 않고 슈와 [ə]로 바꾸어서 [ɪə], [eə], [ʊə]처럼 발음해야 합니다. 앞서 배운 이중모음과 마찬가지로 이런 이중모음들 역시 앞소리에 힘을 주고 발음합니다.

다음 단어들의 미국 영어와 영국 영어 발음을 비교해 보세요.

beer [bír / bíə]	ear [ír / íə]	here [hír / híə]
tear [tír / tíə]	weird [wírd / wíəd]	bear [bér / béə]
pair [pér / péə]	there [ðér / ðéə]	care [kér / kéə]
heir [ér / éə]	poor [pʊ́r / pʊ́ə]	boor [bʊ́r / bʊ́ə]
viewer [vjʊ́r / vjʊ́ə]	sure [ʃʊ́r / ʃʊ́ə]	lure [lʊ́r / lʊ́ə]

하지만 영국 영어의 경우에도 earing, very, fury처럼 [r]이 모음과 모음 사이에 있을 때는 미국 영어와 동일하게 [r] 발음을 정확히 해야 하니 주의해야 합니다.

earing [írɪŋ]	very [véri]	arrow [ǽroʊ]	boring [bɔ́:rɪŋ]	furious [fʊ́riəs]

발음 상위 5%에 들기 위해 반드시 알아야 할 발음들

[w]

[j]

[m, n, ŋ]

[h] & 영국 영어와 미국 영어 비교

[w][j] 발음 때문에

동영상 067

왓	예스
웰	유
퀘스천	영
퀸	요구르트
랭귀지	익스큐즈
펭귄	앰블런스
스위트	시큐리티
트웬티	어니언

what	yes
well	you
question	young
queen	yogurt
language	excuse
penguin	ambulance
sweet	security
twenty	onion

[wɑ́:t]	[jés]
[wél]	[jú:]
[kwéstʃən]	[jʌ́ŋ]
[kwí:n]	[jóʊgərt]
[lǽŋgwɪdʒ]	[ɪkskjú:z]
[péŋgwɪn]	[ǽmbjələns]
[swí:t]	[səkjʊ́rəti]
[twénti]	[ʌ́njən]

어? 선생님. 우리나라 사람이랑 외국 사람 발음이 뭔가 조금씩 다른 것 같은데요. 왜 그런 거죠?

Teacher's Advice

영어 [w]와 [j]는 우리말보다 입술이나 혀의 움직임이 훨씬 많이 강조된 소리라서 그래요. 우리말과 비슷하지만 미묘하게 다른 영어의 [w]와 [j] 발음, 지금부터 하나씩 배워 볼까요?

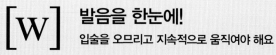

발음을 한눈에!

입술을 오므리고 지속적으로 움직여야 해요

난이도 70 | 듣기 향상 40 ↑ | 호감도 80 ↑

영어의 [w]는 입술 또는 혀가 각 발음이 끝날 때까지 지속적으로 움직이는 소리입니다.

[w]의 정확한 발음법

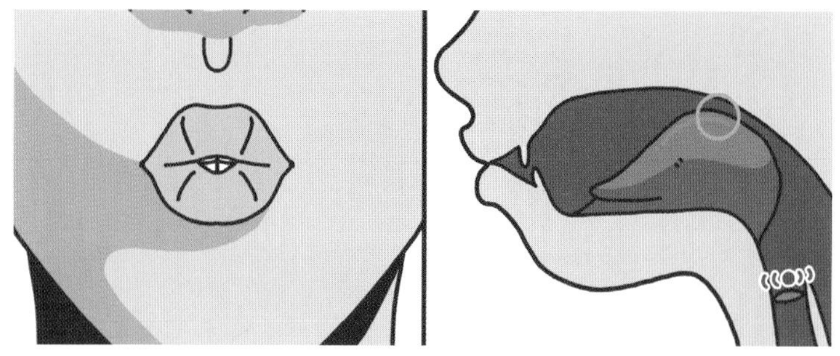

1. 우리말 '우'보다 입술을 더 많이 오므린다. 모음 [uː] 발음 때처럼 입술과 혀 위치를 이동한다.

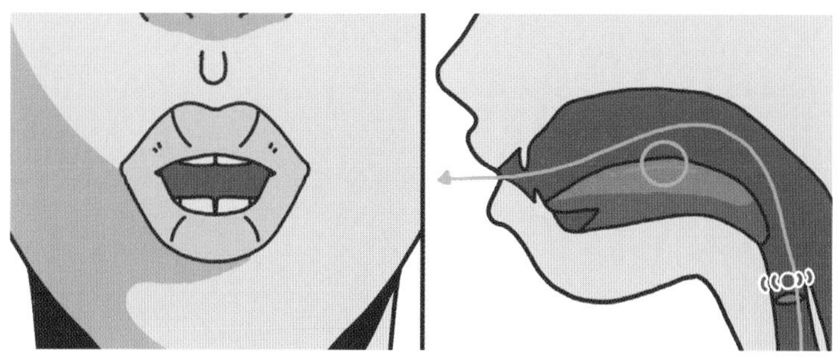

2. 오므린 입술을 천천히 펴면서 혀를 가장 편한 상태인 [ə]의 위치로 이동한다.

[w]는 그림처럼 우리말 '우'보다 입술을 더 많이 오므린 상태에서 움직이듯 입술을 펴면서 발음되는 소리입니다. 우리말 '와, 웨, 위, 워'를 발음할 때보다 입술을 조금 더 많이 오므려야 하고 입술이 펴지는 속도가 느리기 때문에 우리말보다 앞소리 '우'가 좀 더 강조된 느낌이 듭니다. 옆 페이지의 QR코드를 찍어 다음 영어 소리들을 들어보세요.

발음기호	영어 소리	한국어 소리
[wɑː]	우와	와
[we]	우웨	웨
[wiː]	우위	위
[wɔː]	우워	워

[w] 발음이 가능한 스펠링

MP3-085

[w] 발음이 가능한 스펠링은 매우 간단합니다. 영어에서 w가 들어 있는 거의 모든 단어는 [w]로 발음되지요. 단어 중간에 있는 -qu-, -gu-, -su- 같은 스펠링도 각각 [kw], [gw], [sw]로 발음되므로 [w] 발음 특유의 움직임에 신경 쓰면서 연습해야 합니다.

스펠링	예
w, wh	was / why
qu, gu, su	quiz / penguin / persuade

앞 자음을 잡아 먹는 무시무시한 [w] 발음

queen[kwí:n], penguin[péŋgwɪn], sweet[swí:t], twin[twín], dwell[dwél] 등의 단어에는 [kw], [gw], [sw], [tw], [dw], 다시 말해 [w] 앞에 자음이 하나씩 들어 있어요. [w] 앞에 자음 소리가 있으면 어떠한 자음이든 [w] 발음의 영향을 받아 [w]의 앞소리마저 발음할 때 입술을 많이 오므리고 혀도 [w] 소리와 같은 위치로 미리 움직여서 두 소리를 동시에 발음하듯 해야 합니다. [w] 발음은 앞의 자음 소리에도 영향을 미치니 특히 발음에 주의해야 하는 것이지요.

queen
쿠이인
[kwí:n]

penguin
펭구이인
[gwín]

sweet
수윗
[swí:t]

twin
투윈
[twí:n]

dwell
두웨오
[dwél]

오해의 온상 [w] 발음

MP3-085

Oh, you are my 퀸(queen).
오. 나의 여왕님!

Hey, I am not your kin!
나 당신 친척 아니거든!
(queen을 kin으로 알아들음)

I want to tell you about my 퀴즈.
내가 퀴즈에 대해서 말해 볼게.

What? Your kids?
Oh, you are already married and have children?
뭐라고? 당신 아이들?
당신 결혼해서 애도 있어?

How could you do this to me?
어떻게 나한테 이럴 수 있어?
도대체 왜 이러는 거야?

Teacher's Advice

영어의 **queen**, **quiz**를 우리말 '퀸, 퀴즈'처럼 말하면 [w] 발음 특유의 움직임이 없어서 **queen**을 **kin**(친척), **quiz**를 **kids**(아이들)로 잘못 들을 수 있어요. 입술을 오므리고 지속적인 움직임에 신경 쓰면서 연습해야 해요.

[w] 단어 연습

동영상 068

[w]는 입술을 많이 오므린 상태에서 천천히 계속 움직이면서 발음해야 합니다. [w]는 단어 마지막에서는 나올 수 없는 발음이기도 하죠. 우리말 '와, 웨, 위, 워'처럼 읽지 않도록 주의하세요. 단어를 읽을 때는 모음 및 강세에 주의해서 읽어야 합니다.

어두 – Initial		어간 – Medial		어미 – Final (불가능)
wheat [wíːt]	won't [wóʊnt]	queen [kwíːn]	jaguar [jǽgwɔːr]	
will [wíl]	walk [wɔ́ːk]	quiz [kwíz]	persuade [pərswéɪd]	
waste [wéɪst]	watch [wɑ́ːtʃ]	quite [kwáɪt]	suite (발음 주의) [swíːt]	
well [wél]	won [wʌ́n]	quick [kwík]	dwell [dwél]	
wax [wǽks]	wily [wáɪli]	equal [íːkwəl]	twenty [twénti]	
wound [wúːnd]	wow [wáʊ]	penguin [péŋgwɪn]	awake [əwéɪk]	
wolf [wʊ́lf]	Warsaw (발음 주의) [wɔ́ːrʃɔː]			

예외

다음은 [w]와 관련 없는 철자임에도 [w]로 발음되는 예외적인 단어들입니다.

one [wʌ́n] once [wʌ́ns] choir [kwáɪər]

marijuana [mærəwɑ́ːnə] Juanita [wɑ́ːnɪtə]

[w] 문장 연습

MP3-086

[w] 발음뿐만 아니라 모음 발음 및 강세, 리듬에 신경 쓰면서 단어 → 구(단어 묶음) → 문장 읽기 순서로 연습하세요.

1 A wise woman will be wary of wily men.

2 Wild Willy wants to watch a waltz show named *'A Wicked Wizard'* right away, so he won't work today and will walk to the theater.

3 The Swedish people swam and swallowed a lot of water, so their bellies were swollen.

4 Quinton was quite qualified for quitting his quilt work, and Quincy was ready to quickly draw squirrels eating a twisted dried squid.

5 Williams persuaded the queen not to ask questions about twenty swear words that are mostly world-wide in any languages.

1 현명한 여자는 교활한 남자를 경계하고자 한다.

2 거친 성격의 Willy는 '사악한 마법사(A Wicked Wizard)'라는 왈츠 공연을 지금 당장 보고 싶어서 오늘 일을 쉬고 극장으로 걸어갈 것이다.

3 스웨덴 사람들은 수영을 하다가 물을 많이 삼켰고 그래서 그들의 배가 불룩해졌다.

4 Quinton은 확실히 퀼트 작업을 그만해도 될 정도로 많이 해놓았고, Quincy는 비비 꼬인 마른 오징어를 먹고 있는 다람쥐를 재빨리 그릴 준비가 되어 있었다.

5 Williams는 여왕에게 어느 언어를 불구하고 일반적으로 세계에서 많이 쓰이는 20개 욕이 뭔가에 대해서는 물어보지 말라고 설득했다.

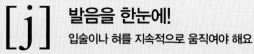

발음을 한눈에!

입술이나 혀를 지속적으로 움직여야 해요

난이도 **70** | 듣기 향상 **40 ↑** | 호감도 **80 ↑**

영어의 [j]는 입술 또는 혀가 각 발음이 끝날 때까지 지속적으로 움직이는 소리입니다.

[j]의 정확한 발음법

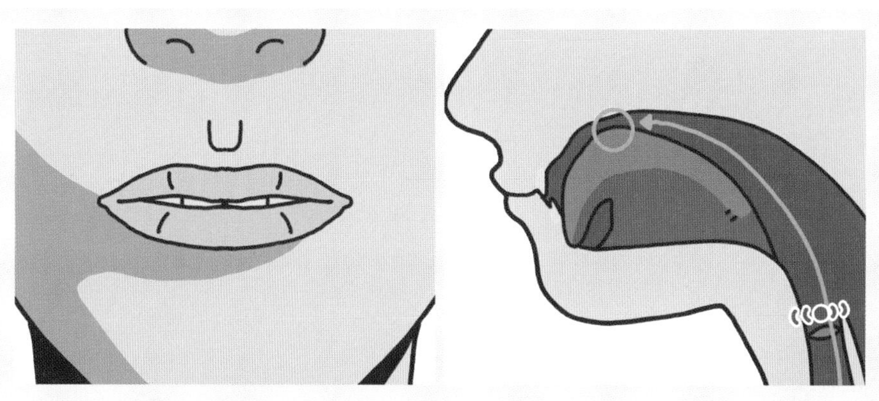

1. 우리말 '이'처럼 입술과 혀 위치를 이동한다.

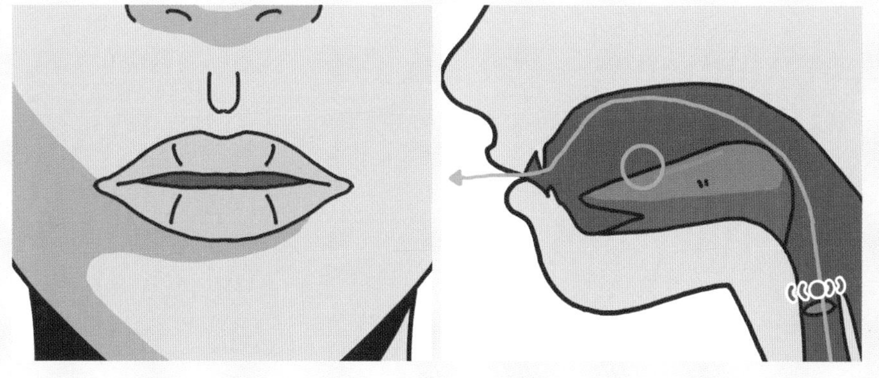

2. 그 상태에서 입술을 천천히 펴면서 혀 또한 가장 편한 상태인 [ə]의 위치로 이동한다.

[j]은 그림처럼 '이'에서 혀가 움직이듯이 아래로 내려오는 소리입니다. 우리말 '야, 예, 유, 요, 여'보다 움직임이 커 역동적인 느낌이 듭니다.

발음기호	영어	한국어
[jɑː]	이야	야
[je]	이예	예
[juː]	이유	유
[joː]	이요	요
[jɔː]	이여	여

[j] 발음이 가능한 스펠링

MP3-087

영어 단어에서 앞이나 중간에 y가 들어 있는 거의 모든 단어들은 [j]로 발음합니다. u, ew, eu 같은 스펠링들도 [j]로 발음되는 경우가 많으므로 신경 쓰면서 연습합니다.

스펠링	예
y-	you, beyond
u, ue	usually / argue
자음+i+모음	onion
ew, eu	few / feud

Excuse me!

익스 큐즈 미!
익스 키유z 미!
[ɪkskjúːz mi]!
한국인
영어 원어민

미국 영어 [u:]와 영국 영어 [ju:]

MP3-087

영어에서 알파벳 u, ew, eu가 들어 있는 단어들은 모음 [u:] 앞에 움직이는 자음 [j] 소리가 들어가게 되어 [ju:]로 발음됩니다. 다음 단어를 들어보세요.

use	few	Eugene
[jú:z]	[fjú:]	[ju:dʒí:n]

하지만 미국 영어에서는 u, ew, eu 앞에 [t], [d], [s], [z], [n], [l] 같은 음이 올 때, [ju:]가 아닌 [u:]로 발음됩니다. 다음 단어를 들으면서 차이점을 확인해 보세요.

	stew	dew	suit	Zeus	news	lewd
영국 영어	[stjú:] ㅅ티유	[djú:] 디유	[sjú:t] 씨윳t	[zjú:s] z이유s	[njú:] 니유z	[ljú:d] 리유ㄷ
북미 영어	[stú:] ㅅ투우	[dú:] 두우	[sú:t] 쑤웃t	[zú:s] z우우s	[nú:] 누우z	[lú:d] 루우ㄷ

Thank you!

동영상 069

[j] 단어 연습

동영상 070

단어 앞에 있든 중간에 있든 [j]는 우리말 '이'의 혀 위치에서 가운데로 내려오는 움직임에 신경을 쓰면서 발음해야 합니다. [j]는 단어 마지막에서는 나올 수 없는 발음입니다. 우리말 '야, 예, 유, 요, 여'로 읽지 않도록 주의하세요. 읽을 때는 모음 발음 및 강세에 주의해서 읽어야 합니다.

어두 - **Initial**		어간 - **Medial**		어미 - **Final** (불가능)
yes [jés]	young [jʌ́ŋ]	argue [ɑ́:rgju:]	perfume [pərfjú:m]	
yell [jél]	usage [jú:sɪdʒ]	pure [pjʊ́r]	few [fjú:]	
you [jú:]	Ukraine (발음 주의) [ju:kréɪn]	cure [kjʊ́r]	Matthew (발음 주의) [mǽθju:]	
Eugene [ju:dʒí:n]	yogurt [jóʊgərt]	ambulance (발음 주의) [ǽmbjələns]	nephew [néfju:]	
Ewing [jú:ɪŋ]	yacht (발음 주의) [jɑ́:t]	figure [fígjər]	onion [ʌ́njən]	
Europe [jʊ́rəp]		excuse (동사) [ɪkskjú:z]	million [míljən]	
yolk [jóʊk]				

예외

다음은 [j]와 관련 없는 스펠링임에도 [j]로 발음되는 예외적인 단어들입니다.

beauty [bjú:ti]　　　　Johann [jóʊha:n]

[j] 문장 연습

MP3-088

[j] 발음뿐만 아니라 모음 발음 및 강세, 리듬에 신경 쓰면서 단어 → 구(단어 묶음) → 문장 읽기 순서로 연습하세요.

1 If you use your yellow yacht, I will yawn and yell at you.

2 What is your view of the value of news and music?

3 Excuse me, young boy. Could you tell me about your unique behavior? I am just curious.

4 Eugene goes to New York University while Matthew goes to York music school in Europe.

5 Few humans purely use computers for soldiers and security control.

6 For your beautiful future, don't abuse your youth when you are young.

1 네가 네 노란색 요트를 사용한다면, 나는 하품하고 너에게 고함을 칠 것이다.

2 뉴스와 음악의 가치에 대한 당신의 견해는 무엇입니까?

3 실례해요, 젊은이. 그냥 궁금해서 그런데 당신의 특이한 행동에 대해서 나에게 말해 주겠어요?

4 Eugene은 뉴욕대학교에 다닌다. 반면에, Matthew는 유럽의 요크 음대에 다닌다.

5 극히 일부의 사람들이 컴퓨터를 군인과 보안통제를 위해 사용한다.

6 당신의 아름다운 미래를 위해, 젊을 때 당신의 청춘을 남용하지 마십시오.

[m] [n] [ŋ] 발음 때문에

Teacher's Advice

우리말 'ㅁ, ㄴ, ㅇ'과 영어의 [m], [n], [ŋ] 발음에 미묘한 차이가 있어서 그런 거예요. 지금부터 그 차이점을 배워 볼까요?

[m][n][ŋ] 비음 발음을 한눈에!

공기가 입이 아니라 코로 새어 나와요

난이도 40 | 듣기 향상 40 ↑ | 호감도 50 ↑

폐에서 올라온 공기가 구강 밖으로 나가야 하는데 입안 특정 위치가 막히게 되면 코 안쪽의 통로로 새어 나오게 됩니다. 그때 나는 소리를 비음이라고 하지요. 우리말 'ㅁ, ㄴ, ㅇ' 소리 역시 비음이에요. 하지만 영어의 [m], [n], [ŋ]은 다음 그림처럼 우리말 'ㅁ, ㄴ, ㅇ'과 비슷하지만, 접촉 부분을 좀 더 세게 누르면서 발음한다는 차이가 있습니다.

[m], [n], [ŋ]의 정확한 발음법

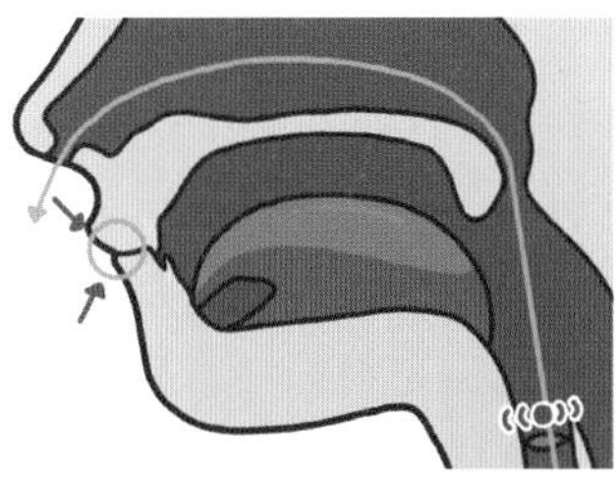

[m]
우리말 'ㅁ'을 발음할 때보다 입술을 좀 더 세게 다물고 발음한다.

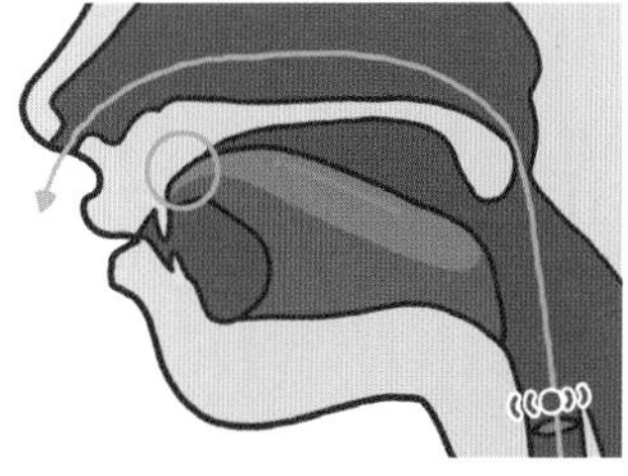

[n]
우리말 'ㄴ'을 발음할 때보다 혀 앞부분을 윗잇몸에 더 세게 누르면서 발음한다.

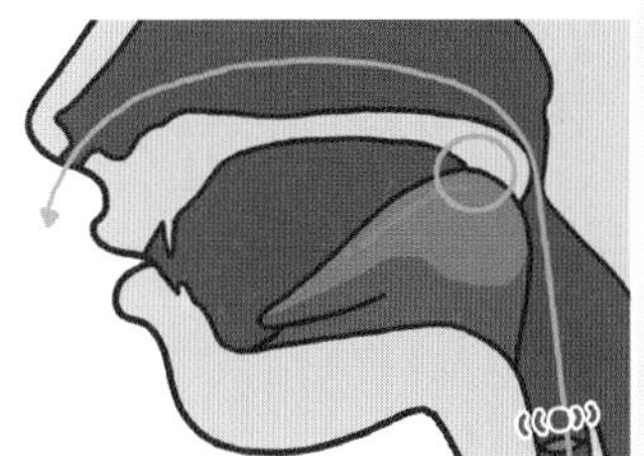

[ŋ]
우리말 'ㅇ'을 발음할 때보다 혀 뒷부분을 뒤쪽 입천장으로 더 세게 누르면서 발음한다.

이러한 차이가 별것 아닌 것처럼 보이지만 실제 소리를 구분해서 들어보면 꽤 큰 차이를 만듭니다. 접촉 부위를 가볍게 누르는 우리말 'ㅁ, ㄴ, ㅇ'은 소리가 짧고 가벼운 느낌인 반면, 접촉 부위를 세게 누르면서 발음하는 [m], [n], [ŋ]은 'ㅁ, ㄴ, ㅇ'보다 소리가 길고 묵직한 느낌이 납니다.

[m], [n], [ŋ] 발음이 가능한 스펠링

동영상 072

[m] 스펠링

	스펠링	단어 연습				
1	m, mm	me [míː]	smart [smáːrt]	summer [sʌ́mər]	time [táɪm]	farm [fáːrm]
2	mb	comb [kóʊm]	climb [kláɪm]	dumb [dʌ́m]	tomb [túːm]	plumber [plʌ́mər]
3	mn	autumn [ɔ́ːtəm]	condemn [kəndém]	column [káːləm]		
4	gm	diaphragm [dáɪəfræm]	paradigm [pǽrədaɪm]			

[n] 스펠링

	스펠링	단어 연습				
1	n, nn	no [nóʊ]	snow [snóʊ]	sunny [sʌ́ni]	alone [əlóʊn]	turn [tɜ́:rn]
2	kn / pn	know [nóʊ]	knife [náɪf]	knee [ní:]	knight [náɪt]	pneumonia [numóʊniə]
3	gn	sign [sáɪn]	design [dɪzáɪn]	foreign [fɔ́:rɪn]	campaign [kæmpéɪn]	

[ŋ] 스펠링

	스펠링	단어 연습				
1	nk, nc	monkey [mʌ́ŋki]	bank [bǽŋk]	thank [θǽŋk]	uncle [ʌ́ŋkl]	ankle [ǽŋkl]
2	ng	angle [ǽŋgl]	ring [ríŋ]	singer [síŋər]	hanger [hǽŋər]	tongue [tʌ́ŋ]

[m], [n], [ŋ] 문장 연습

[m], [n], [ŋ] 발음뿐만 아니라 모음 발음 및 강세, 리듬에 신경 쓰면서 단어 → 구(단어 묶음) → 문장 읽기 순서로 연습하세요.

1 Mike got married to Mina in March and moved in my hometown before their honeymoon.

2 Nunez needs to know that nobody can be as nasty as the strange knight in the kitchen.

3 Myung-Sung hung out with Hank in Myoung-Dong after visiting a shopping center in Gangnam.

4 Mitch, Nick and Sang-Hoon sang along a song called 'My Mad Nephew's Inkjet Printer.'

1 Mike는 Mina와 3월에 결혼을 했고 신혼여행을 떠나기 전에 우리 고장으로 이사 왔다.

2 Nunez는 어느 누구도 저 부엌에 있는 이상한 기사만큼 형편 없을 수 없다는 걸 알아야 한다.

3 Myung-Sung은 강남에 있는 쇼핑센터에 갔다가 Hank와 명동에서 놀았다.

4 Mitch와 Nick과 Sang-Hoon은 '내 미친 조카의 잉크젯 프린터(My Mad Nephew's Inkjet Printer)'라는 노래를 함께 불렀다.

summer는 '썸머', cunning은 '컨닝'이 아니에요!

summer, cunning처럼 단어에 같은 자음 mm, nn이 연달아 들어 있는 경우, 우리말로 표기하면 '썸머, 컨닝'이 되는데요. 영어에서는 mm 또는 nn처럼 한 자음이 두 번 연이어 나오더라도 하나의 소리로 간주하여 '써머[sʌ́mər], 커닝[kʌ́nɪŋ]'으로 발음해야 합니다. 다음 단어들을 주의해서 읽어 보세요.

summer 썸머(X) → [sʌ́mər]	cunning 컨닝(X) → [kʌ́nɪŋ]
comma 콤마(X) → [kɑ́:mə]	running 런닝(X) → [rʌ́nɪŋ]
gamma 감마(X) → [gǽmə]	Hannibal 한니발(X) → [hǽnəbəl]

아하! 이런 영어의 비음 때문에 저희 이름 강민경(Kang, Minkyoung)과 김동민(Kim, Dongmin)의 원어민 발음이 다르게 들린 거군요.

네, 맞아요. 그래서 제 이름도 한니발이 아닌 해너블 [hǽnəbəl]인 거고요!

[h] 발음 때문에

하이! 나이스 투 밑 유!
마이 네임 이즈 김현하!
안녕하세요. 만나서 반가워요.
제 이름은 김현하예요.

Aha! Yuna Kim. The same name as the famous figure skater.
아하! 김연아. 유명한 피겨 스케이터 이름과 같군요.

엥? 노! KIM HYUNHA!
낫 김연아!

I see. Hyun-ha. I thought you are saying 연아(Yuna)!
알았어요. 현하 씨.
연아라고 말하는 줄 알았어요.

내가 이름을 말할 때 이름 중간에 'ㅎ' 발음을 너무 짧게 하니까 [h] 소리를 못 들어서 김연아로 들은 거구나! 영어로 말할 때는 'ㅎ'를 긴 [h] 소리로 내주어야 하네!

[h] 발음을 한눈에!

숨소리가 더 길게 새어 나와요

난이도 40 | 듣기 향상 70 ↑ | 호감도 60 ↑

[h]는 우리말 'ㅎ'과 매우 유사하며 성대 사이의 틈새로 길게 새어 나오는 소리입니다. 우리말 'ㅎ'과 발음 방식이 동일하지만 'ㅎ'보다 소리가 더 길어야 합니다. 또 스펠링과 소리 규칙에도 우리말과 차이가 있기 때문에 차이점을 이해하면서 연습해야 합니다.

[h]의 정확한 발음법

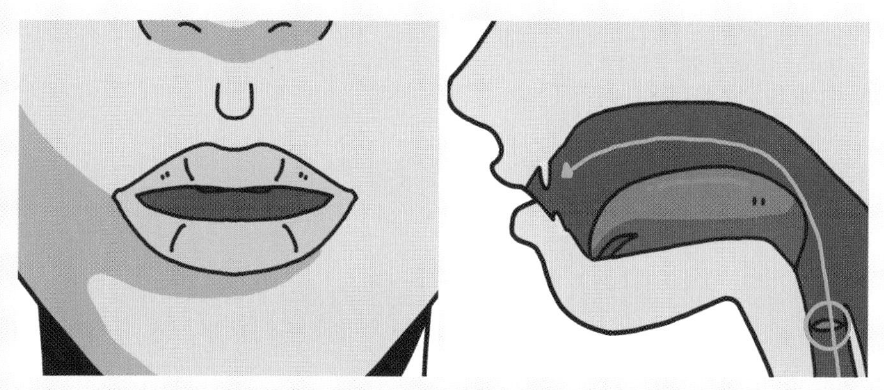

우리말 'ㅎ' 발음과 동일하게 숨을 내쉴 때 올라오는 공기를 길게 내보낸다.

영어의 [h] 발음은 성대 사이에서 공기를 내보내는 우리말 'ㅎ'과 발음 방법이 매우 비슷합니다. 우리말 'ㅎ'과 가장 큰 차이점은 성대 사이의 틈을 조금 더 좁혀 줌으로써 소리를 더 길게 끌어준다는 것이죠. 우리말 'ㅎ' 발음은 소리의 크기가 약하고 길이도 짧은 편이어서 '기호, 환희, 못해' 등 단어 중간에 있는 경우에는 거의 발음되지 않아서 '기오, 화니, 모태'로 발음되곤 합니다. 하지만 영어의 [h]는 단어 중간에 위치해도 소리를 없애면 안 됩니다. humor나 alcohol 같은 단어를 우리말처럼 [h]를 생략하고 '유머, 알코올'로 발음하면 원어민들은 잘 알아듣지 못합니다. [h] 본연의 소리로 길게 끌어주면서 발음해야 자연스럽습니다

[h] 발음이 가능한 스펠링

[h] 발음의 스펠링 규칙은 매우 단순합니다. 알파벳 h가 주변에 다른 자음 없이 단독으로 쓰일 때 모두 [h]로 발음됩니다. 하지만 phone[fóʊn], chick[tʃík], when[wen], the[ðə] 등 h 앞에 다른 자음이 있으면 [h]가 아닌 다른 소리로 발음해야 합니다.

스펠링	예
h	how, ahead

[h] 단어 연습

동영상 074

단어 앞에나 중간에 h가 있으면 소리를 일정하고 길게 발음해야 합니다. [h]는 단어 마지막에서는 나올 수 없는 소리입니다. Sarah, cheetah 등 h가 단어 마지막에 있을 때는 h가 없는 것으로 생각하고 발음해야 자연스럽습니다. 모음 발음 및 강세에 주의해서 읽어 보세요.

어두-Initial		어간-Medial		어미-Final
heat [hí:t]	hole [hóʊl]	alcohol [ǽlkəhɔ:l]	behind [bɪháɪnd]	
hit [hít]	hall [hɔ́:l]	ahead [əhéd]	White House [wáɪt haʊs]	
hate [héɪt]	hot [hɑ́:t]	inhibit [ɪnhíbɪt]	Abraham [éɪbrəhæm]	
help [hélp]	high [háɪ]	unhealthy [ənhélθi]	behavior [bɪhéɪvjər]	
hat [hǽt]	how [háʊ]			
humor [hjú:mər]				
hood [hʊ́d]				

예외

다음은 스펠링이 wh라서 [w]로 발음되어야 하지만 [h]로 발음하는 예외적인 경우입니다.

who[hú:]　　whose[hú:z]　　whom[hú:m]　　whole[hóʊl]

다음은 단어의 알파벳 h가 묵음이라 주의해야 할 단어들입니다.

hour[áʊr]　　honest[ɑ́:nɪst]　　honor[ɑ́:nər]

herb[ɜ́:rb]　　heir[ér]　　graham[gréɪəm]

Teacher's Advice

herb가 미국 영어에서는 **h**를 발음하지 않아 [ɜ́:rb]이지만 영국 영어에서는 **h**를 발음하여 [hɜ́:b]로 발음되니 주의하세요. 우리말 표기 '허브'는 영국 발음에서 유래한 것입니다.

알파벳 h의 [h] 발음은 문장 중간에 있는 기능어일 때만 없어져요

MP3-091

기능어라 불리는 전치사, 접속사, be동사 조동사, 관사, 대명사는 문장 안에서 상대적으로 중요하지 않은 부분이라서 약화시켜 발음해야 한다고 배웠습니다. 그래서 대부분 기능어의 모음은 슈와(schwa) [ə] 또는 [ɪ]로 약화되고, 앞 단어에 붙여서 하나처럼 이어서 읽어야 자연스럽죠.(p. 261 참고) 때문에 문장에서 기능어 역할을 하는 다음 단어들은 문장을 빨리 읽게 되면 단어의 [h] 발음을 하지 않고 앞의 단어와 하나의 소리 덩어리로 붙여서 읽어야 합니다.

1. 대명사 he, his, him, her

Is he going?	I like his job.	She knows him.	You love her.
[ɪzi goʊɪŋ]	[aɪ lakɪz dʒɑːb]	[ʃi noʊzɪm]	[juː lʌvər]

2. 완료시제 조동사 have · has · had + p.p.

I have done it.	Tim has gone.	Jack had met Sam.	I would have been there if I had known that.
[aɪəv dʌnɪt]	[tɪməz gɔːn]	[dʒækəd met sæm]	[aɪwədəbɪn ðer ɪfaɪəd noʊn ðæt]

Teacher's Advice

주의하세요! 현재완료에 **not**을 붙여 축약하여 **haven't** · **hasn't** · **hadn't** + **p.p.**로 적혀 있는 경우에는 [**h**]를 정확하게 발음해 주어야 합니다.

[h] 문장 연습

MP3-091

[h] 발음뿐만 아니라 모음발음 및 강세, 리듬에 신경 쓰면서 단어 → 구(단어 묶음) → 문장 읽기 순서로 연습하세요.

1 Hey, Harry, hurry up and help the unhappy hunter.

2 Henry hates drinking alcohol when his heart hurts.

3 His behavior in the penthouse is hilarious, so he should visit the White House to meet Hillary.

4 I got to notice her weird behavior when her husband had his hair cut in her barber shop.

1 야, Harry, 어서 가서 저 불행한 사냥꾼 좀 도와줘.

2 Henry는 심장이 아플 때는 술 마시는 걸 질색한다.

3 펜트하우스에서 그의 행동은 정말 웃기거든. 그러니까 그는 (그런 행동을 좋아하는) Hillary를 만나러 백악관에 가야 해.

4 그녀의 남편이 그녀의 이발소에서 머리를 자르고 있을 때 나는 그녀의 이상한 행동을 눈치챘다.

영국 영어와 미국 영어 비교

MP3-092

우리나라에 들어온 외래어의 경우, 오래 전에 유입된 것들은 영국 영어 발음을 기준으로 해서 우리말로 고착되었습니다. 하지만 최근에 만들어진 신조어들은 미국 영어 발음을 기준으로 표기되어 실제 우리말에서는 영국 영어와 미국 영어가 혼용돼 쓰이는 경우가 많습니다.
다음 단어의 우리말 표기와 영국/미국 발음의 차이를 들어보세요.

우리말 표기가 영국 영어 발음과 비슷한 단어들

우리말 표기	영국 영어 발음	미국 영어 발음
토마토 **tomato**	[təmɑ́:təʊ]	[təméɪtoʊ]
데이터 **data**	[deítə]	[dǽtə]
레저 **leisure**	[léʒə]	[lí:ʒər]
바나나 **banana**	[bənɑ́:nə]	[bənǽnə]
마스크 **mask**	[mɑ́:sk]	[mǽsk]
미사일 **missile**	[mísaɪl]	[mísəl]
모바일 **mobile**	[mə́ʊbaɪl]	[móʊbəl]
허브 **herb**	[hə́:b]	[ə́:rb; hə́:rb]
보디가드 **bodyguard**	[bɒ́digɑ:d]	[bɑ́:digɑ:rd]
뉴스 **news**	[njú:z]	[nú:z]
슈퍼마켓 **supermarket**	[sjú:pəmɑ:kɪt]	[sú:pərmɑ:rkət]
쇼핑 **shopping**	[ʃɒ́pɪŋ]	[ʃɑ́:piŋ]
오토 **auto**	[ɔ́:təʊ]	[ɔ́:toʊ]
모닝 **morning**	[mɔ́:nɪŋ]	[mɔ́:rnɪŋ]
모델 **model**	[mɒ́dəl]	[mɑ́:dəl]
로비 **lobby**	[lɒ́bi]	[lɑ́:bi]
모니터 **monitor**	[mɒ́nɪtə]	[mɑ́:nɪtər]
코스모스 **cosmos**	[kɒ́zmɒs]	[kɑ́:zmoʊs]
행거 **hanger**	[hǽŋgər]	[hǽŋər]

우리말 표기	영국 영어 발음	미국 영어 발음
재규어 **jaguar**	[dʒǽgjuə]	[dʒǽgwər]
제트 **Z**	[zéd]	[zíː]

하지만 다음 단어들은 우리말 표기가 오히려 미국 영어 소리와 비슷합니다. 즉, 많은 외래어들이 일정한 규칙 없이 영국과 미국 발음이 섞여 있어 일관성이 부족할 때가 많습니다.

MP3-092

우리말 표기가 미국 영어 발음과 비슷한 단어들

우리말 표기	미국 영어 발음	영국 영어 발음
댄스 **dance**	[dǽns]	[dάːns]
스케줄 **schedule**	[skédʒuːl]	[ʃédjuːl]
아이팟 **iPod**	[áɪpɑːd]	[áɪpɒd]
피규어 **figure**	[fígjər]	[fígə]
프라이버시 **privacy**	[práɪvəsi]	[prívəsi]

최근 들어 손흥민, 기성용 선수 등 한국 축구선수들이 영국 축구 프리미어 리그에서 맹활약하고 있고, 〈해리포터〉, 〈반지의 제왕〉 같은 영국 영어를 기반으로 한 드라마나 영화가 우리나라에서도 큰 인기를 얻게 되면서 영어 학습자들의 영국 영어에 대한 동경과 배우고 싶어 하는 욕구는 그 어느 때보다 커졌습니다.

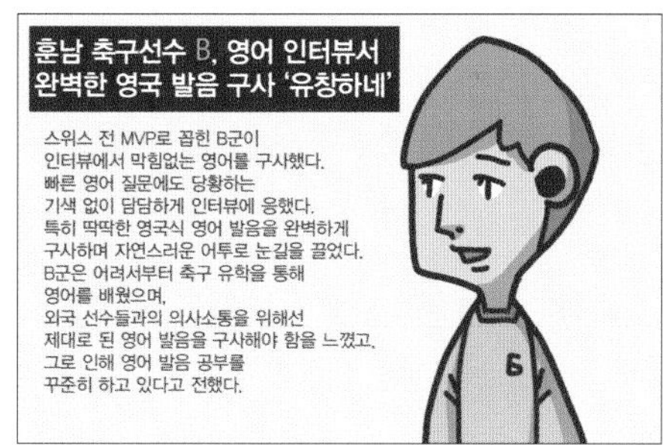

훈남 축구선수 B, 영어 인터뷰서
완벽한 영국 발음 구사 '유창하네'
스위스 전 MVP로 꼽힌 B군이
인터뷰에서 막힘없는 영어를 구사했다.
빠른 영어 질문에도 당황하는
기색 없이 담담하게 인터뷰에 응했다.
특히 딱딱한 영국식 영어 발음을 완벽하게
구사하며 자연스러운 어투로 눈길을 끌었다.
B군은 어려서부터 축구 유학을 통해
영어를 배웠으며,
외국 선수들과의 의사소통을 위해선
제대로 된 영어 발음을 구사해야 함을 느꼈고,
그로 인해 영어 발음 공부를
꾸준히 하고 있다고 전했다.

MP3-093

영국 영어와 미국 영어의 발음기호

알파벳은 총 26자로 모음이 5자이고 자음이 21자입니다. 당연히 영국 영어와 미국 영어 모두 같은 알파벳으로 단어를 만들며 99% 이상의 단어들은 동일한 철자로 표기합니다.

하지만 단어를 표기하는 알파벳보다 단어를 말하는 소리, 즉 발음기호는 41개로 훨씬 더 많은 소리가 있습니다. 영국 영어와 미국 영어에서 약 90% 정도가 같은 발음기호를 사용하며, 10% 정도만 차이가 있습니다.

미국 영어 발음기호 41개

모음 17개	iː ɪ e æ uː ʊ ɔː ə ʌ eɪ aɪ aʊ ɔɪ ɑː ər ɜːr oʊ
자음 24개	p b t d k g f v s z θ ð ʃ ʒ h tʃ dʒ m n ŋ w j l r

영국 영어 발음기호 44개

모음 20개	iː ɪ e æ uː ʊ ɔː ɑː ə ʌ eɪ aɪ aʊ ɔɪ ɜː ɒ əʊ ɪə eə ʊə
자음 24개	p b t d k g f v s z θ ð ʃ ʒ h tʃ dʒ m n ŋ w j l r

영국 영어와 미국 영어 모두 24개의 동일한 자음 발음기호가 있으며 실제로 각 자음 발음기호를 비슷하게 발음하고 있습니다. 자음의 경우, 많은 수의 영어 철자와 발음기호의 모양이 동일한 편이며 다음 철자들의 경우에만 알파벳 철자와 발음기호의 모양에 차이가 있습니다.

sh[ʃ], ge[ʒ], th[θ]/[ð], ch[tʃ], j[dʒ], ng[ŋ], y[j]

그렇기 때문에 다음 단어들은 영국 영어와 미국 영어의 발음기호가 동일하며, 각 단어의 발음만 듣고는 영국인인지 미국인인지 확인하기가 매우 어렵습니다.

pea [píː]	bee [bíː]	tea [tíː]	fee [fíː]	veal [víːl]	see [síː]
sheep [ʃíːp]	beige [béɪʒ]	heat [híːt]	need [níːd]	sing [síŋ]	weep [wíːp]
dean [díːn]	key [kíː]	geek [gíːk]	zeal [zíːl]	theme [θíːm]	they [ðéɪ]
cheese [tʃíːz]	jet [dʒét]	meet [míːt]	young [jʌ́ŋ]	lead [líːd]	read [ríːd]

영어의 자음 발음기호가 영국 영어와 미국 영어에서 동일하게 소리를 내지만, 아주 미묘한 차이로 영국 영어에서는 [p, b, t, d, k, g] 같은 자음들을 미국 영어보다 좀 더 강하게 발음하는 경향이 있습니다. 또 [t]와 [d] 발음의 경우, 영국 영어와 미국 영어에서 둘 다 동일하게 발음할 수도 있지만 미국 영어에서는 [t]와 [d]가 약화되어 pretty [príti], buddy [bʌ́di] 같은 단어들을 '프뤼리', '버리'처럼 단어 안의 [t], [d] 부분을 우리말 'ㄹ'처럼 약화시켜 발음하기도 합니다. 또 twenty [twénti]처럼 마지막 [t] 소리를 생략하여 마치 '투워니'처럼 말하기도 합니다.

영어 모음의 경우, 영국 영어와 미국 영어의 80% 정도는 발음기호가 동일하며 20% 정도의 차이가 있습니다. 영국 영어는 20개, 미국 영어에는 17개의 모음 발음기호가 있습니다. 이 중 동일한 발음기호가 14개 있으며, 실제로 이런 발음기호들은 영국과 미국 모두 매우 비슷하게 발음합니다.

영국 미국 영어에서 발음기호가 동일한 모음 (14개)

iː ɪ eɪ e æ uː ʊ ɔː ɑː ə ʌ aɪ aʊ ɔɪ

영국 영어에만 있는 발음기호 (6개)

ɜː ɒ əʊ ɪə eə ʊə

미국 영어에만 있는 발음기호 (3개)

ər ɜːr oʊ

모음의 경우는 다양한 영어 철자들과 소리의 규칙을 이해하는 파닉스(phonics) 학습을 통해서 단어만 봐도 어떻게 발음해야 할지 유추할 수 있으며 이러한 철자의 규칙은 다음과 같습니다.

MP3-093

영국 영어와 미국 영어의 철자와 발음 규칙이 동일한 경우

발음기호	1	2	3	4	5	6	7	8
[iː]	e evil	ea eat	ee teen	e_e gene	-ie- piece	-ei- receive	-ique [iːk] unique	-igue [iːg] fatigue
[ɪ]	i it	-y- gym	-ui- build	-e begin	e- exam	-age [ɪdʒ] image		
[eɪ]	a_e same	ai aid	-ay say	-e, -et café, bidet	eigh eight	-ey they		
[e]	e exit	-ea- head						
[æ]	a act							
[uː]	-oo room	u, u_e flu, rule	ew few	ue blue	eu neutral	ou soup	-ui- suit	-o who
[ʊ]	-oo- book	u push	ull [ʊl] full	wo- [wʊ] woman	-ould could			
[ɔː]	au auto	aw awesome	al [ɔːl] all	ought [ɔːt] bought	-aught [ɔːt] caught	-o (미국만 가능) dog		
[ɑː]	-ar car	a spa	wa (미국만 가능) watch	o (미국만 가능) odd				
[ə]	a about	e movement	-i- recipe	o occur	u unhappy	-ion [ən] nation		
[ʌ]	u but	o onion	o_e none	-ou- enough				
[aɪ]	i_e ice	i hi	-y by	-igh high	-ie lie			

발음기호	1	2	3	4	5	6	7	8
[aʊ]	ou out	ow down						
[ɔɪ]	oi oil	oy toy						

영국 영어 발음의 가장 큰 특징이 모음 뒤에 나오는 [r]를 발음하지 않는 현상인데요, 이는 알파벳 'r'이 어느 위치에 있더라도 '반드시' [r] 발음을 해줘야 하는 미국 영어와 확연한 소리의 차이를 만듭니다. 그렇기 때문에 다음 단어들은 영국 영어에서는 모음 뒤에 따라 나오는 [r]를 발음하지 않고 앞의 모음을 길게 늘려서 [ɜː], [ɪə], [eə], [ʊə]로 발음해야 합니다. 하지만 미국 영어에서는 모음 뒤에 따라 나오는 [r]를 발음하여 [ɜːr], [ɪr], [er], [ʊr]로 발음합니다.

bird	beer	bear	poor
영 [bɜ́ːd] / 미 [bɜ́ːrd]	영 [bíə] / 미 [bír]	영 [béə] / 미 [bér]	영 [púə] / 미 [púr]

영국 영어와 미국 영어의 차이 중 두 번째 특징은 알파벳 'o' 가 들어 있는 많은 단어들을 영국에서는 우리말 '으오우'를 빠르게 말하는 것과 비슷한 소리인 [əʊ]로 발음하지만, 미국에서는 동일한 영어 단어를 우리말 '어오우'를 빠르게 말하는 것과 비슷한 소리인 [oʊ]로 발음한다는 것입니다.

마지막으로 영국 영어의 [ɒ]는 미국 영어의 [ɑː]를 대체하는 역할을 하는 발음으로, 알파벳 'o' 가 강세가 있을 때 주로 발음됩니다. watch [wɑ́ːtʃ]처럼 'wa'가 들어 있는 단어의 경우도 [wɒ]처럼 발음하는 규칙이 있습니다. 다음 영국 영어와 미국 영어의 발음기호 차이를 확인해 보세요.

hot	dog	watch	swap
영 [hɒ́t] / 미 [hɑ́ːt]/	영 [dɒ́g] / 미 [dɔ́ːg]	영 [wɒ́tʃ] / 미 [wɑ́ːtʃ]	영 [swɒ́p] / 미 [swɑ́ːp]

MP3-093

영국 영어에만 있는 발음기호

발음기호	1	2	3	4	5	6
[ɜː]	er herb	ur urban	ir bird	ear earth		
[ɪə]	ear tear	eer beer	ere here			
[eə]	ear bear	ere there	are care	air hair		
[ʊə]	oor poor	ure sure	our tour			
[əʊ]	o go	o_e alone	ow show	oa boat	-ough dough	oe toe
[ɒ]	o hot	wa watch				

미국 영어에만 있는 발음기호

발음기호	1	2	3	4	5	6
[ər]	-er teacher	-ur future	-or doctor	-ar dollar		
[ɜːr]	er herb	ur urban	ir bird	ear earth		
[oʊ]	o go	o_e alone	ow show	oa boat	-ough dough	oe toe

영국 영어 발음과 미국 영어 발음의 차이점

MP3-094

흔히 알고 있는 영국 영어와 미국 영어 발음 관련 일반 상식들

1. 영국 영어는 r 발음을 하지 않는다.
2. 미국 영어가 혀를 더 굴린다.
3. 영국 영어가 스펠링대로 더 또박또박 발음한다.
4. 미국 영어에서 연음이 더 많이 일어난다.
5. 영국 영어가 모음이 더 짧다.
6. 영국 영어에서는 'a'를 '아'로 발음하고 미국 영어에서는 'a'를 '애'로 발음한다.
   e.g. can't 칸트 (영국) / 캔트 (미국)

왜 이러한 차이가 생기는 것일까요? 가장 근본적인 원인은 사실 미국 영어는 영국 영어보다 모음을 강하게 말하는 반면, 영국 영어는 미국 영어보다 자음을 강하게 말하기 때문입니다. 미국 영어는 모음을 강하게 말하다 보니 앞뒤 자음은 다소 약하게 들리고 모음이 시원시원하게 잘 들립니다. 하지만 영국 영어는 자음을 강하게 말하다 보니 각 자음은 아주 정확하게 들리지만 뒤에 따라 오는 모음이 약화돼 다소 짧고 미국 영어보다 부정확하게 들립니다. 다음 단어들의 영국과 미국 영어 발음의 차이를 들어보세요.

단어	미국 영어	영국 영어
water	[wɔ́:tər]	[wɔ́:tə]
bottle	[bɑ́:tl]	[bɒ́tl]
body	[bɑ́:di]	[bɒ́di]
order	[ɔ́:rdər]	[ɔ́:də]
winter	[wíntər] 또는 [wínər]	[wíntə]
sandwich	[sǽnwɪtʃ]	[sǽndwɪtʃ]
certainly	[sə́:rtənli]	[sə́:tənli]
masked	[mǽskt]	[mɑ́:skt]

이렇게 영국 영어와 미국 영어의 차이점을 알아봤습니다. 물론 이것으로 그 차이점을 다 커버한 것은 아닙니다. 하지만, 이 정도만 확실하게 알고 계신다면 앞으로 서로 다른 발음을 대할 때 당황하지 않고 각자의 차이점을 알고 받아들일 수 있게 됩니다.
지금까지 정말 수고 많으셨습니다. 여러분의 발음이 이 책을 공부하기 전과 후로 확연히 나뉘고 자신감을 갖게 되기를 바랍니다.

Answers 정답

QUIZ

p. 79

1. content 만족한, 내용
2. center 센터, 중심
3. trick 속임수, 속이다
4. button 단추
5. steak 스테이크
6. garden 정원
7. bedroom 침실
8. spider 거미
9. boarding 기숙
10. medal 메달
11. network 망, 네트워크
12. drive 운전하다
13. detect 발견하다, 감지하다
14. Internet 인터넷
15. dirty 더러운

LISTENING TEST 1 [f]와 [p]

p. 129

1

pan - **fan** 냄비–팬, 선풍기	past - fast 과거–빠른, 빨리
poke - **folk** 쿡 찌르다–사람들	**pride** - fried 자부심–튀긴
leap - **leaf** 도약하다–잎사귀	paint - **faint** 칠하다–희미한
peel - feel 껍질(을 벗기다)–느끼다	**pool** - fool 웅덩이–바보
supper - **suffer** 저녁 식사–고통 받다	clip - **cliff** 클립–절벽
pair - fair (두 개로 된) 쌍 - 공정한, 박람회	**pile** - file 쌓다, 더미–파일
pull - **full** 당기다–가득 찬, 배부른	wipe - **wife** (걸레 등으로) 닦다, 물수건–부인
cup - cuff 컵–소맷동	

2

Your pans / **fans** are there. 당신 팬들이 저기 있어요.

Your **wipe** / wife is here. 당신 물수건이 여기 있어요.

Show me your **prize** / fries. 상 받은 거 보여주세요.

She is going to supper / **suffer**. 그녀가 고통스러울 거예요.

These are **clips** / cliffs. 이건 클립이에요.

Turn your cup / **cuff** over. 소맷동을 뒤집어 봐.

LISTENING TEST 2 [v]와 [b] p. 135

1

ban - **van** 금지하다–자동차 밴	bent - **vent** bend(구부리다)의 과거·과거분사형–통풍구, 환기구
bolt - volt 빗장, 볼트–전류의 볼트	marble- **marvel** 대리석–경이로움
bail - **veil** 보석금–베일, 면사포	**berry** - very 베리류 과일–매우, 무척
boat - **vote** 보트–투표하다	**cupboard** - covered 찬장–cover(뒤덮다)의 과거·과거분사형
bend - vend 구부리다–팔다	best - **vest** 최고의–조끼
bowel - vowel 창자, 장–모음	curb - **curve** 억제하다–곡선, 만곡

2

You cannot bend / **vend** those here. 여기서 그것들 파시면 안 됩니다.

Use that for the **base** / vase. 기초를 위해 저걸 사용하세요.

That's a marble / a **marvel**. 저건 정말 경이로운 일이네요.

The **bowel** / vowel looks weird. 장이 이상해 보여요.

LISTENING TEST 1 [s]와 [ʃ] p. 141

1

she - **see** 그녀–보다	ship - **sip** 배–홀짝이다
chic - **seek** 멋진, 세련된–찾다, 구하다	clash - **class** 충돌, 충돌하다–수업
she'd - seed she had/would 축약형–씨앗	**shit** - sit 똥, 똥누다–앉다
shield - sealed 방패, 보호하다–봉인된	mash - **mass** 으깨다–덩어리, 질량
sheet - seat 시트–좌석	shin - **sin** 정강이–죄
Irish - iris 아일랜드의–붓꽃, 홍채	**mesh** - mess 그물망, 철망–엉망인 상태

2

I will shave / **save** more. 난 더 아끼고 저축할 거야.

Show / Sew the clothes. 옷들 좀 보여줘.

I counted ten **ships** / sips. 난 배 열 척을 세었다.

Did you find a new **sheet** / seat? 새 시트를 찾았어요?

It was a shock / **sock**. 그건 양말이었어요.

It was caught in a mesh / **mess**. 엉망인 가운데 그게 잡혔어요.

LISTENING TEST [z]와 [dʒ] p. 151

1

gee - **Z** 야! 에이!–알파벳 Z	**Joan** - zone 여자 이름 '조앤'–지역, 지대
page - **pays** 페이지–pay(지불하다)의 3인칭 단수형	**wage** - ways 임금, 돈–way(길)의 복수형
jealous - zealous 질투하는–열성적인	juice - **Zeus** 주스–제우스
storage - stories 보관, 저장–story(이야기)의 복수형	change – **chains** 바꾸다, 잔돈–chain(사슬)의 복수형
jest - zest 농담, 익살–열정, 열의	jinx - **zincs** 징크스–zinc(아연)의 복수형
courage - **curries** 용기–curry(카레)의 복수형	**rage** - raise 분노, 격노–들어올리다, 키우다

2

He is a **jealous** / zealous lover. 그는 질투심 많은 연인이다.

It is my own wage / **ways**. 그게 나만의 방식이지.

I will cook them with courage / **curries**. 나는 카레로 그것들을 요리할 것이다.

He was raged / **raised** by his father. 그는 아버지가 키웠다.

He wants to eat his lunch with **juice** / Zeus. 그는 주스를 마시며 점심을 먹고 싶어 한다.

He makes his storage / **stories**. 그는 자신의 이야기를 만든다.

LISTENING TEST [θ]와 [s] p. 159

1

thank - **sank** 고마워하다–sink(침몰하다)의 과거형	**thin** - sin 얇은–죄	thumb - **some** 엄지–몇몇의

faith - face 신뢰, 믿음–얼굴	worth - worse 가치–더 나쁜(bad(나쁜)의 비교급)	theme - seem 테마, 주제–~처럼 보이다
thing - sing 사물–노래하다	math - mass 수학–물질, 질량	growth - gross 성장–총, 중대한, 모두 합해서
mouth - mouse 입–생쥐	thick - sick 두꺼운–아픈	think - sink 생각하다–침몰하다
path - pass 길–지나가다	tenth - tense 10번째의–시제	thigh - sigh 허벅지–한숨 쉬다
thought - sought think(생각하다)의 과거·과거분사형–seek(찾다, 추구하다)의 과거·과거분사형	Beth - Bess 여자 이름 '베스'–여자 이름 '베스'	forth - force ~에서 멀리–힘

2

Tom never thought / sought it. Tom은 절대 그것을 찾지 않았어요.

The sailor can't think / sink that. 선원은 그것을 침몰시킬 수 없어요.

That seems very thick / sick. 그거 아주 두꺼워 보여요.

I want to know his faith / face. 그 사람 얼굴을 알고 싶어요.

They ran across the path / pass. 그들은 길을 가로질러 뛰어갔어요.

Jamie is the tenth / tense girl. Jamie는 10번째 소녀였어요.

LISTENING TEST [ð]와 [d] p. 165

1

than - Dan ~보다–남자 이름 '댄'	they - day 그들이, 그들은–날, 요일, 낮	thy - die 당신의(your의 고어체)–죽다
breathe - breed 숨쉬다–품종	their - dare 그들의–감히 ~하다	those - doze that의 복수형–졸다
lather - ladder 비누 거품–사다리	loathe - load 혐오하다–짐, 싣다	then - den 그때–소굴, 굴
though - dough ~임에도 불구하고–반죽	worthy - wordy ~할 가치가 있는–장황한	soothe - sued 달래다, 진정시키다–sue(소송하다)의 과거·과거분사형

2

When will they / day come? 그들이 언제 올까요?

It's forbidden to those / doze in class. 수업 시간에 조는 게 금지돼 있어요.

The mother loathes / **loads** her children. 엄마는 자기 아이들을 실어요.
The fish **breathe** / breed quickly. 물고기가 빠르게 숨을 쉬어요.

LISTENING TEST [iː]와 [ɪ] p. 190

1

bead - **bid** 구슬–입찰하다, 응찰하다	**beat** - bit 이기다, 통제하다–조금, 약간	leak - **lick** 새다, 새게 하다–핥다, 핥아 먹다
eat - **it** 먹다–그것	seek - **sick** 찾다, 구하다–아픈	**beach** - bitch 해변–암캐
heat - **hit** 열기, 열–때리다, 타격	**least** - list 가장 적은–리스트	piece - **piss** 조각–오줌 누다
sheep - **ship** 양–배	leave - **live** 떠나다, 놔두다–살다, 거주하다	**steal** - still 훔치다–여전히

2

Don't **sleep** / slip on the hill. 언덕에서 자지 마라.
Are they **leaving** / living there? 그들이 거기를 떠날까?
Feel / **Fill** this basket. 이 바구니 채워.
The black peak / **pig** is hard to see. 검은색 돼지는 보기가 힘들어요.

3

1. When are you leaving? 언제 떠날 거예요?
(a) I live in Seoul. 저는 서울에 살아요.
(b) To Japan. 일본으로요.
(c) In an hour. 한 시간 후에요.
(d) Because my father is coming home tomorrow.
왜냐하면 우리 아버지가 내일 집에 오시거든요.

2. When can I reach the doctor's office? 언제쯤 병원에 도착할까요?
(a) You will be there in five minutes. 5분 후에 도착할 거예요.
(b) The rich man is coming here. 그 부자가 여기 오는 중이에요.
(c) You can take the bus to reach there. 거기에 버스 타고 갈 수 있어요.
(d) The doctor is very handsome. 그 의사가 엄청 잘생겼어요.

3. Sir, how many pieces of cake would you like to have?
손님, 케이크 몇 조각 정도 주문하시겠어요?
(a) You really piss me off. 당신 정말 나 화나게 만드네.
(b) This hotel looks very peaceful. 이 호텔은 매우 평화로워 보여요.

(c) Three would be great. 세 조각이면 좋겠네요.

(d) I enjoy drinking coffee. 저는 커피 마시는 것 좋아해요.

4. The scene on the movie was very impressive, wasn't it?
영화의 그 장면 정말 인상적이었던 것 같지 않아?

(a) Please, press the button in front of you. 앞에 있는 버튼을 눌러 주세요.

(b) I have seen your boyfriend before. 나 전에 네 남자친구 본 적 있어.

(c) Yes, I also admired the actors. 응, 난 그 배우들한테도 완전 감탄했어.

(d) It takes five minutes to get to the movie theater.
영화관까지 가는 데 5분 정도 소요됩니다.

5. Do you think we can meet tomorrow? 우리 내일 만날 수 있겠지?

(a) No, it was yesterday. 아니, 어제였어.

(b) Your meat looks bigger than mine. 네 고기가 내 것보다 훨씬 커 보이는데.

(c) I had a business meeting at 10 AM. 나 10시에 실무회의가 있었어.

(d) Why don't we arrange the best time to see each other?
우리 서로 만날 수 있는 시간을 조율해 보는 건 어때?

6. Tom suddenly hit me after he heard about the story.
Tom이 그 이야기를 듣더니 나를 갑자기 때리더라고.

(a) Yes, his song became a big hit. 그래, 그의 노래가 엄청 히트를 쳤다니까!

(b) Oh, did that hurt? 저런, 많이 아팠니?

(c) I think you need a heater. 내 생각에 너한테 히터가 필요한 것 같아.

(d) The story on your book looks funny. 네 책에 관한 이야기, 웃긴 것 같더라.

7. How does the pain in your knee feel? 무릎 통증은 좀 어떠세요?

(a) Fill water in your glass. 네 잔에 물 채워라.

(b) I think it's getting better. 점점 나아지는 것 같아요.

(c) Your knit sweater looks dirty. 너 니트 옷이 더러워 보이는데.

(d) Your feelings are very important to me. 당신의 감정이 제게 매우 중요합니다.

8. I am seeking the captain of this ship. 이 배의 선장님을 찾고 있어요.

(a) I am very sick today. 저 오늘 많이 아파요.

(b) The sheep is eating the grass. 양이 풀을 뜯어먹고 있어요.

(c) The winner will receive my flag. 승리자가 내 깃발을 받을 것입니다.

(d) He is inside the machine room. 그는 기계실 안에 있어요.

9. While the people were sleeping on the hill, a boy tried to steal their slippers.
사람들이 언덕에서 잠을 자고 있을 때, 한 남자 아이가 그들의 슬리퍼를 훔치려고 했어요.

(a) I wonder why the boy tried to take their slippers. 그 아이가 왜 슬리퍼를 가져가려고 했는지 궁금하네요.

(b) The people slip very often. 그 사람들 원래 자주 미끄러져요.

(c) The boy needs to go to the hospital. 그 아이 병원에 가야 하겠네요.

(d) Usually, good sleepers don't dream well. 보통 잠을 잘 자는 사람들은 꿈을 잘 꾸지 않아요.

LISTENING TEST [e]와 [æ] p. 204-205

1

bed - **bad** 침대–나쁜	**guess** - gas 추측하다–기체, 가스	**men** - man 남자들(복수형)–남자(단수형)
said - **sad** say(말하다)의 과거·과거분사형–슬픈	dead - **dad** 죽은–아빠	**bet** - bat 내기하다–방망이, 박쥐
bend - band 구부리다–밴드	**met** - mat meet(만나다)의 과거·과거분사형–매트	send - **sand** 보내다–모래
pen - **pan** 펜–냄비	trek - **track** 트레킹, 오지 여행–길, 자국	**vest** - vast 조끼–어마어마한

2

The **gem** / jam is falling into the bin. 보석들이 휴지통 안으로 떨어지고 있어요.

The men / **man** will come. 그 남자가 올 거야.

This pen / **pan** looks weird. 이 냄비, 이상해 보여.

He got hurt on the **trek** / track. 그는 트레킹 중에 부상을 입었어요.

She didn't want to talk about the pest / **past**. 그녀는 과거에 대해 말하고 싶어 하지 않았어요.

3

1. This fruit looks bad. 이 과일이 상태가 안 좋아 보여요.

(a) I bet your bed is not comfortable. 장담하는데 당신 침대는 편안하지 않아요.

(b) I love apples. 저 사과 엄청 좋아해요.

(c) I think you need to buy another one. 다른 걸 사야 할 것 같은데요.

(d) The bat boys are coming here. 배트 보이들이 이리로 오고 있어.

2. Unfortunately, his dog is dead because of a car accident. 불행히도 그의 개가 차 사고로 죽었어요.

(a) No, I can buy the car. 아니요, 저는 차 살 수 있어요.

(b) My dad won't swim there. 제 아버지는 거기에서 수영하지 않을 거예요.

(c) You did a great job. 당신, 아주 잘 했어요.

(d) I am sorry to hear the news. 그 소식을 들어서 유감이네요.

3. I left a message for my boss, but he didn't reply.

사장님에게 메시지를 남겼지만 답신을 못 받았어요.

(a) Yes, the bus stop is on the left corner. 네, 버스 정류장은 왼쪽 코너에 있어요.
(b) I think he forgot to call you back. 그분이 당신에게 전화한다는 걸 잊은 것 같네요.
(c) You need to reply to my email. 제 이메일에 답해 주셔야죠.
(d) You always make everyone laugh out loud. 당신은 항상 모든 이들에게 큰 웃음을 주네요.

4. When did you send me the pen? 내게 펜을 언제 보냈어요?
(a) It costs only ten cents. 가격이 10센트 밖에 안 해요.
(b) The sand on the beach looks very clean. 해변의 모래가 매우 깨끗해 보여요.
(c) I put the pans in my kitchen. 우리 집 부엌에 냄비들을 놔뒀죠.
(d) It was about 2PM yesterday. 어제 오후 두 시경이었어요.

5. The head officer said that you passed the exam.
수석장교가 당신이 시험에 합격했다고 했어요.
(a) Do not ask me about my past life. 제 과거 삶에 대해 묻지 마세요.
(b) The officer must be sad. 그 장교가 분명 슬퍼하고 있을 거야.
(c) I studied very hard for the test. 저 시험 공부 정말 열심히 했거든요.
(d) I had an office past the tall tower. 저 높은 탑을 지나서 제 사무실이 있었어요.

LISTENING TEST [uː]와 [ʊ] p. 217

1

cooed -**could** coo(새가 구구거리다)의 과거·과거분사형–can(할 수 있다)의 과거형	fool - **full** 바보–꽉 찬, 배부른	**who'd** - hood who had/would의 축약형–모자
stewed - stood stew(뭉근히 끓이다)의 과거·과거분사형–stand(서다, 세우다)의 과거·과거분사형	Luke - **look** 남자 이름 '루크'–보다	**pool** - pull 수영장–잡아 당기다
shoed - **should** shoe(편자를 박다)의 과거·과거분사형–~해야 한다	**suit** - soot 정장–그을음, 검댕	food – **foot** 음식–발

2

The black **suit** / soot was dirty. 검은색 정장이 더러웠다.
The birds **cooed** / could. 새들이 구구거렸다.
They stewed / **stood** it on the stove. 그들은 그것을 가스레인지 위에 세웠다.
It was a long **pool** / pull. 그건 길이가 긴 수영장이었다.

3

1. When are the research proposals due? 연구 제안서의 마감 날짜가 언제죠?

(a) For one week. 일주일 동안이요.

(b) She will do it. 그녀가 그것을 할 거예요.

(c) On May 23, 2023. 2023년 5월 23일이요.

(d) I want to propose to my boyfriend today. 오늘 남자친구한테 프러포즈 하고 싶어요.

2. To whom should I send the letter? 제가 이 편지를 누구에게 보내면 될까요?

(a) You need to buy a nice suit. 당신, 좋은 정장 한 벌 사야겠어요.

(b) Professor Smith. Smith 교수님이요.

(c) The latter one is the better. 후자가 더 좋죠.

(d) I should send a letter. 내가 편지 한 통을 보내야겠어.

3. What do your students think about the new teacher? 당신 학생들은 새로 오신 선생님을 어떻게 생각하나요?

(a) The students already knew that. 학생들이 그걸 이미 알고 있었어요.

(b) It was great news. 좋은 소식이었죠.

(c) Because they looked very sick in class. 왜냐하면 수업 중에 그들이 무척 아파 보였거든요.

(d) They said he seemed kind and gentle. 친절하고 점잖으신 분 같다고 하던데요.

4. Who'd be the best candidate for our new chairman?
우리 새 의장으로 누가 가장 적합한 지원자일까요?

(a) I think Jamie fits well in the position. Jamie가 그 자리에 아주 딱일 것 같아요.

(b) Yes, the candidate was wearing a hoodie. 네, 지원자가 모자 티를 입고 있었어요.

(c) My new chair is broken. 새로 산 제 의자가 망가졌어요.

(d) The person sitting on a chair has the best candy.
의자에 앉아 있는 그 남자가 제일 좋은 사탕을 가지고 있어요.

5. Tom hurt his foot when he pulled the door in his room.
Tom이 방에서 문을 당기다가 발을 다쳤어요.

(a) No, it wasn't Tom's food. 아니요, 그것은 Tom의 음식이 아니었어요.

(b) He must have slipped near the pool. 그가 풀장 근처에서 미끄러졌던 게 틀림없어요.

(c) His room was full of bees and flies. 그의 방이 벌과 파리들로 가득했어요.

(d) Did he go to the hospital right away? 그가 바로 병원에 갔나요?

1

bowl - **ball** 오목한 그릇–공	low - **law** 낮은–법	**pose** - pause (문제를) 제기하다, 포즈– 잠시 멈추다
row - **raw** 열, 줄–날것의, 익히지 않은	**boat** - bought 보트–buy(사다)의 과거·과거분사형	coat - **caught** 외투–catch(잡다)의 과거·과거분사형
toll - tall 통행료–키가 큰	so - **saw** 그래서, 아주– see(보다)의 과거형	hole - **hall** 구멍–현관, 복도
woke - **walk** wake(깨다)의 과거형–걷다	**flow** - flaw 흐르다–결함, 흠, 결점	loan - **lawn** 대출, 대출하다–잔디

2

This is a big hole / **hall**. 이거 큰 홀인데요.

Do you know the **coast** / cost? 당신 그 해안가 알아요?

We sometimes **woke** / walk early. 우리는 가끔씩 일찍 일어났어요.

They won't / **want** fish. 그는 물고기를 원해요.

3

1. Do you remember when I returned Kevin's call?
내가 언제 Kevin 전화에 답신했는지 기억나요?

(a) No, it's not that cold. 아니요. 그렇게 춥지 않아요.

(b) I don't know what to call it. 그것을 뭐라고 불러야 할지 모르겠어요.

(c) I think it was about 6 o'clock. 제 생각에는 여섯 시경이었던 것 같아요.

(d) I remember I returned home at night. 제가 밤에 집으로 돌아간 걸로 기억해요.

2. It is very cold in here, isn't it? 여기 매우 추운 것 같지 않아요?

(a) Yes, could you close the window? 네, 창문 좀 닫아 주시겠어요?

(b) No, I didn't call here. 아니요, 저 여기에서 전화하지 않았어요.

(c) Yes, the coal factory will be closed soon. 네, 석탄 공장이 곧 문 닫게 될 거예요.

(d) I didn't hear anything last night. 어젯밤에 아무 소리도 못 들었는데요.

3. My computer won't start. 제 컴퓨터가 작동하지를 않네요.

(a) We began at 8:30 AM. 저희는 오전 여덟 시 삼십 분에 시작했어요.

(b) Maybe it's not plugged in. 아마 전원이 연결돼 있지 않을 거예요.

(c) Yes, I want to be here early. 네, 여기에 일찍 와 있고 싶어요.

(d) No, I used to start working without my computer. 아니요, 저는 컴퓨터 없이 일을 시작하곤 했어요.

4. How can I reach the main hall? 메인 홀에 어떻게 갈수 있나요?

(a) I think he is rich enough to buy the clothes.
제 생각에 그가 돈이 많아서 저 옷들을 충분히 살수 있을 것 같아요.

(b) The hole is too big to fix it. 구멍이 너무 커서 수선하기 어렵겠어요.

(c) You need to take the shuttle bus right up there. 바로 저기 위에서 셔틀버스를 타셔야 해요.

(d) You can reach my house by taxi. 택시로 저희 집에 오실 수 있어요.

5. Did you sew the glove by yourself? 장갑을 직접 바느질해서 만들었어요?

(a) So, what do you think about me? 그래서 저에 대해 어떻게 생각하세요?

(b) I saw the glove yesterday. 저 그 장갑 어제 봤어요.

(c) I like to play baseball myself. 전 직접 야구 경기 하는 것 좋아해요.

(d) No, my mother did. 아니요. 저희 어머니가 하셨죠.

6. Why did you walk here? 왜 여기에 걸어왔어요?

(a) I got up very early today. 오늘 아주 일찍 일어났어요.

(b) I broke my arm yesterday, so I couldn't drive.
어제 제 팔이 부러져서 운전을 할 수가 없었어요.

(c) I woke up in the afternoon. 저는 오후에 일어났어요.

(d) I have never heard about my bag stolen. 제 가방이 도난당했다는 얘기는 처음 들어요.

7. How much did it cost to apply for law school?
법과대학원에 지원하는데 비용이 얼마나 들었어요?

(a) The school is located near the beach area. 그 학교는 해변가 지역 근처에 위치해 있어요.

(b) I paid only 20 dollars for it. 저는 20달러만 냈어요.

(c) You need to find out the high school. 당신이 그 고등학교를 알아내야 해요.

(d) I found them at the library. 도서관에서 그것들을 찾았죠.

8. I wonder why James bought the coat and bowls.
James가 그 코트와 그릇들을 왜 샀는지 궁금해요.

(a) I know he caught the ball when playing basketball.
농구 경기할 때 그가 그 공을 잡은 것으로 알고 있어요.

(b) His boat broke down yesterday. 그의 보트가 어제 망가졌지요.

(c) I guess he bought them for his mother.
제 생각에는 그가 자기 어머니 드리려고 그것들을 샀을 거예요.

(d) The bowl was coated with ice. 그릇에 얼음 코팅이 되어 있었어요.

LISTENING TEST [ʌ]와 미[ɑː] / 영[ɒ] p. 250

1

bucks - **box** buck(달러, 수사슴)의 복수형–상자	cup - **cop** 컵–경찰	**luck** - lock 운, 행운–자물쇠, 잠그다
rub - rob 문지르다–털다, 도둑질하다	buddy - **body** 친구–몸	duck - **dock** 오리–부두
hut - hot 오두막–뜨거운, 섹시한	come - **calm** 오다–조용한, 고요한	stuck – **stock** 움직일 수 없는–주식

2

He has a nice buddy / **body**. 그는 몸매가 멋져요.

She's standing by the duck / **dock**. 그녀가 부두 옆에 서 있어요.

Are the **cups** / cops over there? 거기에 컵 있어요?

He tried to rub / **rob** them. 그가 그것들을 강도질해서 빼앗으려고 했어요.

LISTENING TEST [ʌ]와 [ɔː] p. 253

3

cut - **caught** 자르다–catch(잡다)의 과거·과거분사형	**done** - dawn do(하다)의 과거분사형–새벽	lung - **long** 폐, 허파–긴
but - **bought** 그러나–buy(사다)의 과거·과거분사형	**fun** - fawn 재미있는–황갈색의	lust - **lost** 욕정, 성욕–lose(잃다)의 과거·과거분사형
lunch - **launch** 점심–개시하다, 착수하다	**hunt** - haunt 사냥하다–귀신이 출몰하다	bus – **boss** 버스–상사

4

They cut / **caught** it. 그들이 그것을 잡았어요.

When will it be done / **dawn**? 언제 새벽이 될까요?

She's standing by the **duck** / dock. 그녀가 오리 옆에 서 있어요.

I know it was but… / **bought**. 전 그거 구매된 걸로 알고 있어요.

Glossary 단어

A

a	[ə]	(셀 수 있는 명사 단수형 앞에) 부정관사
able	[éɪbl]	능력이 있는, ~할 수 있는
about	[əbáʊt]	~에 관하여, 약
above	[əbʌ́v]	~ 위에
Abraham	[éɪbrəhæm]	남자 이름 '에이브러햄'
absent	[ǽbsənt]	결석한, 결근한, 부재 중인
absorb	[əbzɔ́:rb]	흡수하다
abuse	[əbjú:s](명) [əbjú:z](동)	남용, 오용 남용·오용하다
accident	[ǽksɪdənt]	사고
accord	[əkɔ́:rd]	(국가 간의 공식) 합의
account	[əkáʊnt]	계좌, 장부
ace	[éɪs]	에이스, 명수
ache	[éɪk]	통증
achieve	[ətʃí:v]	달성하다, 이룩하다
acquire	[əkwáɪər]	습득하다, 얻다
across	[əkrɔ́:s]	~를 가로질러, ~ 건너편에
active	[ǽktɪv]	활동적인, 능동적인
actual	[ǽktʃuəl]	실제의, 사실상의
actually	[ǽktʃuəli]	실제로
Adam	[ǽdəm]	남자 이름 '애덤'
add	[ǽd]	더하다, 추가하다
addict	[ǽdɪkt](명) [ədíkt](동)	중독자 중독되다
address	[ǽdres](명) [ədrés](동)	주소 말하다·연설하다
adjunct	[ǽdʒəŋt]	부속물, 부가물
adjust	[ədʒʌ́st]	조정하다, 적응하다
adopt	[ədɑ́:pt]	입양하다
advance	[ədvǽns]	전진, 진군, 진격하다
advice	[ədváɪs]	조언
advise	[ədváɪz]	조언하다, 충고하다
aegis	[í:dʒis]	방패, 보호
Aesop	[í:sap]	이솝
aesthetic	[æsθétɪk]	심미적, 미학적
Africa	[ǽfrɪkə]	아프리카
after	[ǽftər]	~ 후에, ~를 쫓아서
afternoon	[æftərnú:n]	오후
again	[əgén]	다시, 또
against	[əgénst]	~에 반대하여
ahead	[əhéd]	앞으로, 앞에
aid	[éɪd]	도움, 조력, 보좌관
aisle	[áɪl]	통로

alarm	[əlɑ́:rm]	불안, 공포, 경보
alcohol	[ǽlkəhɔ:l]	알코올
alkali	[ǽlkəlaɪ]	알칼리
all	[ɔ́:l]	모든, 모든 것
allergy	[ǽlərdʒi]	알레르기
allow	[əláʊ]	~을 허락하다
almond	[ɑ́:mənd]	아몬드
almost	[ɔ́:lmoʊst]	거의
aloe	[ǽloʊ]	알로에
alone	[əlóʊn]	혼자서, 홀로
alpha	[ǽlfə]	알파
alphabet	[ǽlfəbət]	알파벳
Alps	[ǽlps]	알프스 산맥
already	[ɔ:lrédi]	이미
also	[ɔ́:lsoʊ]	또한
although	[ɔ:lðóʊ]	~이긴 하지만
always	[ɔ́:lweɪz]	항상
amateur	[ǽmətʃər]	비전문가, 아마추어
ambulance	[ǽmbjələns]	구급차
America	[əmérikə]	아메리카
amoeba	[əmí:bə]	아메바
ancient	[éɪnʃənt]	고대의, 아주 오래 전의
and	[ənd]	그리고
angle	[ǽŋgl]	각도
angry	[ǽŋgri]	화가 난
ankle	[ǽŋkl]	발목
anticipate	[æntísəpeɪt]	예상하다, 예측하다
antique	[æntí:k]	골동품(인)
anxiety	[æŋzáɪəti]	불안, 염려
anxious	[ǽŋkʃəs]	불안해하는, 염려하는
any	[éni]	어느, 어떤
apartment	[əpɑ́:rtmənt]	아파트
apology	[əpɑ́:lədʒi]	사과
apple	[ǽpl]	(과일) 사과
are	[əɾ]	be동사의 2인칭, 3인칭 복수형태
argue	[ɑ́:rgju:]	언쟁을 하다
army	[ɑ́:rɪmi]	군대
arrow	[ǽroʊ]	화살
article	[ɑ́:rtɪkl]	기사
as	[əz]	~로서, ~할 때, ~해서
ash	[ǽʃ]	재, 잿더미
Asia	[éɪʒə], [éɪʃə]	아시아
Asian	[éɪʒən], [éɪʃən]	아시아의, 아시아인의
ask	[ǽsk]	질문하다, 묻다
assert	[əsə́:rt]	주장하다
asthma	[ǽzmə]	천식
at	[ət]	~에(장소, 시간)
Athens	[ǽθəns]	아테네
athlete	[ǽθli:t]	운동선수
athletic	[əθlétɪk]	탄탄한, 육상의
atom	[ǽtəm]	원자

attempt	[ətémpt]	시도(하다)
attend	[əténd]	참석하다
auction	[ɔ́:kʃən]	경매
audio	[ɔ́:dioʊ]	녹음의
aunt	[ǽnt]	이모, 숙모
author	[ɔ́:θər]	저자
auto	[ɔ́:toʊ]	자동차
autumn	[ɔ́:təm]	가을
available	[əvéɪləbl]	구할 수 있는, 이용할 수 있는
avenue	[ǽvənu:]	거리, ~가
avoid	[əvɔ́ɪd]	방지하다, 막다, 모면하다
awake	[əwéɪk]	잠들지 않은, 깨어 있는
away	[əwéɪ]	멀리 떨어져
awesome	[ɔ́:səm]	경탄할 만한

B

back	[bǽk]	등, 뒤에
badge	[bǽdʒ]	표, 배지, 휘장
bag	[bǽg]	가방
bail	[béɪl]	보석금
balance	[bǽləns]	균형, 균형을 맞추다
balk	[bɔ́:k]	멈칫거리다, 꺼리다
ball	[bɔ́:l]	공
ballet	[bæléɪ]	발레
balloon	[bəlú:n]	풍선
balm	[bɑ́:m]	향유, 연고
ban	[bǽn]	금지하다
banana	[bənǽnə]	바나나
bank	[bǽŋk]	은행, 제방, 둑
banquet	[bǽŋkwɪt]	연회
bar	[bɑ́:r]	막대기, 술집, 바
barbecue	[bɑ́:rbɪkju:]	바비큐, 바비큐 파티
base	[béɪs]	기초, ~에 근거를 두다
basic	[béɪsɪk]	근본적인
basket	[bǽskɪt]	바구니
bass	[béɪs]	베이스, 최저음
bat	[bǽt]	박쥐
batch	[bǽtʃ]	(일괄로 처리되는) 집단, 무리
bath	[bǽθ]	목욕
bathe	[béɪð]	씻다, 세척하다
Batman	[bǽtmæn]	(영화) 배트맨
battery	[bǽtəri]	배터리
battle	[bǽtl]	전투
be	[bi]	있다, 존재하다
beach	[bí:tʃ]	해변
bead	[bí:d]	구슬
bear	[bér]	곰, 참다
beat	[bí:t]	이기다, 때리다, 맥박
beautiful	[bjú:tɪfəl]	아름다운, 예쁜
beauty	[bjú:ti]	미, 아름다움

because	[bɪkɔ́:z]	~ 때문에
bedding	[bédɪŋ]	침구, 잠자리
bedsheet	[bédʃi:t]	시트, 홑이불
bee	[bí:]	벌
been	[bín]	be동사의 과거분사
beer	[bír]	맥주
before	[bɪfɔ́:r]	~ 앞에, 전에
begin	[bɪgín]	시작하다
behalf	[bɪhǽf]	이익, 원조, 자기편, 지지
behavior	[bɪhéɪvjər]	행동
behind	[bɪháɪnd]	~ 뒤에
beige	[béɪʒ]	베이지색
believe	[bɪlí:v]	믿다, 생각하다
belong	[bɪlɔ́:ŋ]	소속감을 느끼다, 제자리에 있다
bench	[béntʃ]	벤치
bend	[bénd]	구부리다
bent	[bént]	bend(구부리다)의 과거 · 과거분사형
beret	[bəréɪ]	베레모
berry	[béri]	베리류 과일
Bess	[bés]	여자 이름 '베스'
best	[bést]	최고의
beta	[béɪtər]	베타
Beth	[béθ]	여자 이름 '베스'
better	[bétər]	더 좋은
betting	[bétɪŋ]	내기
beyond	[bɪjɑ́:nd]	~ 저편에, ~ 너머에
bias	[báɪəs]	편견, 편향
bid	[bíd]	입찰하다, 응찰하다
bidder	[bídər]	가격 제시자, 응찰자
bidet	[bɪdéɪ]	비데
big	[bíg]	큰, 커다란
bill	[bíl]	지폐
bird	[bɜ́:rd]	새
birdie	[bɜ́:rdi]	새, 버디
biscuit	[bískɪt]	비스킷
bit	[bít]	조금, 약간
bitch	[bítʃ]	암캐
bitter	[bítər]	(맛이) 쓴
black	[blǽk]	검은, 검은색
blade	[bléɪd]	(칼, 도구의) 날
bled	[bléd]	bleed(피 흘리다)의 과거 · 과거분사형
blind	[bláɪnd]	눈이 먼, 맹인의, 블라인드
block	[blɑ́:k]	블록, 막다, 차단하다
blood	[blʌ́d]	피
blue	[blú:]	푸른색의, 우울한
board	[bɔ́:rd]	판자, 널
boat	[bóʊt]	보트
Bob	[bɑ́:b]	남자 이름 '밥'
bobcat	[bɑ́:bkæt]	보브캣(북미 산 야생 고양이과 동물)
body	[bɑ́:di]	몸, 신체
bodyguard	[bɑ́:diga:rd]	보디가드, 경호원

boil	[bɔ́ɪl]	끓다, 끓이다
bolt	[bóʊlt]	볼트
bomb	[bɑ́:m]	폭탄, 폭격하다
bond	[bɑ́:nd]	유대, 끈, 채권
bonus	[bóʊnəs]	보너스
boo	[bú:]	(야유할 때 내는 소리) 우우
book	[bʊ́k]	책
boor	[bʊ́r]	천박한 사람
boot	[bú:t]	목이 긴 신발, 부츠
bore	[bɔ́:r]	bear의 과거형, 지루하게 만들다
boring	[bɔ́:rɪŋ]	지루한
boss	[bɔ́:s]	보스, 상사
both	[bóʊθ]	둘 다
bother	[bɑ́:ðər]	신경 쓰이게 하다, 괴롭히다
bottle	[bɑ́:tl]	병
bought	[bɔ́:t]	buy(사다)의 과거·과거분사형
bouquet	[bukéɪ]	부케, 꽃다발
bourgeois	[bʊrʒwɑ́:]	중산층의
bout	[báʊt]	한바탕, 한차례
bowel	[báʊəl]	창자, 장
bowl	[bóʊl]	오목한 그릇
box	[bɑ́:ks]	상자
boxer	[bɑ́:ksər]	복싱 선수
boxing	[bɑ́:ksɪŋ]	복싱
boy	[bɔ́ɪ]	소년
boycott	[bɔ́ɪka:t]	구매 거부 운동
Brazil	[brəzíl]	브라질
bread	[bréd]	빵
breadth	[brédθ]	폭, 너비
break	[bréɪk]	망가뜨리다, 부서지다, 휴식
breakfast	[brékfəst]	아침 식사
breath	[bréθ]	숨, 숨결
breathe	[brí:ð]	숨쉬다, 호흡하다
breed	[brí:d]	품종
breeze	[brí:z]	산들바람
bridge	[brídʒ]	다리, 교각
brief	[brí:f]	브리핑하다, (시간이) 짧은, 간단한
broad	[brɔ́:d]	넓은, 넓이가 ~인
broadcast	[brɔ́:dkæst]	방송하다, 널리 알리다
brochure	[brəʃʊ́r]	안내책자
brought	[brɔ́:t]	bring(가져오다)의 과거·과거분사형
brown	[bráʊn]	갈색의, 갈색
brunch	[brʌ́ntʃ]	아점
buck	[bʌ́k]	달러, 수사슴
buddy	[bʌ́di]	친구
budget	[bʌ́dʒɪt]	예산
buffet	[bəféɪ]	뷔페
build	[bíld]	짓다, 건설하다
bulb	[bʌ́lb]	전구, 구근
bull	[bʊ́l]	황소
bureau	[bjʊ́roʊ]	책상, 사무실

bureaucracy	[bjʊrάːkrəsi]	요식 체제, 관료 국가
bury	[béri]	묻다, 매장하다
bus	[bʌ́s]	버스
bush	[bʊ́ʃ]	관목, 덤불
business	[bíznəs]	사업, 상업, 장사
busy	[bízi]	바쁜
but	[bʌ́t]	그러나, 그렇지만
butter	[bʌ́tər]	버터
buy	[báɪ]	사다
buzz	[bʌ́z]	윙윙거리다
by	[báɪ]	~ 옆에, ~에 의해
bye	[báɪ]	안녕

C

cab	[kǽb]	택시
cabaret	[kæbəréɪ]	카바레
cadge	[kǽdʒ]	조르다, 졸라서 얻어내다
Caesar	[síːzər]	시저, 카이사르
café	[kæféɪ]	카페
caffeine	[kǽfiːn]	카페인
calendar	[kǽlɪndər]	달력
calf	[kǽf]	종아리, 송아지
call	[kɔ́ːl]	전화하다, 부르다, 호출
calm	[kάːm]	침착한, 차분한
came	[kéɪm]	come(오다)의 과거형
cameo	[cǽmioʊ]	카메오
camouflage	[kæməflάːʒ]	위장, 속임수, 위장하다
campaign	[kæmpéɪn]	캠페인
can	[kən]	~할 수 있다
cane	[kéɪn]	(대나무처럼 속이 빈) 줄기, 지팡이
canoe	[kənúː]	카누
can't	[kǽnt]	~할 수 없다
cap	[kǽp]	야구 모자
cappuccino	[kæputʃíːnoʊ]	카푸치노
captain	[kǽptən]	선장, 기장
capture	[kǽptʃər]	포로로 잡다, 억류하다
car	[kάːr]	자동차
caramel	[kǽrəməl]	캐러멜
card	[cάːrd]	카드
care	[kér]	돌봄, 보살핌
career	[kərír]	직업, 직장 생활
carry	[kǽri]	들고 가다, 나르다
cartoon	[kaːrtúːn]	만화, 만화 영화
cash	[kǽʃ]	현금
casino	[kəsíːnoʊ]	카지노
castle	[kǽsl]	성
casual	[kǽʒuəl]	태평스러운, 무심한, 건성의
cat	[kǽt]	고양이
catch	[kǽtʃ]	잡다, 받다
cater	[kéɪtər]	(행사에) 음식을 공급하다

Catholic	[kǽθəlɪk]	천주교의, 천주교도
caught	[kɔ́:t]	catch(잡다)의 과거 · 과거분사형
cause	[kɔ́:z]	원인, 이유, 초래하다
cease	[sí:z]	중단되다, 그치다
ceiling	[sí:lɪŋ]	천장
cello	[tʃéloʊ]	첼로
cent	[sént]	(화폐 단위) 센트
center	[séntər]	중심, 중심점
chain	[tʃéɪn]	사슬
chair	[tʃér]	의자
chalk	[tʃɔ́:k]	분필
change	[tʃéɪndʒ]	바꾸다, 바뀌다, 변화, 잔돈
chaos	[kéɪa:s]	혼돈
chase	[tʃéɪs]	뒤쫓다, 추적하다
chat	[tʃǽt]	수다, 잡담(하다)
cheap	[tʃí:p]	싼, 저렴한
cheat	[tʃí:t]	속이다, 사기치다
chef	[ʃéf]	요리사
chemistry	[kémɪstri]	화학, 사람 간의 화학 반응
chest	[tʃést]	가슴, 흉부
chew	[tʃú:]	(질겅질겅) 씹다
chic	[ʃí:k]	멋진, 세련된
chick	[tʃík]	병아리
chief	[tʃí:f]	주된, 최고위자인
child	[tʃáɪld]	어린이
China	[tʃáɪnə]	중국
Chinese	[tʃaɪní:z]	중국인(의), 중국의
chocolate	[tʃɑ́:kələt]	초콜릿
choice	[tʃɔ́ɪs]	선택
choir	[kwáɪər]	합창단, 성가대
choke	[tʃóʊk]	숨이 막히다, 질식하다
chord	[kɔ́:rd]	화음, 현
Christian	[krístʃən]	기독교의, 기독교도
Christmas	[krísməs]	크리스마스
chunk	[tʃʌ́ŋk]	덩어리, 상당히 많은 양
church	[tʃɜ́:rtʃ]	교회
city	[síti]	도시
civil	[sívəl]	시민의, 민간의
claim	[kléɪm]	주장하다, 요구하다
clash	[klǽʃ]	충돌, 충돌하다
class	[klǽs]	수업
classic	[klǽsɪk]	일류의, 최고 수준의, 고전
clean	[klí:n]	깨끗한, 청소하다
cliff	[klí:f]	절벽
climb	[kláɪm]	오르다, 올라가다
clip	[klí:p]	핀, 클립
clock	[klɑ́:k]	시계
close	[clóʊs](형) [klóʊz](동)	가까운 닫다
closet	[klɑ́:zət]	벽장, 옷장
clothe	[klóʊð]	옷을 입히다

clothing	[klóʊðɪŋ]	(특정한 종류의) 옷, 의복
clover	[clóʊvər]	클로버 잎
coach	[kóʊtʃ]	코치
coat	[cóʊt]	방수 가공하다, 코트
cocktail	[kɑ́:kteɪl]	칵테일
cocoa	[kóʊkoʊ]	코코아
code	[cóʊd]	암호, 부호, 부호로 처리하다
coffee	[kɔ́:fi]	커피
coin	[kɔ́ɪn]	동전, 주화
cold	[kóʊld]	차가운, 추운
collect	[kəlékt]	수집하다, 모으다
color	[kʌ́lər]	색, 색깔
column	[kɑ́:ləm]	기둥, 원주, 기념비
comb	[kóʊm]	머리 빗
come	[kʌ́m]	오다
comfort	[kɑ́:mfərt]	안락, 편안, 위로하다
comma	[kɑ́:mə]	쉼표, 콤마
common	[kʌ́mən]	흔한, 공동의
communism	[kɑ́:mjʊnɪzm]	공산주의
compete	[kəmpí:t]	경쟁하다, ~와 겨루다
competitive	[kəmpétətɪv]	경쟁하는,
complete	[kʌmplí:t]	완전한, 완료하다
completely	[kəmplí:tli]	완전히, 전적으로
computer	[kəmpjú:tər]	컴퓨터
concert	[kɑ́:nsərt]	콘서트, 음악회
concerto	[kəntʃértoʊ]	협주곡, 콘체르토
condemn	[kəndém]	규탄하다, 비난하다
condo	[kɑ́:ndoʊ]	콘도
conduct	[kɑ́:ndʌkt](명) [kəndʌ́kt](동)	행동 행동하다
cone	[kóʊn]	원뿔
conflict	[kɑ́nflikt](명) [kənflíkt](동)	충돌, 갈등 상충하다, 충돌하다
conical	[kɑ́:nɪkəl]	원뿔 모양의
conscience	[kɑ́:nʃəns]	양심
contract	[kɑ́ntrækt](명) [kəntrǽkt](동)	계약 수축하다
contrast	[kɑ́:ntræst](명) [kəntrǽst](동)	대조, 차이 대조하다
convene	[kənví:n]	소집하다, 회합하다
convention	[kənvénʃən]	관습, 관례, 대회
converse	[kɑ́:nvərs](명) [kənvɜ́:rs](동)	대화 대화하다
convict	[kɑ́:nvikt](명) [kənvíkt](동)	죄를 지은 사람 유죄를 선고하다
convince	[kənvíns]	납득시키다, 확신시키다
coo	[kú:]	새가 구구거리다
cool	[kú:l]	시원한
cop	[kɑ́:p]	경찰관
copy	[kɑ́:pi]	복사(하다)
cordial	[kɔ́:rdʒəl]	화기애애한, 다정한
core	[kɔ́:r]	중심부, 핵심적인

corn	[kɔ́ːrn]	옥수수
corps	[kɔ́ːr]	부대, 군단
cosmetic	[kəzmétɪk]	화장품
cosmos	[kɑ́ːzmoʊs]	(질서 있는 시스템으로서의) 우주, 코스모스 꽃
cost	[kɔ́ːst]	값, 비용(이 들다)
couch	[káʊtʃ]	긴 의자, 침상
cough	[kɔ́ːf]	기침(하다)
could	[kʊ́d]	~할 수 있었다
couldn't	[kʊ́dnt]	~할 수 없었다
country	[kʌ́ntri]	나라, 국가, 시골
coup	[kuː]	쿠데타
coupe	[kuːpéɪ]	쿠페형 마차
couple	[kʌ́pl]	커플, 2
coupon	[kjúːpaːn]	쿠폰, 할인권
courage	[kɜ́ːrɪdʒ]	용기
course	[kɔ́ːrs]	코스, 프로그램, 과정
cover	[kʌ́vər]	덮다, 덮개
covered	[kʌ́vərəd]	cover(덮다)의 과거·과거분사형
coward	[káʊərd]	겁쟁이
coyote	[káɪoʊti]	코요테
crab	[krǽb]	게
crack	[krǽk]	갈라지다, 금이 가다, 금
cream	[kríːm]	크림
create	[kriéɪt]	창조하다
crime	[kráɪm]	범죄의
criminal	[krímɪnəl]	범죄자
crisp	[krísp]	바삭바삭한
crispy	[kríspi]	바삭바삭한
crumb	[krʌ́m]	부스러기
cry	[kráɪ]	울다
cub	[kʌ́b]	(곰, 사자, 여우 등의) 새끼
cube	[kjúːb]	정육면체
cuff	[kʌ́f]	소맷동
culture	[kʌ́ltʃər]	문화
cunning	[kʌ́nɪŋ]	교활한
cup	[kʌ́p]	컵
cupboard	[kʌ́bərd]	찬장
curb	[kɜ́ːrb]	억제하다
cure	[kjʊ́r]	낫게 하다, 치유
curry	[kɜ́ːrɪ]	카레
curve	[kɜ́ːrv]	곡선, 만곡
cushion	[kʊ́ʃən]	쿠션
cut	[kʌ́t]	자르다
cute	[kjúːt]	귀여운
cycle	[sáɪkl]	자전거, 오토바이
cyclical	[síklɪkəl]	순환하는, 주기적인

D

dad	[dǽd]	아빠
damage	[dǽmɪdʒ]	손상, 피해

Dan	[dǽn]	남자 이름 '댄'
dare	[dér]	감히 ~하다
data	[déɪtə]	데이터
date	[déɪt]	날짜, 데이트(하다), 대추야자
dawn	[dɔ́ːn]	여명, 새벽
day	[déɪ]	날, 낮, 요일
deal	[díːl]	거래(하다)
death	[déθ]	죽음
debris	[dəbríː]	잔해, 쓰레기
debt	[dét]	빚, 부채
debut	[deɪbjúː]	데뷔
decide	[dɪsáɪd]	결심하다, 결정하다
decision	[dɪsíʒən]	결정
decrease	[dɪkríːs]	줄다, 감소하다
deep	[díːp]	깊은
degree	[dɪgríː]	도, 정도, 학위
delay	[dɪléɪ]	연기(하다), 지연, 지체
den	[dén]	소굴, 굴
depot	[díːpoʊ]	차고, 창고
descend	[dɪsénd]	내려오다
desert	[dézərt](명) [dɪzɜ́ːrt](동)	사막 버리다, 포기하다
deserve	[dɪzɜ́ːrv]	~ 받을 만하다
design	[dɪzáɪn]	디자인(하다)
desire	[dɪzáɪər]	욕구, 갈망, 바라다
desk	[désk]	책상
dessert	[dɪzɜ́ːrt]	디저트, 후식
detail	[dɪtéɪl]	상세, 세부사항
detect	[dɪtékt]	발견하다, 알아내다
deuce	[dúːs]	(테니스에서) 듀스
Deutsch	[dɔ́ɪtʃ]	도이치
dew	[djúː]	이슬
diagnosis	[daɪəgnóʊsɪs]	진단
diagnostic	[daɪəgnɑ́ːstɪk]	진단의
dialogue	[dáɪəlɔːg]	(책, 연극, 영화의) 대화
diaphragm	[dáɪəfræm]	횡경막, 가로막
did	[díd]	do(하다)의 과거형
die	[dáɪ]	죽다
dig	[díg]	(땅 등을) 파다
dime	[dáɪm]	10센트짜리 동전
dimension	[dɪménʃən]	크기, 치수, 규모
dip	[díp]	살짝 담그다, 적시다
dish	[díʃ]	접시, 요리
dissolve	[dɪzɑ́ːlv]	녹다, 용해되다
diverse	[daɪvɜ́ːrs]	다양한
divide	[dɪváɪd]	분배하다
division	[dɪvíʒən]	분할, 분배
do	[dúː] [də]	~을 하다 의문문과 부정문을 만들 때 쓰는 조동사
dock	[dɑ́ːk]	부두, 선창
doctor	[dɑ́ːktər]	의사
does	[dʌ́z]	do의 3인칭 단수형

dog	[dɔ́g]	개
doll	[dɑ́:l]	인형
dollar	[dɑ́:lər]	달러
dolphin	[dɑ́:lfɪn]	돌고래
dome	[dóʊm]	돔, 반구형 지붕
don't	[dóʊnt]	do not의 축약형
done	[dʌ́n]	do의 과거분사형
door	[dɔ́:r]	문
Dorothy	[dɔ́:rəθi]	여자 이름 '도로시'
dose	[dóʊs]	(약의) 복용량, 투여량
doubt	[dáʊt]	의심(하다)
dough	[dóʊ]	반죽
dove	[dʌ́v]	비둘기
down	[dáʊn]	아래(로)
downtown	[daʊntáʊn]	시내(에)
doze	[dóʊz]	졸다
dream	[drí:m]	꿈, 꿈을 꾸다
drink	[dríŋk]	마시다, 음료수
drum	[drʌ́m]	드럼
dry	[dráɪ]	마른, 말리다
duck	[dʌ́k]	오리
dude	[dú:d]	놈, 녀석
due	[dú:]	~로 인한, ~ 때문에, ~하기로 되어 있는
dug	[dʌ́g]	dig(파다)의 과거·과거분사형
dumb	[dʌ́m]	벙어리의, 말을 못 하는
duty	[dú:ti]	의무, 직무, 임무
dwell	[dwél]	살다, 거주하다

E

eager	[í:gər]	열렬한, 간절히 바라는
ear	[ír]	귀
earing	[írɪŋ]	귀걸이
easy	[í:zi]	쉬운
eat	[í:t]	먹다
edge	[édʒ]	끝, 가장자리, 모서리
educate	[édʒəkeɪt]	교육시키다
effort	[éfərt]	노력
ego	[í:goʊ]	자부심, 자존심, 자아
eight	[éɪt]	숫자 8
either	[í:ðər]	둘 중 어느 하나
elephant	[éləfənt]	코끼리
elite	[eɪlí:t]	엘리트
empty	[émpti]	빈, 비어 있는
encore	[ɑ́:ŋkɔ:r]	앙코르, 재청
engage	[ɪngéɪdʒ]	사로잡다, 끌다
engineer	[endʒɪní:r]	공학자, 기사
English	[íŋglɪʃ]	영어
enjoy	[ɪndʒɔ́ɪ]	즐기다
enough	[ɪnʌ́f]	충분한
enroll	[inróʊl]	명부에 올리다

ensemble	[a:nsá:mbl]	합주단, 앙상블
entrée	[á:ntreɪ]	앙트레(주요리), 가입 자격
entrepreneur	[a:ntrəprənə́:r]	사업가, 기업가
envelope	[énvəloʊp]	봉투
epilogue	[épɪlɔ:g]	끝 맺음말
equal	[í:kwəl]	(수, 양, 가치 등이) 같은
equation	[ɪkwéɪʒən]	방정식, 등식
error	[érər]	실수, 오류
escape	[ɪskéɪp]	달아나다, 탈출하다
escort	[éskɔ:rt](명) [ɪskɔ́:rt](동)	호위대 호위하다
Ethan	[í:θən]	남자 이름 '에단'
ether	[í:θər]	에테르
Eugene	[ju:dʒín]	남자 이름 '유진'
Europe	[jʊ́rəp]	유럽
even	[í:vən]	~조차, 훨씬
ever	[évər]	한번이라도, 어느 때고
Ewing	[jú:ɪŋ]	유잉(Ewing tumor–유잉 종양에서의 유잉)
exact	[ɪgzǽkt]	정확한
exactly	[ɪgzǽktli]	정확하게
exam	[ɪgzǽm]	시험
example	[ɪgzǽmpl]	예, 예시
except	[ɪksépt]	~을 제외하고
excuse	[ɪkskjú:s](명) [ɪkskjú:z](동)	변명 용서하다, 봐주다
exist	[ɪgzíst]	존재(하다)
exit	[éksɪt]	출구, 퇴장, 나오기
expect	[ɪkspékt]	기대하다, 예상하다
expert	[ékspərt]	전문가
export	[ékspɔ:rt](명) [ɪkspɔ́:rt](동)	수출 수출하다
extra	[ékstrə]	추가의, 가외의
extract	[ékstrækt](명) [ɪkstrǽkt](동)	발췌, 추출 발췌하다, 추출하다
eye	[áɪ]	눈

F

face	[féɪs]	얼굴, ~을 대하다
fact	[fǽkt]	사실
fail	[féɪl]	실패하다
failure	[féɪljər]	실패
faint	[féɪnt]	희미한, 실신(하다)
fair	[fér]	공정한, 박람회
faith	[féɪθ]	믿음, 신뢰
fall	[fɔ́:l]	가을, 떨어지다
false	[fɔ́:ls]	틀린, 사실이 아닌
famous	[féɪməs]	유명한
fan	[fǽn]	팬, 선풍기
far	[fá:r]	먼, 멀리
farm	[fá:rm]	농장
fast	[fǽst]	빠른, 빨리
fasten	[fǽsən]	매다, 채우다

fat	[fǽt]	뚱뚱한, 지방
father	[fɑ́:ðər]	아버지
fatigue	[fətí:g]	피로
fault	[fɔ́:lt]	잘못
faux	[fóʊ]	모조의, 가짜의
fauxpas	[fóʊ pa:]	실례, 무례
fawn	[fɔ́:n]	황갈색의
feast	[fí:st]	연회, 잔치, 축제
feather	[féðər]	깃털
fed	[féd]	feed(먹이를 먹이다)의 과거·과거분사형
fee	[fí:]	수수료, 요금
feel	[fí:l]	느끼다
fence	[féns]	울타리
feud	[fjú:d]	불화, 반목, 불화를 빚다
fever	[fí:vər]	(신체의) 열
few	[fjú:]	많지 않은, 적은
fiancé	[fi:a:nséɪ]	약혼자
field	[fí:ld]	밭
figure	[fígjər]	수치, 숫자, 인물
file	[fáɪl]	파일
fillet	[fɪléɪ]	살코기
finding	[fáɪndɪŋ]	결과, 결론
fine	[fáɪn]	좋은
finish	[fínɪʃ]	끝내다, 마무리하다
first	[fɜ́:rst]	첫 번째의, 처음으로
fish	[fíʃ]	물고기
fit	[fít]	어떤 사물에 맞다, 건강한
fitness	[fítnɪs]	신체 단련, 건강
five	[fáɪv]	숫자 5
fix	[fíks]	고정하다, 수리하다
flaw	[flɔ́:]	결함, 흠, 결점
flood	[flʌ́d]	홍수
floor	[flɔ́:r]	마루, 층
flour	[fláʊər]	밀가루
flow	[flóʊ]	흐름
flower	[fláʊər]	꽃
flu	[flú:]	독감
fluid	[flú:ɪd]	유동체, 유체
foam	[fóʊm]	거품
foil	[fɔ́ɪl]	포장지, 호일
folk	[fóʊk]	사람들
font	[fá:nt]	서체(폰트)
food	[fú:d]	음식
foodcourt	[fú:dkɔ:rt]	푸드코트
fool	[fú:l]	바보
foot	[fʊ́t]	발
football	[fʊ́tbɔ:l]	축구
for	[fər]	~을 위하여, ~ 때문에
forth	[fɔ́:rθ]	~에서 멀리, 밖으로
force	[fɔ́:rs]	힘
foreign	[fɔ́:rən]	외국의

fortune	[fɔ́ːrtʃuːn]	운, 행운, 재산
forty	[fɔ́ːrtɪ]	숫자 40
forwarding	[fɔ́ːrwərdɪŋ]	추진, 촉진, 발송
foul	[fáʊl]	더러운, 악취 나는
four	[fɔ́ːr]	4, 넷
fragile	[frǽdʒəl]	부서지기 쉬운
France	[frǽns]	프랑스
franchise	[frǽntʃaɪz]	가맹점 영업권
free	[fríː]	자유로운, ~이 없는
freight	[fréɪt]	화물
fried	[fráɪd]	튀긴
friend	[frénd]	친구
fries	[fráɪz]	감자 튀김
fry	[fráɪ]	기름에 굽다, 튀기다
fuel	[fjúːəl]	연료
full	[fʊ́l]	가득 찬, 배부른
fun	[fʌ́n]	즐거움, 재미있는
funny	[fʌ́ni]	웃기는
furious	[fʊ́riəs]	분노한
fusion	[fjúːʒən]	융합, 결합

G

gain	[géɪn]	(필요한 걸) 얻게 되다, 증가
game	[géɪm]	게임, 사냥감
gamma	[gǽmə]	감마
gap	[gǽp]	틈, 구멍, 공백 (차이)
garage	[gərɑ́ːʒ]	차고
garden	[gɑ́ːrdən]	정원
gather	[gǽðər]	(사람들이) 모이다, 모으다
gauge	[géɪdʒ]	게이지, 측정기
gee	[dʒíː]	야! 에이!
geek	[gíːk]	괴짜
gem	[dʒém]	보석, 보배
gender	[dʒeńdər]	성, 성별
genome	[dʒíːnoʊm]	게놈
genre	[ʒɑ́ːnrə]	장르
gentle	[dʒéntl]	온화한, 순한
gentleman	[dʒéntlmən]	신사
gently	[dʒéntli]	다정하게, 부드럽게
get	[gét]	얻다, 사다
ghost	[góʊst]	유령, 귀신
giant	[dʒáɪənt]	거인, 거대한
girl	[gɜ́ːrl]	소녀, 여자아이
give	[gív]	주다
glass	[glǽs]	유리, 유리잔
glove	[glʌ́v]	장갑
gnat	[nǽt]	각다귀
gnome	[nóʊm]	땅속 요정
go	[góʊ]	가다
goal	[góʊl]	골, 목표

god	[gá:d]	신
golf	[gá:lf]	골프
gone	[gɔ́:n]	가 버린, go(가다)의 과거분사형
good	[gʊ́d]	좋은, 잘하는
goose	[gú:s]	거위
gossip	[gá:sɪp]	소문, 험담
Gothic	[gá:θɪk]	고딕 양식(의)
gourmet	[gʊrméɪ]	미식가, 식도락가
gown	[gáʊn]	(여성의) 드레스
grabber	[grǽbər]	강탈자, 욕심꾸러기
graduate	[grǽdʒuət](명) [grǽdʒueɪt](동)	졸업생, 졸업 졸업하다
graham	[gréɪəm]	통밀의
graph	[grǽf]	그래프
grass	[grǽs]	풀, 잔디
great	[gréɪt]	위대한, 엄청난
gross	[gróʊs]	총, 중대한, 모두 합해서
growl	[gráʊl]	으르렁거리다
growth	[gróʊθ]	성장
Guam	[gwá:m]	괌
guess	[gés]	추측(하다), 짐작(하다)
guest	[gést]	손님
guide	[gáɪd]	가이드
guilty	[gílti]	죄책감이 드는, 가책을 느끼는
guitar	[gɪtá:r]	기타
gum	[gʌ́m]	잇몸, 치은, 고무진
gun	[gʌ́n]	총
guy	[gáɪ]	남자, 녀석, 사람들
gym	[dʒím]	체육관

H

had	[hǽd]	have(가지다)의 과거 · 과거분사형
hair	[hér]	머리카락
half	[hǽf]	반
hall	[hɔ́:l]	복도, 홀
halve	[hǽv]	반으로 줄다
handkerchief	[hǽŋkərtʃif]	손수건
handsome	[hǽnsəm]	잘생긴
handy	[hǽndi]	유용한, 편리한
hanger	[hǽŋər]	옷걸이
Hannibal	[hǽnəbəl]	남자 이름 '한니발'
happy	[hǽpi]	행복한
hard	[há:rd]	딱딱한, 열심히, 어려운
has	[hǽz]	have의 3인칭 현재 단수형
hat	[hǽt]	중절모
hate	[héɪt]	아주 미워하다, 싫어하다
haunt	[hɔ́:nt]	귀신이 출몰하다
have	[hǽv]	~을 가지고 있다, 먹다
hawk	[hɔ́:k]	매
head	[héd]	머리
health	[hélθ]	건강

heat	[híːt]	열기, 열
height	[háɪt]	높이, 키
heir	[ér]	상속인, 계승자
help	[hélp]	도움, 도와주다
her	[hər]	그녀를, 그녀의
herb	[ɜ́ːrb]	허브, 식물
here	[hír]	여기에, 이리
hey	[héɪ]	(남을 부를 때) 어이, 야
high	[háɪ]	높은, 키가 큰
hit	[hít]	치다, 때리다
hobby	[hɑ́ːbi]	취미
hold	[hóʊld]	잡고 있다
hole	[hóʊl]	구멍
home	[hóʊm]	집, 가정, 주택
honest	[ɑ́ːnɪst]	정직한
honey	[hʌ́ni]	꿀
honor	[ɑ́nər]	명예, 영예
hood	[hʊ́d]	후드, 모자
horror	[hɔ́ːrər]	공포, 경악
hot	[hɑ́ːt]	뜨거운, 섹시한
hotel	[hoʊtél]	호텔
hour	[áʊr]	1시간
house	[háʊs](명) [háʊz](동)	집 살 곳을 주다, 거처를 제공하다
how	[háʊ]	어떻게
hug	[hʌ́g]	포옹(하다)
human	[hjúːmən]	인간(의), 사람
humor	[hjúːmər]	유머
hungry	[hʌ́ŋgri]	배고픈
hunt	[hʌ́nt]	사냥하다
hut	[hʌ́t]	오두막
hygiene	[háɪdʒɪn]	위생

I

ideology	[aɪdiɑ́ːlədʒi]	이데올로기
idol	[áɪdəl]	아이돌, 우상
ignore	[ɪgnɔ́ːr]	무시하다, 못 본 척하다
Illinois	[ɪlənɔ́ɪ]	일리노이주
image	[ímɪdʒ]	이미지
impossible	[ɪmpɑ́ːsəbl]	불가능한
improve	[ɪmprúːv]	향상시키다, 향상하다
increase	[ínkriːs](명) [ɪnkríːs](동)	증가 증가하다
indeed	[ɪndíːd]	정말, 확실히
inhibit	[ɪnhíbɪt]	억제하다, 저해하다
ink	[íŋk]	잉크
instrument	[ínstrəmənt]	기구, 계기, 악기
interest	[íntərəst]	관심, ~에 관심을 갖게 하다, 이자
intrigue	[ɪntríːg]	호기심을 불러일으키다
invalid	[ɪnvǽlɪd](형1) [ínvəlɪd](형2)	효력이 없는 병약한, 아픈

invite	[ɪnváɪt]	초대하다
invoice	[ínvɔɪs]	송장, 청구서
ion	[áɪaːn]	이온
iris	[áɪrɪs]	붓꽃, 홍채
Irish	[áɪrɪʃ]	아일랜드의
island	[áɪlənd]	섬
Israel	[ízriəl]	이스라엘
issue	[íʃuː]	주제, 쟁점 사안
it	[ít]	그것

J

jaguar	[dʒǽgwər]	재규어
jail	[dʒéɪl]	교도소, 감옥
jam	[dʒǽm]	잼
Jamie	[dʒéɪmi]	남자 이름 '제이미'
Japan	[dʒəpǽn]	일본
Japanese	[dʒæpəníːz]	일본인(의), 일본의
jar	[dʒáːr]	단지, 항아리
jasmine	[dʒǽzmɪn]	재스민
jaw	[dʒɔ́ː]	턱, 아래턱
jazz	[dʒǽz]	재즈
jealous	[dʒéləs]	질투하는
jeans	[dʒíːnz]	청바지
jeopardy	[dʒépərdi]	위험
jest	[dʒést]	농담, 익살
jinx	[dʒíŋks]	징크스
Joan	[dʒóʊn]	여자 이름 '조앤'
job	[dʒáːb]	일, 직업
jocular	[dʒáːkjələr]	익살스러운, 유머스러운
Joel	[dʒóʊəl]	남자 이름 '조엘'
Johann	[jóʊhaːn]	남자 이름 '요한'
John	[dʒáːn]	남자 이름 '존'
join	[dʒɔ́ɪn]	연결하다, 합쳐지다
joke	[dʒóʊk]	우스개, 농담
Josh	[dʒáːʃ]	남자 이름 '조쉬'
journey	[dʒɜ́ːrni]	여정
joyful	[dʒɔ́ɪfəl]	아주 기뻐하는
Juanita	[wáːnɪtə]	여자 이름 '후아니타'
judge	[dʒʌ́dʒ]	판사, 판단하다
judo	[dʒjúːdoʊ]	유도
juice	[dʒúːs]	주스
jump	[dʒʌ́mp]	폴짝 뛰다
jury	[dʒʊ́ri]	배심원단
just	[dʒʌ́st]	방금, 딱, 단지, 공정한

K

Kathy	[kǽθiː]	여자 이름 '캐시'
keen	[kíːn]	~을 열망하는
key	[kíː]	열쇠

kid	[kíd]	아이, 새끼 염소, 농담하다
kidney	[kídni]	콩팥, 신장
kilo	[kíːloʊ]	킬로
kin	[kín]	친족, 친척
king	[kíŋ]	왕
kiosk	[kíːaːsk]	키오스크
kiss	[kís]	키스하다
kitchen	[kítʃɪn]	부엌
kiwi	[kíːwiː]	키위
knee	[níː]	무릎
knife	[náɪf]	칼
knight	[náɪt]	기사
know	[nóʊ]	알다
knowledge	[náːlɪdʒ]	지식

L

lack	[lǽk]	부족, 결핍, ~이 부족하다
ladder	[lǽdər]	사다리
lady	[léɪdi]	숙녀
lamb	[lǽm]	새끼 양
language	[lǽŋgwɪdʒ]	언어
large	[láːrdʒ]	넓은, 큰
late	[léɪt]	늦은, 지각한
later	[léɪtər]	나중에
lather	[lǽðər]	비누 거품
latte	[lǽtei]	라떼
latter	[lǽtər]	후자(의), (나열된 것 중에서) 마지막
laugh	[lǽf]	웃다, 웃음
launch	[lɔ́ːntʃ]	개시하다, 착수하다
law	[lɔ́ː]	법
lawn	[lɔ́ːn]	잔디
lay	[léɪ]	~을 두다
lead	[líːd]	이끌다
leader	[líːdər]	지도자
leaf	[líːf]	나뭇잎
league	[líːg]	리그, (자질 등의) 수준
leak	[líːk]	새다, 새게 하다
leap	[líːp]	도약하다
learn	[lɜ́ːrn]	배우다
least	[líːst]	가장 적은
leave	[líːv]	떠나다, 놔두다
legend	[lédʒənd]	전설
leisure	[líːʒər]	여가
lemon	[lémən]	레몬
length	[léŋθ]	길이
leopard	[lépərd]	표범
lesson	[lésən]	수업, 가르침
let	[lét]	~하게 놔두다
level	[lévəl]	정도, 수준
lewd	[lúːd]	외설적인, 선정적인

lick	[lík]	핥다, 핥아먹다
lid	[líd]	뚜껑
lie	[láɪ]	거짓말(하다), 눕다
life	[láɪf]	생명, 인생, 삶
lift	[líft]	들어올리다
light	[láɪt]	가벼운, 빛
like	[láɪk]	좋아하다, ~처럼
limb	[lím]	팔 다리, 사지
lingerie	[laːndʒəréɪ]	속옷
liquid	[líkwɪd]	액체(의)
list	[líst]	리스트, 목록
listen	[lísən]	듣다
little	[lítl]	작은, 적은
live	[láɪv](형) [lív] (동)	살아 있는, 생방송의 살다
load	[lóʊd]	(짐 등을) 싣다
loan	[lóʊn]	대출, 대출하다
loath	[lóʊθ]	꺼려하는
loathe	[lóʊð]	혐오하다
lock	[lάːk]	잠그다
log	[lɔ́ːg]	벌목하다, 통나무
long	[lɔ́ːŋ]	긴
look	[lʊ́k]	보다, ~처럼 보이다
loose	[lúːs]	헐렁한, 헐거워진
lose	[lúːz]	잃어버리다, 지다
lost	[lɔ́ːst]	lose(잃다)의 과거·과거분사형
loud	[láʊd]	소리가 큰, 시끄러운
love	[lʌ́v]	사랑(하다)
low	[lóʊ]	낮은
luck	[lʌ́k]	운, 행운
lucky	[lʌ́ki]	운이 좋은
luggage	[lʌ́gɪdʒ]	수하물, 짐
Luke	[lúːk]	남자 이름 '루크'
lunch	[lʌ́ntʃ]	점심 식사
lung	[lʌ́ːŋ]	폐, 허파
lure	[lʊ́r]	꾀다, 유혹하다
lust	[lʌ́st]	욕정, 성욕
Luther	[lúːθər]	남자 이름 '루터'
luxurious	[lʌgʒʊ́riəs]	호화스러운, 사치스러운
luxury	[lʌ́kʃəri]	호화로움, 사치

M

Mach	[mάːk]	(속도의 단위) 마하
machine	[məʃíːn]	기계
macho	[mάːtʃoʊ]	남자다움을 과시하는
mad	[mǽd]	미친, 화가 난
made	[méɪd]	make(만들다)의 과거·과거분사형
madness	[mǽdnɪs]	광기
maestro	[máɪstroʊ]	마에스트로, 명장
magazine	[mæ̀gəzíːn]	잡지
maid	[méɪd]	하녀, 가정부

major	[méɪdʒər]	주요한, 전공, 소령
mall	[mɔ́:l]	상가, 쇼핑몰
many	[méni]	많은
map	[mǽp]	지도
marble	[mɑ́:rbl]	대리석
margarine	[mɑ́:rdʒərən]	마가린
marijuana	[mærəwɑ́:nə]	마리화나, 대마초
marine	[mərí:n]	바다의, 해양의
mart	[mɑ́:rt]	마트
marvel	[mɑ́:rvəl]	경이로움
mash	[mǽʃ]	으깨다
mask	[mǽsk]	마스크, 복면
mass	[mǽs]	덩어리, 질량
massage	[məsɑ́:ʒ]	마사지하다
master	[mǽstər]	주인, 달인, 명장
mat	[mǽt]	매트
math	[mǽθ]	수학
matter	[mǽtər]	문제, 중요하다
Matthew	[mǽθju:]	남자 이름 '매튜'
me	[mí]	나에게, 나를
mean	[mí:n]	의미하다
meant	[mént]	mean(의미하다)의 과거 · 과거분사형
measure	[méʒər]	재다, 측정하다
meat	[mí:t]	고기, 육류
medal	[médəl]	메달
meeting	[mí:tɪŋ]	회의, 미팅
mesh	[méʃ]	그물망, 철망
mess	[més]	엉망인 상태
message	[mésɪdʒ]	메시지
met	[mét]	meet(만나다)의 과거 · 과거분사형
metal	[métəl]	금속
meter	[mí:tər]	미터
metric	[métrɪk]	미터법의
mice	[máɪs]	mouse(쥐)의 복수형
microscope	[máɪkrəskoʊp]	현미경
microscopic	[maɪkrəskɑ́:pɪk]	미세한, 현미경의
Midas	[máɪdəs]	미다스
middle	[mídl]	중간, 한가운데
milk	[mílk]	우유
million	[míljən]	백만
mind	[máɪnd]	마음, ~을 꺼리다
mine	[máɪn]	내 것, 광산
mineral	[mínərəl]	광물, 무기물
mirage	[mɪrɑ́:ʒ]	신기루
mirror	[mírər]	거울
miss	[mís]	놓치다, 그리워하다
model	[mɑ́:dl]	모델, 모형
mom	[mɑ́:m]	엄마
money	[mʌ́ni]	돈
monitor	[mɑ́:nɪtər]	모니터
monkey	[mʌ́ŋki]	원숭이

mood	[mú:d]	기분
more	[mɔ́:r]	many, more의 비교급, 더 많은
morning	[mɔ́:rnɪŋ]	아침
mortgage	[mɔ́:rgɪdʒ]	담보 대출(금), 융자(금)
mosquito	[məskí:toʊ]	모기
mother	[mʌ́ðər]	어머니
motto	[má:toʊ]	모토, 좌우명
mountain	[máʊntən]	산
mouse	[máʊs]	쥐
mouth	[máʊθ](명) [máʊð](동)	입 입 모양으로만 말하다
move	[mú:v]	이동하다, 이주하다
movement	[mú:vmənt]	움직임, 이동
Mr.	[místər]	(남자의 성 앞에 붙여) ~ 씨
Mrs.	[mísɪz]	(기혼 여성의 남편 성 앞에 붙여) ~ 부인
Ms.	[míz]	(혼인 상관 없이 여성 성 앞에 붙여) ~ 씨
mud	[mʌ́d]	진흙
muffin	[mʌ́fɪn]	머핀
mug	[mʌ́g]	머그잔
municipal	[mju:nísəpal]	지방자치제의
muscle	[mʌ́sl]	근육
music	[mjú:zɪk]	음악
musician	[mjuzíʃən]	음악가
Muslim	[mʌ́zləm]	이슬람교도
mustache	[məstǽʃ]	콧수염
my	[máɪ]	나의

N

nacho	[ná:tʃoʊ]	나초
nail	[néɪl]	못, 손톱, 발톱
naked	[néɪkɪd]	벌거벗은
name	[néɪm]	이름, ~라고 이름 짓다
Nathan	[néɪθən]	남자 이름 '나단'
nation	[néɪʃən]	국가
native	[néɪtɪv]	태어난 곳의, 토박이의
nature	[néɪtʃər]	자연, 본성
need	[níd]	필요로 하다, ~해야 한다
neighbor	[néɪbər]	이웃
neither	[ní:ðər]	어느 것도 ~ 아닌
nephew	[néfju:]	남자 조카
neutral	[nú:trəl]	중립적인, 중립국의
never	[névər]	절대 ~ 아닌
new	[nú:]	새로운
New York	[nu:jɔ́:rk]	뉴욕
news	[nú:z]	뉴스
nice	[náɪs]	착한, 좋은
night	[náɪt]	밤
no	[nóʊ]	아니, 안 돼
noise	[nɔ́ɪz]	소음, 시끄러운 소리
none	[nʌ́n]	아무도 ~ 않다
noodle	[nú:dl]	면, 국수

noon	[núːn]	정오
nor	[nɔ́ːr]	~도 아니다
now	[náʊ]	지금, 이제
nuance	[núːaːns]	뉘앙스, 미묘한 차이
number	[nʌ́mbər]	숫자

O

oak	[óʊk]	참나무
oasis	[oʊéɪsɪs]	오아시스
Obama	[ɔbɑ́ːmə]	오바마
obey	[əbéɪ]	순종하다
object	[ɑ́ːbdʒɪkt](명) [əbdʒékt](동)	물건, 물체 반대하다
oboe	[óʊboʊ]	오보에
observe	[əbzə́ːrv]	관찰하다, ~을 보고 알다
occasion	[əkéɪʒən]	때, 기회, 경우
occur	[əkə́ːr]	발생하다, 일어나다
ocean	[óʊʃən]	대양
of	[ʌv]	~의
off	[ɔ́ːf]	(시공간상) 멀리, ~에서 멀리로
office	[ɔ́ːfɪs]	사무실
often	[ɔ́ːfən]	종종
olive	[ɑ́ːlɪv]	올리브
on	[ɑ́ːn]	~ 위에, ~이 켜진
once	[wʌ́ns]	한 번, 언젠가, ~할 때
one	[wʌ́n]	숫자 1, 앞에 나온 것과 같은 종류의 것을 의미하는 대명사
onion	[ʌ́njən]	양파
only	[óʊnli]	유일한, 오직
oops	[úps]	이크, 이런
open	[óʊpən]	열다, 열린
opera	[ɑ́ːprə]	오페라
or	[ɔːr]	혹은, 또는
orange	[ɔ́ːrɪndʒ]	오렌지
order	[ɔ́ːrdər]	순서, 명령(하다), 주문(하다)
Oreo	[ɔ́ːrioʊ]	오레오 (쿠키)
other	[ʌ́ðər]	다른, 다른 사람
ought	[ɔ́ːt]	~해야 한다
ounce	[áʊns]	온스
out	[áʊt]	바깥(에)
outside	[áʊtsaɪd]	바깥, 밖의
oven	[ʌ́vən]	오븐
over	[óʊvər]	~ 위로
owl	[áʊl]	부엉이

P

package	[pǽkɪdʒ]	소포, 짐을 싸다
page	[péɪdʒ]	페이지, 쪽
paint	[péɪnt]	페인트, 칠하다
pair	[pér]	쌍, 짝

palm	[pɑ́ːm]	손바닥
pamphlet	[pǽmflɪt]	팸플릿
pan	[pǽn]	냄비, 프라이팬
paradigm	[pǽrədaɪm]	전형적인 예
park	[pɑ́ːrk]	공원, 주차하다
parliament	[pɑ́ːrləmənt]	의회, 국회
part	[pɑ́ːrt]	부분, 일부, 헤어지다
participate	[paːrtísəpeɪt]	참여하다, 참가하다
party	[pɑ́ːrti]	파티
pass	[pǽs]	지나가다
past	[pǽst]	과거, ~을 지나서
pasta	[pɑ́ːstə]	파스타
pastel	[pæstél]	파스텔, 색분필
path	[pǽθ]	길
patient	[péɪʃənt]	참을성 있는, 환자
Paul	[pɔ́ːl]	남자 이름 '폴'
pause	[pɔ́ːz]	잠시 멈추다
paw	[pɔ́ː]	(동물의) 발, 손
pea	[píː]	완두콩
peel	[píːl]	껍질(을 벗기다)
pen	[pén]	펜
penguin	[péŋgwɪn]	펭귄
people	[píːpl]	사람들
perfect	[pə́ːrfɪkt]	완벽한
perfume	[pərfjúːm]	향수
persuade	[pərswéɪd]	설득하다
phone	[fóʊn]	전화, (음성학의) 단음
phonics	[fɑ́ːnɪks]	파닉스(발음 중심 어학 교수법)
photo	[fóʊtoʊ]	사진
physician	[fɪzíʃən]	내과의사
physics	[fízɪks]	물리(학)
pick	[pík]	쑤시개, 고르다, 선택하다
picture	[píktʃər]	그림, 사진
pie	[páɪ]	파이
piece	[píːs]	조각, 부분
pig	[píg]	돼지
pile	[páɪl]	쌓다, 더미
pillow	[píloʊ]	베개
piss	[pís]	오줌 누다
pizza	[píːtsə]	피자
plateau	[plætóʊ]	고원, 안정기
play	[pléɪ]	놀다, 연주하다
pleasant	[plézənt]	쾌적한, 즐거운, 기분 좋은
please	[plíːz]	제발, ~를 즐겁게 하다
pleasure	[pléʒər]	기쁨, 즐거움
plumber	[plʌ́mər]	배관공
pneumonia	[numóʊnia]	폐렴
pocket	[pɑ́ːkɪt]	주머니
pod	[pɑ́d]	콩 꼬투리
poem	[póʊəm]	시
poet	[póʊət]	시인

point	[pɔ́ɪnt]	의견, 요점, 가리키다
poison	[pɔ́ɪzən]	독, 독약
poke	[póʊk]	쿡 찌르다
police	[pəlíːs]	경찰
poll	[póʊl]	여론 조사
pond	[pάːnd]	연못
pool	[púːl]	웅덩이, 풀장
poor	[pʊ́r]	가난한, 불쌍한
pork	[pɔ́ːrk]	돼지고기
Porsche	[pɔ́ːrʃ]	포르셰
portfolio	[pɔːrtfóʊlioʊ]	포트폴리오
Portugal	[pɔ́ːrtʃugəl]	포르투갈
pose	[póʊz]	질문을 제기하다, 포즈
possess	[pəzés]	소유하다
possible	[pάːsəbl]	가능한
pot	[pάt]	냄비, 솥, 병
potato	[pətéɪtoʊ]	감자
pound	[páʊnd]	영국 화폐 '파운드'
pour	[pɔ́ːr]	붓다, 따르다
praise	[préɪz]	칭찬, 찬사
precious	[préʃəs]	귀중한, 값비싼
predict	[prɪdíkt]	예측하다, 예견하다
prefer	[prɪfɜ́ːr]	~을 더 좋아하다
preference	[préfərəns]	선호, 애호
preparation	[prepəréɪʃən]	준비
prepare	[prɪpér]	준비하다
present	[prézənt](명) [prɪzént](동)	현재, 선물 보여주다, 제시하다
prestige	[prestíːʒ]	위신, 명망
pretend	[prɪténd]	~인 척하다
pretzel	[prétsəl]	프레젤
prey	[préɪ]	먹이, 먹잇감
pride	[práɪd]	자부심
principle	[prínsəpl]	원리, 원칙
prize	[práɪz]	상, 상품
probable	[prάːbəbl]	사실일 것 같은, 개연성 있는
problem	[prάːbləm]	문제, 골칫거리
proceed	[proʊsíːd]	진행하다, 진행되다
produce	[prάːdus](명) [prədúːs](동)	생산품, 농산품 생산하다
profile	[próʊfaɪl]	옆 얼굴
progress	[prάːgres](명) [prəgrés](동)	진전, 진행 진행하다
project	[prάːdʒekt](명) [prədʒékt](동)	계획, 프로젝트 계획하다, 앞으로 나오다
prologue	[próʊlɔːg]	도입부, 프롤로그
prolong	[prəlɔ́ːŋ]	연장시키다
proof	[prúːf]	증거
protect	[prətékt]	보호하다
protein	[proʊtíːn]	단백질
protest	[próʊtest](명) [prətést](동)	항의, 시위 항의하다, 저항하다

prove	[prúːv]	증명하다
provocative	[prəvάːkətɪv]	도발적인, 화를 돋우려는
provoke	[prəvóʊk]	유발하다, 화나게 하다
psalm	[sάːm]	찬송가
pseudo	[súːdoʊ]	허위의, 가짜의, 모조의
psycho	[sáɪkoʊ]	정신병자
psychology	[saɪkάːlədʒi]	심리학
public	[pʌ́blɪk]	일반인의, 대중의
pudding	[pʊ́dɪŋ]	푸딩
pull	[pʊ́l]	당기다
pump	[pʌ́mp]	펌프, 퍼올리다
pure	[pjʊ́r]	순수한
pursue	[persúː]	추구하다, 밀고 나가다
push	[pʊ́ʃ]	밀다
put	[pʊ́t]	놓다, 두다
putting	[pʊ́tɪŋ]	put의 현재분사형

Q

queen	[kwíːn]	여왕, 왕비
question	[kwéstʃən]	질문
quick	[kwík]	빠른, 빨리
quite	[kwáɪt]	꽤, 상당히
quiz	[kwíz]	퀴즈

R

rabbit	[rǽbɪt]	토끼
radar	[réɪdər]	레이더
radio	[réɪdioʊ]	라디오
rage	[réɪdʒ]	분노, 격노
rain	[réɪn]	비, 비가 내리다
raise	[réɪz]	올리다, 키우다
Raphael	[rǽfiəl]	남자 이름 '라파엘'
rapid	[rǽpɪd]	빠른
rare	[rér]	드문, 희귀한
raspberry	[rǽzberi]	라즈베리
rat	[rǽt]	쥐
rate	[réɪt]	비율, 율
raw	[rɔ́ː]	익히지 않은, 날것의
reach	[ríːtʃ]	도달하다
read	[réd]	read(읽다)의 과거 · 과거분사형
read	[ríːd]	읽다
realize	[ríːəlaɪz]	깨닫다, 인식하다
really	[ríːəli]	실제로, 진짜로
realm	[rélm]	영역, 왕국
rebel	[rébəl](명) [rɪbél](동)	반역자, 저항 세력 반역하다
recede	[rɪsíːd]	물러나다, 멀어지다
receipt	[rɪsíːt]	영수증
receive	[rɪsíːv]	받다, 수령하다
recent	[ríːsənt]	최근의

recession	[rɪséʃən]	경기 후퇴, 불경기
recipe	[résəpi]	조리법
record	[rékərd](명) [rɪkɔ́ːrd](동)	기록 기록하다
recruit	[rɪkrúːt]	모집하다, 뽑다, 신병
red	[réd]	빨간 색의
reduce	[rɪdjúːs]	줄이다, 축소하다
refer	[rɪfə́ːr]	참조하다, 조회하다
reference	[réfərəns]	말하기, 언급, 참조
refuse	[réfjuz](명) [rɪfjúːz](동)	쓰레기 거절하다
regime	[reɪʒíːm]	정권, 제도, 체제
reign	[réɪn]	통치 기간, 치세
rein	[réɪn]	고삐, 아동 보호 가죽끈
relation	[rɪléɪʃən]	관계
relax	[rɪlǽks]	휴식을 취하다
relieve	[rɪlíːv]	없애 주다, 덜어 주다
repair	[rɪpér]	수리하다, 수선
reply	[rɪpláɪ]	답변(하다)
report	[rɪpɔ́ːrt]	알리다, 발표하다
respect	[rɪspékt]	존경하다, 존중
respond	[rɪspɑ́ːnd]	대답하다, 응답하다
responsible	[rɪspɑ́ːnsəbl]	책임감 있는, 책임지고 있는
resume	[rézəmeɪ](명) [rɪzúːm](동)	이력서 다시 시작하다
return	[rɪtə́ːrn]	돌아오다[가다]
revise	[rɪváɪz]	수정하다
revision	[rɪvíʒən]	수정
rhythm	[ríðm]	리듬
rice	[ráɪs]	쌀
rich	[rítʃ]	부유한
rid	[ríd]	없애다, 제거하다
ride	[ráɪd]	(말, 자전거를) 타다, 승마하다
rider	[ráɪdər]	(말, 자전거 등을) 타는 사람
ridge	[rídʒ]	산등성이, 마루
righteous	[ráɪtʃəs]	옳은, 당연한
ring	[ríŋ]	반지, (벨이) 울리다
rise	[ráɪz]	인상, 오르다
roast	[róʊst]	굽다
rob	[rɑ́ːb]	털다, 도둑질하다
rock	[rɑ́ːk]	바위
rodeo	[róʊdioʊ]	로데오
Rome	[róʊm]	로마
roof	[rúːf]	지붕
room	[rúːm]	방, 여분
rose	[róʊz]	장미, rise(오르다)의 과거형
rouge	[rúːʒ]	볼 연지
round	[ráʊnd]	둥근, 동그란
route	[rúːt]	길, 경로, 루트
routine	[ruːtíːn]	일상, 정례적인
row	[róʊ]	열, 줄
royal	[rɔ́ɪəl]	국왕의

rub	[rʌ́b]	문지르다
rude	[rúːd]	무례한
ruin	[rúːɪn]	망치다, 엉망으로 하다
rule	[rúːl]	규칙, 원칙, 다스리다
running	[rʌ́nɪŋ]	달리고 있는, 달리기
rush	[rʌ́ʃ]	급히 움직이다, 서두르다
Russia	[rʌ́ʃə]	러시아

S

sabotage	[sæbətɑ́ːʒ]	사보타주, 방해 행위
sad	[sǽd]	슬픈
said	[séd]	say의 과거형
salmon	[sǽmən]	연어
salsa	[sɑ́ːlsə]	살사
salt	[sɔ́ːlt]	소금
same	[séɪm]	똑같은
sandwich	[sǽnwɪtʃ]	샌드위치
sank	[sǽŋk]	sink(침몰하다)의 과거형
sauce	[sɔ́ːs]	소스
sauna	[sɔ́ːnə]	사우나
sausage	[sɔ́ːsɪdʒ]	소시지
save	[séɪv]	저축하다, 구하다
saw	[sɔ́ː]	톱, see(보다)의 과거형
say	[séɪ]	말하다
says	[séz]	say의 3인칭 단수형
scarf	[skɑ́ːrf]	스카프
school	[skúːl]	학교
science	[sáɪəns]	과학
scissors	[sízərz]	가위
screw	[skrúː]	나사, 나사를 조이다
sealed	[síːld]	봉인된
search	[sə́ːrtʃ]	찾기,수색(하다)
seat	[síːt]	좌석
seating	[síːtɪŋ]	좌석, 자리
secret	[síːkrət]	비밀
secure	[səkjʊ́r]	안심하는, 안전한, 확실한
see	[síː]	보다
seed	[síːd]	씨앗
seeding	[síːdɪŋ]	씨 뿌리기
seek	[síːk]	찾다, 구하다
seem	[síːm]	~처럼 보이다
seldom	[séldəm]	거의 ~ 않는
sensible	[sénsəbl]	분별 있는, 합리적인
sentence	[séntəns]	문장
Seoul	[sóʊl]	서울
session	[séʃən]	(활동을 위한) 시간, (의회의) 회기
sew	[sóʊ]	바느질하다, 깁다
sexual	[sékʃuəl]	성적인, 성관계에 관한
Shanghai	[ʃæŋháɪ]	상하이
shape	[ʃéɪp]	모양, 형태

shave	[ʃéɪv]	면도하다
she	[ʃi]	그녀
she'd	[ʃíːd]	she had/would 축약형
sheet	[ʃíːt]	시트
shield	[ʃiːld]	방패, 보호하다
shin	[ʃín]	정강이
ship	[ʃíp]	큰 배
shit	[ʃít]	똥(누다)
shock	[ʃáːk]	충격, 충격을 주다
shoe	[ʃúː]	신, 신발, 편자를 박다
shoot	[ʃúːt]	(총 등을) 쏘다
shorten	[ʃɔ́ːrtən]	짧게 하다, 단축하다
shot	[ʃáːt]	발사, 발포
should	[ʃúd]	~해야 한다
shoulder	[ʃóʊldər]	어깨
shout	[ʃáʊt]	소리치다
show	[ʃóʊ]	쇼, 보여주다
shrimp	[ʃrímp]	새우
shy	[ʃáɪ]	수줍음을 많이 타는
sick	[sík]	아픈
sigh	[sáɪ]	한숨(쉬다)
sight	[sáɪt]	시력, 보기, 봄
sign	[sáɪn]	징후, 표지판, 서명하다
signal	[sígnəl]	신호, 신호를 보내다
sin	[sín]	죄, 죄를 짓다
sing	[síŋ]	노래하다
singer	[síŋər]	가수
sink	[síŋk]	빠지다, 가라앉다
sip	[síp]	홀짝이다
sister	[sístər]	여자형제
sit	[sít]	앉다
situation	[sɪtʃuéɪʃən]	상황
six	[síks]	숫자 6
skate	[skéɪt]	스케이트, 스케이트를 타다
ski	[skíː]	스키, 스키를 타다
skill	[skíl]	기술
skip	[skíp]	깡총깡총 뛰다, 거르다
sky	[skáɪ]	하늘
slide	[sláɪd]	미끄러지다, 미끄럼틀
slim	[slím]	날씬한, 호리호리한
small	[smɔ́ːl]	작은
smart	[smáːrt]	맵시 좋은, 말쑥한, 똑똑한
smooth	[smúːð]	매끈한, 매끄러운
snake	[snéɪk]	뱀
snow	[snóʊ]	눈, 눈이 내리다
so	[sóʊ]	그래서, 아주
soak	[sóʊk]	(액체 속에 푹) 담그다
sock	[sáːk]	양말
soda	[sóʊdə]	탄산수
soft	[sɔ́ːft]	부드러운, 말랑말랑한
soften	[sɔ́ːfən]	부드럽게 하다

soil	[sɔ́ɪl]	토양, 흙
soldier	[sóʊldʒər]	군인
sole	[sóʊl]	유일한, 단 하나의
solid	[sɑ́ːlɪd]	단단한, 고체의, 고형의
solitude	[sɑ́ːlətuːd]	고독
solo	[sóʊloʊ]	솔로
some	[sʌ́m]	조금의, 몇몇의
sometimes	[sʌ́mtaɪmz]	가끔
son	[sʌ́n]	아들
song	[sɔ́ːŋ]	노래
soon	[súːn]	곧
soot	[sʊ́t]	그을음, 검댕
soothe	[súːð]	달래다, 진정시키다
sought	[sɔ́ːt]	seek(찾다, 추구하다)의 과거 · 과거분사형
soul	[sóʊl]	영혼
sound	[sáʊnd]	음, ~처럼 들리다
soup	[súːp]	수프
south	[sáʊθ]	남쪽(의)
soy	[sɔ́ɪ]	간장, 콩, 대두
spa	[spɑ́ː]	온천, 광천, 휴양지
spark	[spɑ́ːrk]	불꽃, 불똥, 촉발시키다
speaking	[spíːkɪŋ]	말하기, 담화
special	[spéʃəl]	특별한
speech	[spíːtʃ]	연설
speed	[spíːd]	속도
spray	[spréɪ]	분사하다, 스프레이
spring	[spríŋ]	봄
spy	[spáɪ]	스파이, 첩자
squash	[skwɔ́ːʃ]	스쿼시
staff	[stǽf]	직원
stage	[stéɪdʒ]	무대
stalk	[stɔ́ːk]	(식물의) 줄기, 몰래 접근하다
standard	[stǽndərd]	수준, 기준
star	[stɑ́ːr]	별
station	[stéɪʃən]	역
status	[stǽtəs]	신분, 지위
steak	[stéɪk]	스테이크
steal	[stíːl]	훔치다
step	[stép]	발걸음, 걸음을 떼어 움직이다
Stephen	[stíːvən]	남자 이름 '스티븐'
stereo	[stérioʊ]	스테레오
stereotype	[stériətaɪp]	고정관념
Steve	[stíːv]	남자 이름 '스티브'
stew	[stúː]	스튜, 뭉근히 끓이다
still	[stíl]	여전히
stock	[stɑ́ːk]	주식
stomach	[stʌ́mək]	위
stone	[stóʊn]	돌멩이
stood	[stʊ́d]	stand(서다)의 과거 · 과거분사형
stop	[stɑ́ːp]	멈추다, 정류장
storage	[stɔ́ːrɪdʒ]	보관, 저장

store	[stɔ́ːr]	가게
story	[stɔ́ːri]	이야기
stove	[stóʊv]	스토브, 가스레인지
straw	[strɔ́ː]	볏짚, 빨대
strong	[strɔ́ːŋ]	강한
stuck	[stʌ́k]	움직일 수 없는
student	[stúːdənt]	학생
studio	[stúːdioʊ]	스튜디오
style	[stáɪl]	방식, 스타일
suave	[swɑ́ːv]	정중한, 상냥한
subject	[sʌ́bdʒɪkt]	주제, 과목
subtle	[sʌ́tl]	미묘한, 감지하기 힘든
succeed	[səksíːd]	성공하다
success	[səksés]	성공
succession	[səkséʃən]	연속, 잇따름
sudden	[sʌ́dən]	갑작스러운
sue	[súː]	고소하다, 소송을 제기하다
suffer	[sʌ́fər]	고통 받다
sugar	[ʃúgər]	설탕
suit	[súːt]	정장
suite	[swíːt]	(호텔) 스위트룸
summer	[sʌ́mər]	여름
Sunday	[sʌ́ndeɪ]	일요일
sunny	[sʌ́ni]	햇빛이 쨍쨍한
super	[súːpər]	대단한, 굉장히
supper	[sʌ́pər]	저녁
sure	[ʃúr]	확실한
surge	[sɜ́ːrdʒ]	밀려들다, 휩싸다
surgeon	[sɜ́ːrdʒən]	외과 의사
survey	[sɜ́ːrveɪ](명) [sərvéɪ](동)	조사 조사하다
survive	[sərváɪv]	살아남다, 생존하다
sushi	[súːʃi]	초밥
swab	[swɑ́ːb]	면봉, 탈지면
swallow	[swɑ́ːloʊ]	삼키다, 제비
swan	[swɑ́ːn]	백조
swap	[swɑ́ːp]	바꾸다, 나누다
swat	[swɑ́ːt]	살짝 때리다
sweat	[swét]	땀, 땀을 흘리다
Sweden	[swíːdən]	스웨덴
switch	[swítʃ]	스위치, 전환, 바뀌다
symptom	[símptəm]	증상, 징후
system	[sístəm]	시스템

T

tab	[tǽb]	색인표, 식별표
taco	[tɑ́ːkoʊ]	타코
talent	[tǽlənt]	재능, 탤런트
talk	[tɔ́ːk]	이야기(하다)
tall	[tɔ́ːl]	키가 큰
tank	[tǽŋk]	탱크

tape	[téɪp]	테이프
taught	[tɔ́:t]	teach(가르치다)의 과거 · 과거분사형
taxi	[tǽksi]	택시
teach	[tí:tʃ]	가르치다
teacher	[tí:tʃər]	선생님
team	[tí:m]	팀, 팀을 짜다
tear	[tír]	눈물
technique	[tekní:k]	기술
teeth	[tí:θ]	tooth(이, 치아)의 복수형
teethe	[tí:ð]	이가 나기 시작하다
telephone	[téləfoʊn]	전화
tennis	[ténɪs]	테니스
tense	[téns]	시제
tenth	[ténθ]	10번째의
terror	[térər]	두려움, 공포, 테러
than	[ðən]	~보다
thank	[θǽŋk]	감사해 하다
that	[ðǽt]	저것, 저
the	[ðə]	이미 언급된 것 앞에 붙이는 관사
theater	[θí:ətər]	극장
their	[ðér]	그들의
them	[ðém]	그들을
theme	[θí:m]	주제
then	[ðén]	그때에
theory	[θí:əri]	이론
therapy	[θérəpi]	치료, 요법
there	[ðér]	거기에
these	[ðí:z]	this(이것, 이)의 복수형
theta	[θéɪtə]	세타
they	[ðéɪ]	그들이
thick	[θík]	두꺼운, 두툼한
thieve	[θí:v]	훔치다
thigh	[θáɪ]	허벅지
thin	[θín]	마른, 얇은
thing	[θíŋ]	사물
think	[θíŋk]	생각하다
this	[ðís]	이것, 이분, 이
those	[ðóʊz]	that(저것, 저)의 복수형
though	[ðóʊ]	~이긴 하지만
thought	[θɔ́:t]	사상, 사고, think(생각하다)의 과거 · 과거분사형
thousand	[θáʊzənd]	천(1,000)
three	[θrí:]	3, 셋
through	[θrú:]	~을 통해, ~을 관통해
thumb	[θʌ́m]	엄지
thy	[ðáɪ]	(고어체로) 당신의
ticket	[tíkɪt]	표, 티켓
tie	[táɪ]	묶다
tiger	[táɪgər]	호랑이
time	[táɪm]	시간
tiny	[táɪni]	아주 작은

tip	[típ]	끝, 끝부분, 사례금
tissue	[tíʃu]	(세포의) 조직, 화장지
to	[tə]	~로
toast	[tóʊst]	토스트, 건배
today	[tədéɪ]	오늘
toe	[tóʊ]	발가락
together	[təgéðər]	함께
toilet	[tɔ́ɪlɪt]	변기, 화장실
told	[tóʊld]	tell(말하다)의 과거 · 과거분사형
toll	[tóʊl]	통행료
tomato	[təméɪtoʊ]	토마토
tomb	[tú:m]	무덤
tomorrow	[təmɑ́:roʊ]	내일
ton	[tʌ́n]	톤
tongue	[tʌ́ŋ]	혀, 혓바닥, 언어
too	[tú:]	너무 ~한, ~도 또한
took	[tʊ́k]	take의 과거형
tool	[tú:l]	도구
toothbrush	[tú:θbrʌʃ]	칫솔
top	[tɑ́:p]	맨 위, 꼭대기, 정상
touch	[tʌ́tʃ]	만지다, 건드리다
tough	[tʌ́f]	힘든, 어려운
tour	[tʊ́r]	여행
town	[táʊn]	마을, 도시
toy	[tɔ́ɪ]	장난감
track	[trǽk]	길, 발자국, 추적하다
tree	[trí:]	나무
trick	[trík]	속임수, 속이다
truck	[trʌ́k]	트럭
try	[tráɪ]	노력하다, 시도하다
tube	[tú:b]	관, 튜브, 대롱
Tuesday	[tú:zdeɪ]	화요일
tuna	[tú:nə]	참치
turn	[tɜ́:rn]	돌다, 돌리다
tutor	[tú:tər]	개인교사, 과외 선생
twenty	[twénti]	숫자 20, 스물
two	[tú:]	숫자 2
type	[táɪp]	형, 유형, 종류
typical	[típɪkəl]	전형적인

U

Ukraine	[jukréɪn]	우크라이나
ultra	[ʌ́ltrə]	극단주의자, 극도로, 초
uncle	[ʌ́ŋkl]	삼촌
understand	[ʌndərstǽnd]	이해하다
unhappy	[ənhǽpi]	불행한
unhealthy	[ənhélθi]	건강하지 못한
unique	[juní:k]	독특한
unusual	[ənjú:dʒuəl]	특이한, 흔치 않은
up	[ʌ́p]	위로

usage	[jú:sɪdʒ]	용법, 어법
use	[jú:s](명) [jú:z](동)	사용 사용하다
usual	[jú:ʒuəl]	흔히 하는, 평상시의
usually	[jú:ʒuəli]	보통, 대개

V

vacant	[véɪkənt]	비어 있는, 빈
vaccine	[væksí:n]	백신
valet	[væléɪ]	주차원
valid	[vǽlɪd]	유효한, 정당한
value	[vǽlju:]	가치
van	[vǽn]	자동차 밴
vase	[véɪs]	꽃병
veil	[véɪl]	베일, 면사포
vein	[véɪn]	정맥
vend	[vénd]	팔다
vest	[vést]	조끼
vengeance	[véndʒəns]	복수, 앙갚음
vent	[vént]	통풍구, 환기구
very	[véri]	매우, 아주
vice	[váɪs]	범죄, 악, 대리자
view	[vjú:]	견해, 관점
viewer	[vjʊ́r]	시청자, 살피는 사람
villa	[vílə]	별장
village	[vílɪdʒ]	마을, 부락, 촌
vinyl	[váɪnəl]	비닐
violent	[váɪələnt]	폭력적인
violin	[vaɪəlín]	바이올린
visa	[ví:sə]	사증
visible	[vízəbl]	보이는, 알아볼 수 있는
vision	[víʒən]	시력, 시야, 환상
visiting	[vísɪtɪŋ]	객원의
vitamin	[váɪtəmɪn]	비타민
vogue	[vóʊg]	유행
voice	[vɔ́ɪs]	목소리, 음성
void	[vɔ́ɪd]	빈 공간, 법적 효력이 없는
volt	[vóʊlt]	(전류) 볼트
volume	[vá:ljum]	용량, 용적
vote	[vóʊt]	투표하다
voucher	[váʊtʃər]	상품권, 할인권
vowel	[váʊəl]	모음
voyage	[vɔ́ɪdʒ]	여행, 항해

W

waffle	[wá:fl]	와플
wage	[wéɪdʒ]	임금, 돈
wait	[wéɪt]	기다리다
walk	[wɔ́:k]	걷다, 산책
waltz	[wɔ́:lts]	왈츠

wander	[wɑ́:ndər]	거닐다, 돌아다니다
want	[wɑ́:nt]	원하다
war	[wɔ́:r]	전쟁
warm	[wɔ́:rm]	따뜻한
warn	[wɔ́:rn]	경고하다
Warsaw	[wɔ́:rʃɔ:]	바르샤바
was	[wʌ́z]	is의 과거형
waste	[wéɪst]	낭비하다
watch	[wɑ́:tʃ]	보다, 관찰하다, 손목 시계
water	[wɔ́:tər]	물
wax	[wǽks]	밀랍, 왁스
way	[wéɪ]	길, 방법
Wednesday	[wénzdeɪ]	수요일
weigh	[wéɪ]	무게가 ~ 나가다
weird	[wírd]	기이한, 기묘한
well	[wél]	잘, 건강한
what	[wʌ́t]	무엇의, 무슨
wheat	[wí:t]	밀
whistle	[wísl]	휘파람 (불다)
White House	[wáɪt haʊs]	백악관
who	[hú:]	누구(를), 누가
whole	[hóʊl]	전체의
whom	[hú:m]	누구를
whose	[hú:z]	누구의
why	[wáɪ]	왜
wicked	[wíkɪd]	사악한
wife	[wáɪf]	부인, 아내
will	[wíl]	~일 것이다, ~할 것이다
wily	[wáɪli]	약삭빠른, 교활한
window	[wíndoʊ]	창문
wipe	[wáɪp]	(걸레 등으로) 닦다, 물수건
wish	[wíʃ]	~이면 좋겠다, 바람
with	[wíθ]	~와 함께
withdraw	[wíðdrɔ:]	물러나다, 철수하다, 철회하다
woke	[wóʊk]	wake(잠이 깨다)의 과거형
wolf	[wʊ́lf]	늑대
woman	[wʊ́mən]	여자, 여성
women	[wímɪn]	woman(여성)의 복수형
won	[wɔ́:n]	win의 과거 · 과거분사형
won't	[wóʊnt]	will not의 축약형
wood	[wʊ́d]	나무, 목재
wool	[wʊ́l]	울, 양모
wordy	[wɜ́:rdi]	장황한
worse	[wɜ́:rs]	더 나쁜(bad(나쁜)의 비교급)
worship	[wɔ́:rʃɪp]	예배(하다), 숭배(하다)
worth	[wɜ́:rθ]	가치
worthy	[wɜ́:rði]	~할 가치가 있는
would	[wʊ́d]	will의 과거형, ~하곤 했다
wound	[wú:nd]	상처, 부상, 상처를 입히다
wow	[wáʊ]	(감탄사) 우와, 와
writer	[ráɪtər]	작가

wrong	[rɔ́:ŋ]	틀린, 잘못된
wrote	[róʊt]	write(쓰다)의 과거형

X

Xerox	[zíraːks]	복사하다
X-ray	[éksreɪ]	엑스레이
xylitol	[záɪlɪtəl]	자일리톨
xylophone	[záɪləfoʊn]	실로폰, 목금

Y

yacht	[jɑ́:t]	요트
Yahoo	[jɑ́:hu:]	야후(사람 모양을 한 짐승)
yell	[jél]	소리치다, 고함치다
yes	[jés]	(대답할 때) 예, 네
yoga	[jóʊgə]	요가
yogurt	[jóʊgərt]	요거트
yolk	[jóʊk]	노른자
you	[jú:], [jə]	너는, 너를, 너에게
young	[jʌ́ŋ]	어린
your	[jər]	당신의

Z

Z	[zí:]	알파벳 Z
zealous	[zéləs]	열성적인
zebra	[zí:brə]	얼룩말
zest	[zést]	열정, 열의
Zeus	[zú:s]	제우스
zinc	[zíŋk]	아연
zipper	[zípər]	지퍼
zombie	[zɑ́:mbi]	좀비
zone	[zóʊn]	(특정한 용도의) 지역, 지구
zoo	[zú:]	동물원
Zurich	[zúərɪk]	취리히